国家金融学前沿探索

（第二辑）

名誉主编　陈云贤
主　　编　李华民

中国金融出版社

责任编辑：肖　炜　董梦雅
责任校对：李俊英
责任印制：陈晓川

图书在版编目（CIP）数据

国家金融学前沿探索．第二辑/李华民主编．—北京：中国金融出版社，2024.4

ISBN 978－7－5220－2327－4

Ⅰ.①国…　Ⅱ.①李…　Ⅲ.①金融学—文集　Ⅳ.①F830－53

中国国家版本馆 CIP 数据核字（2024）第 038681 号

国家金融学前沿探索（第二辑）
GUOJIA JINRONGXUE QIANYAN TANSUO（DI-ER JI）

出版发行　中国金融出版社

社址　北京市丰台区益泽路 2 号
市场开发部　(010)66024766，63805472，63439533（传真）
网 上 书 店　www.cfph.cn
(010)66024766，63372837（传真）
读者服务部　(010)66070833，62568380
邮编　100071
经销　新华书店
印刷　河北松源印刷有限公司
尺寸　169 毫米×239 毫米
印张　19
字数　305 千
版次　2024 年 4 月第 1 版
印次　2024 年 4 月第 1 次印刷
定价　68.00 元
ISBN 978－7－5220－2327－4
如出现印装错误本社负责调换　联系电话（010）63263947

目　　录

第 1 篇　国家金融弯道超车

第 2 篇　国家金融国际参与

第 3 篇　国家金融科技创新

第4篇 国家金融风险防范

第 1 篇
国家金融弯道超车

双碳目标下绿色金融的能源结构优化效应研究

庞加兰　王　薇　袁翠翠①

摘要：基于双碳目标的提出与国家金融学的理论背景，选取 2013—2019 年中国 30 个省级区域数据，运用熵值法估算绿色金融发展指数与能源结构优化指数，实证分析绿色金融对于能源结构的影响。研究结果显示，中国绿色金融发展指标呈现波动式增长，能源结构逐年优化；绿色金融发展通过融资规模的中介效应和技术进步的调节效应对能源结构优化产生正向影响，其中融资规模的中介效应具有显著的区域异质性。基于此，应完善绿色金融市场化体系建设、提升清洁能源高效利用、加快技术进步以促进各地区能源结构优化，助推双碳目标的实现。

一、引言

2020 年，中央经济工作会议强调做好碳达峰、碳中和工作，并确定了“双碳 3060”目标。习近平总书记在中国共产党第二十次全国代表大会上提出推动绿色发展，促进人与自然和谐共生的发展方针，强调立足中国能源资源禀赋，加强煤炭清洁高效利用，加快规划建设新型能源体系，有计划、分步骤、积极稳妥地推进实施碳达峰行动。坚持绿色发展理念、寻找平衡经济高质量发展与环境保护的均衡方案成为中国当下的迫切需要，绿色金融高质量发展理应是实现“3060”目标的重要途径。绿色金融作为能够产生环境效益以支持可持续发展的投融资活动（G20 绿色金融研究小组，2016），既是

---

① 作者简介：庞加兰，西安外国语大学经济金融学院教授，硕士生导师，研究方向为公司金融与科技金融；王薇，西安外国语大学经济金融学院硕士研究生，研究方向为绿色金融；袁翠翠，广州城市理工学院讲师，研究方向为公司财务与金融。

破解推动绿色产业发展、生态环境改善与经济可持续发展问题的金融制度安排，也是引导社会资金投资环保、节能、清洁能源等推动能源结构优化和绿色经济高质量发展的国家金融顶层布局和政策根基（雍和明，2020）。有关绿色金融的理论探讨可以追溯到20世纪70年代，而中国绿色金融体系建设起步于国务院2005年发布的《关于落实科学发展观和加强环境保护的决定》，2016年8月中国人民银行等七部门共同印发《关于构建绿色金融体系的指导意见》（银发〔2016〕228号），明确建立健全绿色金融体系，支持和促进生态文明建设的相关政策安排，标志着中国绿色金融制度体系建设步入快车道。2022年6月1日，原银保监会印发《银行业保险业绿色金融指引》（银保监发〔2022〕15号），要求银行保险机构调整完善信贷政策和投资政策，积极支持清洁低碳能源体系建设，支持重点行业和领域节能、减污、降碳、增绿、防灾，实施清洁生产，促进绿色低碳技术推广应用。因为绿色产业发展和经济高质量发展的归结点在于动能转换，直接体现在与能源结构转换密切相关。由此推论，一系列绿色金融制度与政策安排及实践推动，理应引致中国能源结构优化效应，但有待予以实证验证，并提炼相关弹性系数，以反馈绿色金融制度与政策体系的结构性调整，为相关研究提供政策蕴含。

二、文献述评

（一）绿色金融与能源结构优化的基准效应研究

与能源结构优化有关的研究大多以产业体系升级和能源结构低碳化发展为目标，结合中国能源结构特征，进一步分析中国能源结构现存的问题并提出解决方向。陈淮（2000）认为能源结构不平衡源于供需不平衡，应通过调整供给结构的方式减少煤炭使用比重。邓志茹和范德成（2009）认为中国能源结构不合理源于各地不同的能源禀赋、社会发展需求以及对环境和社会成本的忽视。张伟等（2016）认为碳排放强度是产业体系低碳化发展和能源结构优化发展趋势的决定性因素。此外，能源价格、能源消耗量、人口和碳排放约束等要素对能源结构体系的构建均具有重要意义（杨英明等，2019）。林伯强和牟敦国（2008）构建了一般均衡模型，研究发现化石能源价格上涨对以煤炭为主的能源使用结构有紧缩作用。于立宏和贺媛（2013）认为在能源结构优化模型构建层面，生产要素与能源要素间的可替代性是决定能源结构优化转型的决定性要素。杭雷鸣（2007）以能源结构为中心，针对中国能源、资本和劳动三种生产要素的替代性构建超越对数成本函数，研究结果发现以上三种生产要素中任何两种要素皆为替代品。

根据 2016 年中国人民银行发布的《关于构建绿色金融体系的指导意见》，绿色金融指对环保、节能、清洁能源、绿色交通、绿色建筑等领域的项目融资、项目运营、风险管理等所提供的金融服务。有关绿色金融的早期文献集中于定性研究，从理论层面分析金融中介对环境可持续发展的效用（Jeucken 和 Bouma，2017）。2000 年后对绿色金融的定量研究逐年丰富，可分为微观与宏观两个视角。从微观视角来看，现有研究大多认为开展绿色金融业务有利于企业的发展（Caner 和 Hansen，2004）。同时，由于金融机构追求利润的中介属性，产生的金融资源错配现象会加剧环境污染（文书洋和刘锡良，2019），因此，刘锡良和文书洋（2019）提出金融机构可以通过合理配置金融资源的方式来承担环境责任，这意味着绿色金融作为金融机构的一种业务模式能够促进金融资源向环境友好企业流动。从宏观视角来看，现有研究聚焦于绿色金融产生的经济效益与环境效益，认为绿色金融的发展能够促进产业结构升级（马骏，2015），提高绿色全要素生产率（史代敏和施晓燕，2022），实现中国工业可持续发展（西南财经大学发展研究院和环保部环境与经济政策研究中心课题组，2015）。以绿色金融和能源结构同时为关键词进行相关研究文献检索发现，现有文献认为绿色金融的发展能够促进能源结构优化的进程。杨林京和廖志高（2021）认为绿色金融拥有着强烈的目标导向，可以通过能源结构调整的中介作用来影响碳排放，其观点意味着绿色金融具有能源结构改善效应。

（二）绿色金融发展优化能源结构机制研究

绿色金融作为金融发展的最新领域，能够影响能源消费与需求，促进替代能源与可再生能源的研发使用，推动产业结构调整，改善能源结构（孙浦阳等，2011）。综观现有关于金融发展影响能源结构的研究文献，大多认同金融发展能够通过规模效应促进能源结构优化。在双碳目标下，绿色金融能够通过资本集聚提升企业融资规模，缓释绿色企业融资约束，增加高污染企业融资成本，优化能源结构（康雯和吴云霞，2022）。王康仕等（2019）研究发现绿色金融通过加剧民营企业的融资约束来抑制高污染企业的投资水平，但对于国有性质的企业该作用并未显现。王博峰等（2014）以存贷款余额（金融机构的规模扩张程度）表征金融相关率，研究发现金融相关率对于能源结构具有正向效应，能够产生更多的融资渠道与创新性金融服务，为结构性优化升级创造有利条件。

此外，目前关于绿色金融发展和能源结构优化影响要素的研究大都加入了技术进步这一要素。绿色金融能够影响技术创新间接缓释融资约束影响能源发展（马丽梅和黄崇乐，2022），且只有当研发融资规模或享受利率补贴超过一定临界值时，绿色金融诱导的清洁型技术进步才能产生（张宇和钱水土，2022）。胡宗义和李毅（2019）针对中国开展绿色金融、防止环境污染的现状构建局部均衡模型，研究发现金融发展水平较高时，规模效应会小于技术效应，推动产业结构的升级、减少排放，调整能源结构。在能源结构优化层面，李廉水和周勇（2006）在分解工业技术进步理论的基础上，引入DEA－Malmquist生产率方法，对工业技术进步理论作用于能源效率的影响机理展开剖析，结果证明，短期技术效率的正面冲击会使技术进步对能源利用效率产生促进作用，而中长期技术进步的影响逐步扩大。邵帅等（2013）着重于中国宏观层面长短期回弹效应的测算研究，采用能源回弹效应模型，实证表明中国可以通过提高能效来降低能源消费，然而由经济发展驱动的新一轮能源消耗会抵消部分节能效果，导致长期的高反弹效应。庞敏等（2017）分析了技术进步影响能源消费的作用机制，认为技术进步在抑制能源强度的同时也降低了单位产出能源使用成本，以增加利润的方式推动能源密集型产业的扩张，从而对能源消费产生显著的回弹效应。

（三）绿色金融发展与能源结构优化的研究扩展

梳理现有文献发现，对绿色金融与能源结构优化的研究，主要关注绿色金融与能源结构的影响要素。该研究仍有进一步的探讨空间。第一，现有基于绿色金融熵值法评估测度和能源结构优化模型的研究较多，但较少将两者置于同一框架下，对绿色金融通过融资规模影响能源结构优化的中介效应进行实证分析。第二，部分研究虽对两者做出指数测算评定，对不同要素影响绿色金融和能源结构的效应进行分析，但较少聚焦于区域异质性差异分析。

本文主要贡献有四点：一是分别对绿色金融、能源结构优化指数进行熵值法测算；二是将融资规模嵌入绿色金融对能源结构优化研究，作为中介效应，建构中介效应模型；三是引入技术进步在绿色金融对能源结构优化影响过程中的调节效应，同时检验绿色金融对能源结构优化的长期性影响；四是从异质性的角度考察不同地区间绿色金融促进能源结构优化的实践性差异。

三、理论分析与研究假说

（一）绿色金融对能源结构优化的影响效应

1. 绿色信贷提供能源结构优化的资金支持。绿色信贷一方面能够为商业银行绩效作出贡献，激励商业银行发放绿色贷款并使“两剩一高”行业的融资成本增加；另一方面能够有效遏制高能耗行业的规模扩张，为绿色产业提供资金支持、引导社会资本进入绿色产业、拉动低碳节能行业发展，降低高环保效益企业的准入门槛、降低因市场行为产生的环境风险。与此同时，低碳化带来的经济效益又反作用于能源生产企业，促进商业银行不断创新绿色金融产品，将正向的影响扩大化，从低碳节能角度形成一个良性的正向反馈系统。

2. 绿色证券提高能源结构优化的资本投资水平。以节能环保、清洁能源生产和绿色服务等行业为代表的绿色产业，具有现金流稳定、可预测期长、独立性强、权属明确的特点。发行绿色股票、绿色债券是更加高效的获取融资的方式，能够使企业获得更多的转型资金支持。结合 Tobin Q 理论，企业发行绿色股票后，股票价格的上涨意味着该企业将会有更多的资本在市场上进行融资，使环保型能源企业的重置成本相较于市场价格更低，为生产经营中弃旧置新提供条件，扩大投资规模。由此看来，绿色证券有助于能源产业在结构优化过程中扩大企业融资规模、优化融资结构，促进高能耗行业的能源区域合理化、低碳化。

3. 绿色保险提供能源结构优化的风险保障。绿色保险是提高能源行业转型中风险韧性的金融工具。由于能源行业的重资产属性，转型意味着能源行业面临着长周期、高投入和低回报的现状。而能源结构优化意味着生产与产品结构的转变，是行业价值体系的转变，需要能源行业拥有规模更大、风险更低的市场环境。这种市场环境仅靠公共资金引导带动资本流入不够充分，仍需要市场化的风险对冲补偿机制。绿色保险作为一种创新型的产品和服务，能够将气候和环境视为更突出的风险因素而去设计能源行业相应的保险保障机制，能够为环境保护和能源优化领域提供适配性的风险保障，弥补传统保险在能源结构优化转型中抗风险机制不足的缺陷。

基于以上分析，提出研究假说1。

假说1：绿色金融发展对能源结构优化呈现显著的促进作用。

（二）融资规模在绿色金融影响能源结构优化过程中发挥中介效应

1. 绿色金融通过资本形成、技术创新和风险保障推动融资规模扩张。其一，资本形成机制。绿色金融发展也意味着绿色金融产品种类更加丰富，企业能够利用更多的方式直接撬动资本聚集、扩大资本与产出要素规模，促进企业采用绿色方式进一步实现绿色产业规模增长。其二，技术创新激励机制。技术创新激励机制能够调节绿色金融发展水平、降低企业的融资约束，以政府支持创新驱动绩效并实施相应税收政策的形式展现。技术创新是企业发展进步的内在力量，投资约束过高时，企业会把资源投入利润高、见效快的项目上，技术创新由于存在较大的不确定性常常被忽视。绿色金融通过完备的制度体系，为具有风险较大的新技术研发提供资金来源，提供更高效率、更低成本、更大规模的资金支持，有助于增强个体技术创新的意愿和能力。此外，在绿色金融驱动下，政策对相关企业的补贴与税费返还具有明显的倾向性，相关企业更易于得到政府部门的支持。其三，风险保障机制。现代能源行业的技术进步呈现高投入、长周期的特点，种类丰富的绿色金融产品能够为能源行业的技术创新项目提供多层次、多种类、全周期的风险管理方案，为清洁能源领域的技术进步与创新提供经济保障。

2. 融资规模扩张影响企业外部性成本、深化清洁能源的使用深度与广度。其一，融资规模的扩张宽松了融资约束，使绿色发展的企业不会因融资中断而流失人才、知识储备与研究成果，在正常经营的同时兼顾研发投资，弥补由于资本市场不完全和正外部性缺乏法律补偿导致清洁能源外部性成本提升的问题，有利于绿色产业发展扩张，更好地发挥规模效应。其二，清洁能源的应用是能源结构优化中最重要的组成部分，融资规模扩张有益于各企业积极探索适合自身情况的清洁能源产业发展路径，包括探索生产供能新方法，提高清洁能源利用率，开拓替代性能源生产新途径，依托规模扩张优势，打造清洁性能源商业利用新模式，提升收益率，推广能源使用范围，深化清洁能源的使用深度和广度，体现绿色金融发展对能源消费结构的优化作用。

基于以上分析，提出研究假说2。

假说 2：绿色金融通过融资规模的中介效应影响能源结构优化进程。

（三）技术进步在绿色金融影响能源结构优化过程中发挥调节作用

1. 科技进步通过调节绿色金融来影响能源结构，改善了中国金融服务效率低、经营效率不高、资源配置水平滞后等瓶颈。具体而言，高度数字化、创新性的绿色金融产品，能够显著地提升能源生产实体经营效率，金融业务的精准匹配与服务效果更加显著。

2. 在绿色金融导向下，具有绿色偏向性的技术进步无疑会加强资本利得的转化率、提升企业生产率与资源使用效率，引领资本有序流向绿色产业，催化能源结构性优化的转化效率。根据偏向型技术进步对能源强度的影响，能源偏向型技术进步可助推“两剩一高”行业实现节能效果。

3. 在以绿色信贷为代表的绿色金融发展过程中，资本逐渐离开传统的线下经济，转而流向以互联网为载体的线上经济，这也加强了技术向经济的渗透。技术投入和基础设施在企业发展战略中占据主要位置。技术进步推进下的绿色资本以互联网为平台，将企业、消费者和金融中介相互连接在一起，有效地整合了线上与线下资源。

4. 以技术进步为发展前提的新兴数字技术对推进居民绿色消费和企业低碳型生产等行为的监管产生了变革性影响。以大数据和人工智能等为代表，从技术监管效能和监管工具设计创新的途径来实现能源结构低碳化绿色转型。具体而言，高度数字化、创新性的监管工具提升了监管效率；在大数据的支撑下，中小企业绿色金融业务与居民的绿色低碳化生活更加常态化。

基于以上分析，提出研究假说 3。

假说 3：技术进步在绿色金融对能源结构优化过程中存在显著的调节效应。

四、计量方法选择与指标构建

（一）研究对象选取与数据来源

中国地域广阔，各地区绿色金融发展水平、能源结构优化程度间有所差距。中国自“十五”计划起就开始了绿色金融制度体系的建设，综合考虑指数覆盖的全面性与数据可得性，本文以中国 2013 年原银保监会下发《关于绿色信贷工作的意见》为时间节点、以省级数据为测算目标，选取2013—2019年中国30个省、自治区、直辖市的样本数据作为指数测算的研究对象（西藏自治区、台湾省及港澳地区除外），区域异质性根据东、中、西部的地理区划进行分析。

1. 能源结构优化指标（*EPS*）。能源结构优化指标作为被解释变量，从国家能源规划、环境和谐程度、城市产出结构这三项二级评估指标出发，建立该评估体系。

能源规划是指国家根据宏观经济发展趋势进行科学分析后对能源需求变化的预测。Shahiduzzaman等（2015）基于LMDI法的分析框架，对1978年至2010年澳大利亚能源结构中以煤炭为代表的非清洁能源使用份额下降和能源结构得到优化的原因展开了数据分析，结果表明，能源效率是能源结构优化的最主要影响因素。原煤消费占比存在区域差异性，该差异是影响区域能源结构优化评价的重要因素。因此，以能耗增加率、原煤消费占能源消费总量权重和清洁能源消费占一次能源消费总量权重来衡量能源效率和原煤消费水平与清洁能源消费水平。其中，单位地区生产总值能耗等于能源消费总量除以生产总值，并由单位地区生产总值能耗进一步求得地区能耗增加率。该指标反映的是能耗的增加情况，在评估过程中作为负向指标处理。清洁能源消费选取电力与天然气消费的数据，将两者的单位同时折合为万吨标准煤后加总求和，最后除以能源消费总量进行权重计算。在该指标体系中，清洁能源消费是正向指标，该指标越大越有利于能源结构的优化。同时，原煤消费指标作为负向指标参与评估。

环境和谐度是指人们活动时对所处活动边界区域内造成环境影响的程度。随着环境问题越来越受到重视，该指数在能源结构优化水平评估调查中的分量亦相应增加。碳排放水平、二氧化硫和烟尘排放量是评价污染水平的主要因素，因此选用碳排放、二氧化硫排放量与烟尘排放量三个三级指标来衡量环境和谐度，此三项指标作为衡量污染排放水平的对象，均为负向指标。

城市产出结构升级对能源结构优化具有重要作用，能源产业体系的低碳化升级不仅着重于排放水平与能源效率的直接表现，还关注各省市具有异质性的产业体系的发展。地区城市化的发展情况能带来生产效率的提高，城市化进程的推进将会带来能源结构的改善（邴华琳等，2014）。也有研究表明，城市化水平提升带来的城市人口增长和工业化发展会加剧能源消耗，但中国现已进入经济发展的转型阶段，以绿色、低碳为目标、告别高耗能粗放式发展的城市化建设将有利于降低能耗强度。工业结构调整升级将导致能源结构发生变化，第三产业比例的提高有助于改变中国能源结构的高碳型局面。在市场体系中，生产要素升级能够带来产业产出体系的升级，劳动力作为最基本的生产要素理应被加入评估模型。不同省区教育水平的差异会带来劳动力流向的差异，间接影响产出结构。因此本文以城市总人口占总人口比例表示城市化进程，以第三产业产值占国民生产总值的比重表示产业结构，选取高中以上学历人口占总人口比重反映劳动力升级水平。以上三个三级指标组成了城市产出结构的评价体系，均为正向指标。

表 1　　　　能源结构优化评价指标

一级指标	二级指标	三级指标	指标说明
能源结构优化指标	国家能源规划	能源效率	能耗增加率
		煤炭消费占比	原煤消费量/一次能源消费总量
		清洁能源消费占比	清洁能源消费量/一次能源消费总量
	环境和谐程度	碳排放强度	$\sum$（各一次能源消费量×碳排放系数）/GDP
		二氧化硫排放	《中国能源统计年鉴》
		烟尘排放	《中国能源统计年鉴》
	城市产出结构	城市化进程	城市人口/总人口
		产业结构	第三产业产值/GDP 总值
		劳动力升级	高中及以上学历人口/总人口

数据来源：国家统计局、中国统计年鉴。

2. 绿色金融发展指标（*GF*）。本文将绿色金融综合发展指数的测算划分为绿色信贷、绿色证券、绿色投资、绿色保险四个二级指标。由于各省份的绿色信贷缺乏对应的统计数据，而银行是绿色信贷发放的金融中介主体，本文以各省份银行营业网点机构个数占全国比重作为权重，乘以绿色信贷总额表示中国各省份绿色信贷水平。该指标反映银行信贷对绿色投融资的支持力度，属于正向指标。绿色证券反映资本市场融资对绿色金融的支持力度，属于正向指标，该指标越大说明资本市场的支持力度越强。选用 A 股绿色行业上市公司市值占总市值比重来表征绿色证券指标，由于部分省份的环保行业市值数据缺失会导致熵值法在评估过程中证券占比上升，产生估计误差。因此，本文选取A股六大高能耗行业上市市值占总市值比重来弥补部分省份数值缺失的情况。该指标反映资本市场对高耗能行业的支持力度，因此作为负向指标参与评估。绿色投资反映政府对环保的投资，选择区域财政环保支出来表示，由于该项数据是治污投资，数值越大说明当地环境污染强度越高，导致所需的治污资金越高，作为负向指标参与评估。中国绿色保险系统中的主要产品是环境污染责任险，但由于起步较晚，目前缺乏相关的系统数据统计。农业作为受自然环境影响最大的产业，且农业保险的公共属性和内容特征使其在一定程度上可以反映中国绿色保险的发展水平，该数据越高则说明中国绿色保险发展程度越好，因此选择区域农业保险支出代表绿色保险。数据来自《中国统计年鉴》、CSMAR、RESSET数据库和Wind数据库。

表2　　绿色金融发展评价指标

指标	变量选取	数据来源
绿色信贷	第 i 个省份第 t 年银行营业网点机构个数占全国比重×全国绿色信贷贷款余额（亿元）	CSMAR数据库
绿色证券	第 i 个省份第 t 年环保企业市值/A股总市值 第 i 个省份第 t 年高耗能行业市值/A股总市值	Wind数据库 RESSET数据库
绿色投资	第 i 个省份第 t 年区域财政环保支出、预算支出	《中国统计年鉴》
绿色保险	第 i 个省份第 t 年农业保险支出（百万）	CSMAR数据库

数据来源：国家统计局，《中国统计年鉴》。

3. 中介变量。融资规模（*FS*）扩大会影响绿色产业的融资费用，将带来费用配置结构的改变。在能源产业生产活动中，能源结构费用配置的改变能够使能源结构产生变化。银行信贷、债券融资和股票融资等各个融资来源均会对产业实体产生影响。选取各省份社会融资规模来衡量该指标，数据代表省份性的各类融资增量合计额，来源于EPS数据库整理的国家统计局、中国金融年鉴数据库。

4. 调节变量。技术进步（*RD*）是推动生产力发展的重要因素。在新经济增长理论和内生增长理论的架构下，技术进步可以被看作是对经济增长的内生驱动力，是提高效率的决定性力量，技术进步可以发挥加速器作用，催化绿色金融的能源结构优化效应。现有文献主要选取投入法、产出法与总和要素生产率这三个角度来衡量技术进步这一指标。总和要素生产率就是总产出增长速度高于总要素投资增长速度的部分，但其中涉及的资本存量变量在中国省份范围内缺乏数据支撑。产出法使用的主要衡量指标专利数量无法准确反映技术进步水平，一是因为专利的价值无法用数量来衡量，一个高效且价值高的专利胜过多个低价值的专利总和；二是因为生产活动中存在较大比例的专利未应用于实际生产。因此本文采用投入法，选取技术进步 R&D 经费投入占 GDP 的权重作为衡量技术进步的指标。数据来源于国家统计局 2013—2019 年的数据。

5. 控制变量。选取能源禀赋（*EN*）、能源价格（*P*）、开放性水平（*OP*）和环境规制（*ENRE*）作为控制变量。能源禀赋采用一次能源生产总量占全国能源生产总产量表示。资料表明，随着各地区资源禀赋的差异，中国资源分配出现明显的非均衡性，资源呈现空间聚集的趋势，且资源禀赋不同所导致的空间集聚对资源利用效率产生明显的正向影响。能源价格采用工业生产者购进价格指数。在中国，能源价格管制政策的存在使价格长时间处于偏离均衡的低水平状态，能源价格无法完全反映经济活动效果，也无法完全反映市场供求情况，价格扭曲由此产生，低水平的能源价格则会激励企业增加能源使用。有研究认为开放性水平对资源利用效率产生影响，贸易开放可以有效降低能源禀赋对资源利用效率的负面影响。因此，本文选择开放性水平作为控制变量，采用地区进出口贸易总额和地区生产总值之间的比率来表示。环境规制会倒逼产业结构升级，促进产业结构合理化和低碳化。产业结构是能源结构优化评价的重要指标之一，因此把环境规制纳入控制变量就具有一定的必要性。考虑到环境规制强度具有较大的省域决定权，省内不同城市之间的差异较小，因此，本文选取各上市公司对应的省份地区工业污染治理投资额占地区生产总值的权重作为衡量指标，变量数值越大代表环境规制越强。

（二）识别策略与基准模型设定

本文采用逐步因果法，同时控制其他变量产生的影响，研究绿色金融对能源结构优化的影响机制；将融资规模作为绿色金融推动能源结构优化的中介变量，构建中介效应的面板模型。为检验假说 1 和假说 2，借鉴温忠麟和叶宝娟（2014）逐步回归的思想构建中介效应模型。该中介模型由模型（1）至模型（3）构成。当系数 a、b 与 c' 三者均显著时说明绿色金融通过中介变量对能源结构优化具有部分中介效应；当系数 a、b 都显著，但 c' 不显著时则说明该过程只存在完全中介效应。

$$EPS_{it} = c_0 + cGF_{it} + \sum year + \sum province + \varepsilon_{it} \quad (1)$$

$$FS_{it} = a_0 + aGF_{it} + \beta_i control_{it} + \sum year + \sum province + \varepsilon_{it} \quad (2)$$

$$EPS_{it} = c'_0 + c'GF_{it} + bFS_{it} + \gamma_i control_{it} + \sum year + \sum province + \varepsilon_{it} \quad (3)$$

其中，下标 i 为省份个体单位、t 为时间单位。绿色金融发展水平（GF）作为每个模型内含的解释变量。$\sum Year$ 和 $\sum Province$ 与 $control$ 代表采用双边固定效应模型，在控制始建于个体效应的基础上同时控制一系列的控制变量，EN 代表能源结构优化水平，FS 代表融资规模，RD 代表技术进步。a 代表绿色金融发展对融资规模的影响效应，b 代表融资规模对能源结构优化的影响效应，c 代表绿色金融发展对能源结构优化影响的总效应，c' 代表在中介效应下绿色金融发展对能源结构优化影响的直接效应，系数 $a \times b$ 代表中介效应，ε 表示随机扰动项。

为检验假说3，本文建立模型（4）和模型（5），在模型（1）的基础上加入技术进步这一调节变量与绿色金融、融资规模的交乘项，进一步检验融资规模变化在上述影响过程中的调节效应，该模型也同样控制年度与个体效应，采用双边固定效应模型。交互项的系数显著时，则说明调节作用显著。同时，为深入检验绿色金融对中国能源结构优化的长期性影响，在模型（1）的基础上增加绿色金融这一指标的二次项，从而构造出模型（6）。

$$EPS_{it} = \beta_0 + \beta_1 GF_{it} + \beta_2 RD_{it} + \beta_3 GF_{it} \times RD_{it} + \beta_i control_{it} + \sum year + \sum province + \varepsilon_{it} \quad (4)$$

$$EPS_{it} = \gamma_0 + \gamma_1 GF_{it} + \gamma_2 RD_{it} + \gamma_3 FS_{it} \times RD_{it} + \gamma_i control_{it} + \sum year + \sum province + \varepsilon_{it} \quad (5)$$

$$EPS_{it} = a_0 + a_1 GF_{it} + a_2 GF^2 + \beta_i control_{it} + \sum year + \sum province + \varepsilon_{it} \quad (6)$$

五、实证结果分析

（一）能源结构优化水平指数测算结果

图1反映2013年至2019年中国各区域能源结构优化程度指数的测算结

果，数值越高说明绿色金融发展程度越理想。2013 年至 2019 年中国东、中、西部的能源结构优化趋势基本趋同，三者均呈现上升走势。在熵值法测算下，中国东部地区 EPS 评价值为 0.535 ~ 0.680，中部地区 EPS 数值为 0.335 ~ 0.487、西部地区 EPS 数值为 0.324 ~ 0.480。测算结果表明东部能源结构优化程度最高，中西部地区次之。这是由于东部地区凭借其优越的地理区位和国家政策导向，较中西部地区具有更快的经济发展速度、更优的能源规划布局与更积极的绿色发展策略。即使中部地区较西部地区拥有更高的社会经济发展水平，但中国的能源生产企业多布局于中部，规模大、转型难度高。与之相反，西部地区较中部地区转型难度小、响应政策速度快。这使两者的测算结果没有非常明显的差异。

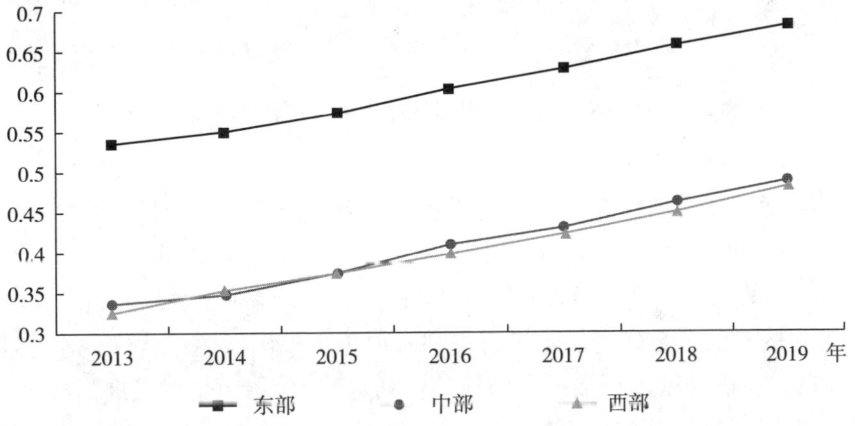

图 1　2013—2019 年中国分区域能源结构优化指数测算结果

（二）绿色金融发展指数测算结果

图 2 展示了 2013 年至 2019 年中国各区域的绿色金融发展水平的熵值法测算结果。研究结果发现中国各地区绿色金融发展水平均呈现波动上升的趋势。其中，东部地区的 GF 评价值为 0.381 ~ 0.593、中部地区为 0.381 ~ 0.510，西部地区数值相对最低，为 0.384 ~ 0.508。东部地区绿色金融发展水平较高，得力于其对外开放时间较早、吸引资金能力强、高级生产要素积累充分，较高的资本回报率使绿色金融发展指数增长迅速。对于中、西部地区，绿色环保产业对金融机构、企业经营实体和个人的融资吸引力产生影响，但绿色金融发展指数增长速度较东部地区缓慢。相较而言，在西部大开

发战略与“一带一路”倡议的带动下，区域绿色金融发展不平衡的状况得到了改善，发展速度的区域间差异有所减小。

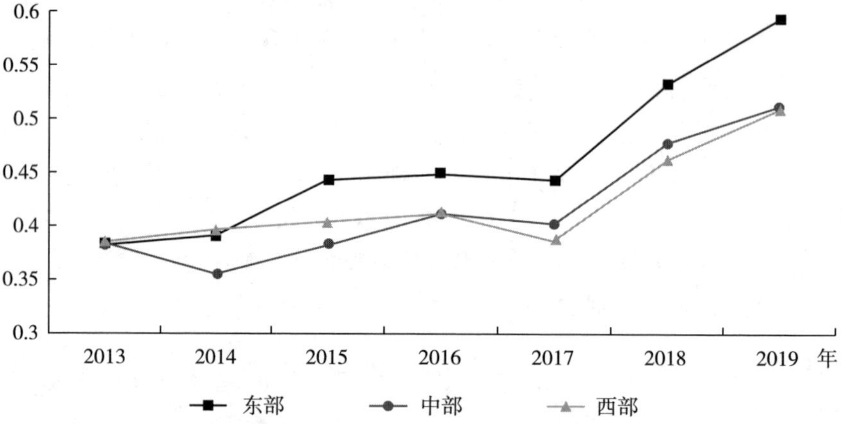

图 2　2013—2019 年中国分区域绿色金融发展指数测算结果

（三）中介效应检验

针对融资规模的中介作用，按照逐步因果法的步骤展开检验。结果如表 3 所示。列（1）中能源结构优化指标（*EPS*）与绿色金融指标（*GF*）的系数在 0.1% 的水平上具有显著性，说明绿色金融发展对能源结构优化的总效应是存在的，绿色金融发展水平每提高一单位，中国能源结构优化水平将提升 0.224，所以继续进行接下来的检验。列（2）中绿色金融发展指标（*GF*）对融资规模（*FS*）影响的系数在 0.1% 的水平上具有显著性，进一步观察列（3）发现融资规模指标（*FS*）对能源结构优化（*EPS*）影响同样显著。通过观察列（4）发现 *GF* 和 *FS* 的系数在 0.1% 的水平上具备显著性，证明融资费用的改变在绿色金融对能源结构优化进程中拥有部分中介效应。以上分析表明，在绿色金融发展促进能源结构优化的作用过程中，绿色产业融资水平的升级是重要的影响路径。因此，一方面，绿色金融发展本身具备的资源配置作用，能够对能源结构优化产生良好的影响；另一方面，绿色金融发展间接通过能源费用配置结构的升级促进能源利用与实体经营效率的提升，对能源结构优化有着突出的作用。综上所述，假说 1 和假说 2 得到验证。在此基础上，进一步测算了绿色金融发展影响能源结构优化中介效应中的直接效应大小和中介效应占比。如表 4 所示，融资规模在绿色金融发展推动能源结构优化中的中介效应占比为 67.3%，说明绿色金融发展对能源结构优化的正向影响中大约有 67.3% 是通过改变能源费用配置结构来间接实现的。

表 3　　融资规模的中介效应结果

	(1)	(2)	(3)	(4)
	EPS	*FS*	*EPS*	*EPS*
GF	0.224*** (0.022)	3.970*** (0.451)		0.099*** (0.019)
FS			0.038*** (0.002)	0.031*** (0.003)
control	控制	控制	控制	控制
year	控制	控制	控制	控制
province	控制	控制	控制	控制
N	210	210	210	210

注：括号内为标准误，*、**、*** 分别表示 5%、1%、0.1% 的显著性水平。表 5 ~ 表 11 同。

表 4　　融资规模中介效应结果

	原系数		
	c	*a*	*b*
融资规模	0.224	3.970	0.038
检验结果	直接效应 中介效应 中介效应/总效应	*c'* *a×b* *ab/c*	0.099 0.151 0.673

（四）调节效应检验

技术进步的调节效应在表 5 中（1）列至（4）列呈现，结合表 5 中调节作用的回归结果做进一步分析。列（1）与列（3）分别是在绿色金融发展（*GF*）与融资规模（*FS*）变量中纳入技术进步调节变量（*RD*）后回归的结果，结果显示技术进步对绿色金融的调节系数在 0.1% 的显著性水平上显著，对融资规模的调节系数并不显著，说明技术进步是通过调整金融结构的方式加速能源结构调整的。列（2）与列（4）将数据去中心化处理后再次回归，结果显示，在中心化处理后技术进步的调节效应加强了绿色金融对能源结构优化的影响，也进一步说明技术进步尚不能以调节融资规模的方式加速能源结构调整。这项结果验证了中国经济发展现阶段贯彻双碳目标、建立更加市场化的绿色创新金融体系、建立激励创新体系，以及推进建设地方政府绿色金融制度试验区等方面的有效性。提升能源利用效率、降低能源强度以及弱化经济增长对非清洁能源的依赖，可促使能源结构的优化。在该调节过程中，首先，绿色金融定向调控的影响使金融资本得到吸引，企业可以通过更多方式撬动资金聚集、增加资本生产要素，金融资本更多地向新能源和节能环保等绿色产业转移。其次，技术的创新进步，通过缓释融资约束和增强政府支持的创新驱动策略，对社会经济发展产生长远性影响、提升环境和谐度及推动能源结构优化。综上所述，绿色金融的优化调整将有利于技术的进步进而为能源结构优化提供保障，假说3得到检验。为了进一步考察绿色金融对能源结构优化的长期性影响，在列（5）中加入绿色金融发展指数的二次项以考察绿色金融对能源结构优化是否具有长期性的影响。结果显示，绿色金融发展指数的二次项系数在0.1%的显著性水平上显著为正，表明绿色金融对能源结构优化作用呈正向，即在长期中绿色金融的发展对能源结构优化具有长久的促进作用。

表5　　调节效应的检验结果

	(1)	(2)	(3)	(4)	(5)
	EPS	*EPS*	*EPS*	*EPS*	*EPS*
GF	0.045 (0.035)	0.091** (0.028)	0.130*** (0.027)	0.135* (0.027)	
RD	−0.437 (0.274)	0.010 (0.235)	−0.024 (0.276)	0.087 (0.253)	
GF × *RD*	0.925*** (0.243)				
center GF × *RD*		0.916*** (0.243)			
FS × *RD*			0.014 (0.015)		
center FS × *RD*				0.004 (0.020)	

续表

	(1)	(2)	(3)	(4)	(5)
	EPS	*EPS*	*EPS*	*EPS*	*EPS*
LGF					0.155*** (0.043)
control	控制	控制	控制	控制	控制
year	控制	控制	控制	控制	控制
province	控制	控制	控制	控制	控制
N	210	210	210	210	210

（五）异质性分析

如前所述，中国绿色金融发展通过扩大融资规模对能源结构优化的中介效应影响显著。本文通过对东、中、西部的比较，并结合中国各个地理区位地区条件分析绿色金融对能源结构优化的影响差异（见表6至表8），结果显示，东、西部地区和中部地区绿色金融发展综合指数对能源结构优化的影响分别在0.1%和5%的水平上显著，系数分别是0.417、0.200和0.076，说明中国各地区的绿色金融发展对能源结构优化均具有正向促进作用。回归结果显示中国东部地区绿色金融的推动力最强，对能源结构的直接影响与间接影响并存。中部地区总效应显著性最弱、回归系数最小，融资规模的中介效应并未显现。西部地区融资规模的中介效应同样显著，且绿色金融对于能源结构优化的直接效应显著性高于东中部地区。进一步分析表明，东部地区存在融资规模扩张的部分中介效应，绿色金融发展对融资规模扩张的影响系数为9.920，融资规模对能源结构优化的影响系数为0.034，二者均在0.1%的显著性水平上显著。绿色金融发展程度较高，在1%的显著性水平上对能源结构优化产生正向影响。中部区域的绿色金融发展未能对融资规模形成显著性的影响，中介效应不成立。西部地区同样存在融资规模扩张的部分中介效应，在0.1%的显著性水平上绿色金融发展对融资规模扩张的影响系数为1.516，融资规模对能源结构优化的影响系数为0.029。

如上分析，绿色金融发展对中国能源结构优化的影响具有鲜明的地域异质性，实证结果进一步显示东部区域绿色金融发展对中国能源结构优化进程的带动效应，显著超过了中部和西部地区。尽管中部区域的绿色金融发展水准较西部地区更高，但基于经济社会和产业结构的现状，高污染高能耗的能源生产实体多分布在中部地区，这种“高污染，低产出”的模式在带来经济效益的同时阻碍了当地能源结构优化进程。西部地区的绿色金融发展水平虽然最低，但环境和谐度优于中部和东部地区，能源结构转型优化难度低于中部和东部地区，所以绿色金融发展带来的直接影响效应更显著。

表6　东部地区中介效应检验

	(1)	(2)	(3)	(4)
	EPS	*FS*	*EPS*	*EPS*
GF	0.417 *** (0.044)	9.920 *** (1.062)		0.163 ** (0.051)
FS			0.034 *** (0.003)	0.026 *** (0.004)
control	控制	控制	控制	控制
year	控制	控制	控制	控制
province	控制	控制	控制	控制
N	77	77	77	77

表7　中部地区中介效应检验

	(1)	(2)	(3)	(4)
	EPS	*FS*	*EPS*	*EPS*
GF	0.076 * (0.032)	1.173 (0.712)		0.044 (0.026)
FS			0.029 *** (0.005)	0.027 *** (0.005)
control	控制	控制	控制	控制
year	控制	控制	控制	控制
province	控制	控制	控制	控制
N	56	56	56	56

表 8　　西部地区中介效应检验

	(1)	(2)	(3)	(4)
	EPS	*FS*	*EPS*	*EPS*
GF	0.200*** (0.024)	1.516*** (0.409)		0.156*** (0.022)
FS			0.045*** (0.007)	0.029*** (0.006)
control	控制	控制	控制	控制
year	控制	控制	控制	控制
province	控制	控制	控制	控制
N	77	77	77	77

六、稳健性检验

（一）更换计量方法

为保证中介回归的稳健性，进一步使用系数差异法以避免线性回归模型潜在的模型设定偏误，运用 bootstrap 自助抽样法对该中介效用分别进行相关效用的测算，利用 Stata 16 软件分析融资规模在绿色金融发展对能源结构优化过程中的中介效应。表 9 的抽样结果表明，绿色金融的直接效应 P 值在 0.1% 的水平上显著；间接效应在 0.1% 的水平上显著。由此可知，关于绿色金融对能源结构优化的影响，存在融资规模扩张带来部分中介效应的结论是稳健的。

表 9　　技术进步自助法中介效应检验

效应	系数	标准误	z 值	P 值	95% 置信区间	
_bs_1 间接	0.122***	0.020	6.16	0.000	0.083	0.161
_bs_2 直接	0.097***	0.018	5.53	0.000	0.063	0.132

（二）内生性处理

在以上静态面板固定效应回归模型中，由于个体效应与扰动项可能存在一定的关联性；绿色金融与能源结构优化间可能存在互为因果的关系，两者都会产生内生性问题。因此本文分两步缓解内生性的问题。首先，引入工具变量，借鉴已有研究将绿色金融发展指数的滞后一期作为数字金融指数的工具变量。结果显示绿色金融发展指数的滞后一期与解释变量（*GF*）在0.1%的水平上显著，满足相关性的要求。Sargan 检验 P 值在1%的水平上显著且大于0.05，接受“所有工具变量均外生”的假设。使用 GMM、2SLS、LIML和迭代 GMM 等方法进行回归分析，回归结果如表10中第（1）列至第（4）列所示。实证结果发现，以上模型的回归均显著且系数都非常接近，这也进一步印证了不存在弱工具变量的事实。

其次，在原有静态模型的基础上构建系统 GMM 动态面板模型并采用两阶段系统 GMM 估计缓解内生性问题，回归结果如表10中第（5）列所示。其中 AR（1）与 AR（2）表明随机扰动项存在一阶序列自相关，不存在二阶序列自相关。Hansen 检验中 P＝0.224，表示工具变量是联合有效的，不存在工具变量的过度识别问题。回归结果证明选择动态面板系统 GMM 以及引入解释变量滞后一期的工具变量缓解可能存在的内生性是有效的。

从表10中可知，滞后一阶的能源结构优化的 P 值在0.1%的水平上显著，说明前一年能源结构优化水平每提高一单位，当年能源消费结构将改善1.004。证明能源结构优化是一个动态调整过程，当期能源结构优化与前一期存在密切的联系。同时，加入能源结构优化的一阶滞后项后，绿色金融对能源结构优化的影响系数明显下降；也说明中国绿色金融发展程度较低，还未对生产实体产生强劲的影响，发展前景广阔。但无论是采用绿色金融的一阶滞后项的工具变量法或是引入能源结构优化一阶滞后项的动态系统 GMM 模型，绿色金融对能源结构优化影响系数的显著性和正负号并没有发生变化，绿色金融发展水平的提升会有效促进能源结构的优化，这与前文固定效应模型结果一致。

表10　　　　内生性的处理

	(1)	(2)	(3)	(4)	(5)
	GMM	2SLS	LIML	IGMM	SYS－GMM
	EPS	*EPS*	*EPS*	*EPS*	*EPS*
GF	0.235*** (0.024)	0.235*** (0.024)	0.226*** (0.023)	0.235*** (0.024)	0.020** (0.006)
*EPS*1					1.004*** (0.010)

续表

	(1)	(2)	(3)	(4)	(5)
	GMM	2SLS	LIML	IGMM	SYS - GMM
	EPS	*EPS*	*EPS*	*EPS*	*EPS*
Control	控制	控制	控制	控制	控制
province	控制	控制	控制	控制	控制
year	控制	控制	控制	控制	控制
N	180	180	180	180	180
R^2	0.734	0.734	0.728	0.734	
adj. R^2	0.717	0.717	0.710	0.717	

（三）缩尾处理

本文运用缩尾检验的方法以剔除个别异常值的影响从而进一步验证中介回归结果的稳健性；对研究所涉及样本的变量数据进行 1% 分位上双边缩尾处理。回归结果在表 11 中得到展示，在对各样本变量按 1% 分位上的双边缩尾处理后，发现剔除极端值后的样本回归结果与表 4 中的回归结果相比，系数回归值的大小、符号与显著性水平均未存在显著差异，说明估计结果具有稳健性，绿色金融对能源结构优化有激励作用，融资规模的变化在该过程中起到了部分中介作用。

表 11　　　　缩尾后的影响效应检验

	(1)	(2)	(3)	(4)
	EPS	*FS*	*EPS*	*EPS*
GF	0.224*** (0.022)	3.959*** (0.448)		0.099* (0.019)
FS			0.038*** (0.002)	0.031*** (0.003)
Control	控制	控制	控制	控制
province	控制	控制	控制	控制
year	控制	控制	控制	控制
N	210	210	210	210

七、结论与建议

本文通过选取2013—2019年中国省际面板数据，研究绿色金融对能源结构优化的影响，得出以下三个结论：第一，绿色金融发展能够对能源结构优化产生正向效应。第二，绿色金融既可以通过融资规模扩张的中介效应促进绿色产业发展，又可以通过技术进步的调节效应促进产业升级、提升能源效率与环境和谐度，进而影响和推动能源结构优化。第三，实证分析表明绿色金融对能源结构优化的影响在中国存在明显的区域异质性。基于地理区位与基础设施的优势，东部地区绿色金融发展产生的影响高于中西部地区。中部地区受到现存能源生产结构的影响，转型难度高、压力大。虽然中国西部地区绿色金融发展评价指标最低，但由于西部较小的实体转型压力，绿色金融发展带来的直接影响效应反而显著。以上情况表明中国绿色金融的发展依旧不充分，从宏观角度来看其对能源结构优化效用没有完全发挥，双碳目标下现有绿色金融体系还不够完善；同时，针对中国能源结构以消耗煤炭、石油等非清洁能源为主，清洁能源占比较少的现实，需要深入推进能源革命，加强煤炭清洁的高效利用，加快规划建设新型能源体系，以落实双碳发展目标。

根据研究结论，本文提出四点政策建议。第一，充分发挥绿色金融对能源利用结构的引导性作用，引导生产企业对水能、太阳能、风电等洁净能源的选用，提升清洁能源的利用深度与广度，促进实体向以清洁能源为主的生产利用模式转变，实现能源结构优化。第二，建立健全绿色金融发展市场化体系，拓宽企业融资渠道。根据不同省份地理区位差异，建立地方性绿色金融行业自律组织，发挥其为金融实体提供服务、反映需求、合作交流的作用。发挥融资规模扩张的中介效应，建立实体与产业间的循环经济产业链，完善地方基础性设施建设。第三，以绿色金融引导绿色低碳技术创新，制定相关激励机制和合作协议，充分发挥技术进步对绿色金融的调节效应，进一步提高能源边际产出的生产率效应，推动企业产业结构升级，实现能源结构调整优化。第四，建议各地方政府根据本地区绿色金融发展和资源禀赋特点，对双碳战略的具体实现方式与途径进行统筹规划，鼓励企业大额减排，从而形成地方政府、银行、企业三方之间的协作机制，以吸纳更多的社会资金促进绿色低碳产业发展。

参考文献

[1] G20绿色金融研究小组. G20绿色金融综合报告 [R]. 杭州：G20峰会，2016.

[2] 郎华琳，胡德宝，邢万里，等. 我国城市化对能源消费的影响浅析 [J]. 中国矿业，2014 (6).

[3] 陈淮. 我国能源结构的战略调整与国际化对策 [J]. 中国工业经济，2000 (7).

[4] 邓志茹，范德成. 我国能源结构问题及解决对策研究 [J]. 现代管理科学，2009 (6).

[5] 杭雷鸣. 我国能源消费结构问题研究 [D]. 上海：上海交通大学，2007.

[6] 胡宗义，李毅. 金融发展对环境污染的双重效应与门槛特征 [J]. 中国软科学，2019 (7).

[7] 康雯，吴云霞. 绿色金融、融资约束内在机理与反融资约束效应 [J]. 经济问题探索，2022 (6).

[8] 李廉水，周勇. 技术进步能提高能源效率吗？——基于中国工业部门的实证检验 [J]. 管理世界，2006 (10).

[9] 林伯强，牟敦国. 能源价格对宏观经济的影响——基于可计算一般均衡（CGE）的分析 [J]. 经济研究，2008 (11).

[10] 刘锡良，文书洋. 中国的金融机构应当承担环境责任吗？——基本事实、理论模型与实证检验 [J]. 经济研究，2019 (3).

[11] 马骏. 论构建中国绿色金融体系 [J]. 金融论坛，2015 (5).

[12] 马丽梅，黄崇乐. 金融驱动与可再生能源发展——基于跨国数据的动态演化分析 [J]. 中国工业经济，2022 (4).

[13] 庞敏，邱代坤，张志伟. 技术进步影响能源消费的机制与对策分析 [J]. 统计与决策，2017 (16).

[14] 邵帅，杨莉莉，黄涛. 能源回弹效应的理论模型与中国经验 [J]. 经济研究，2013 (2).

[15] 史代敏，施晓燕. 绿色金融与经济高质量发展：机理、特征与实证研究 [J]. 统计研究，2022 (1).

[16] 孙浦阳，王雅楠，岑燕. 金融发展影响能源消费结构吗？——跨国经验分析 [J]. 南开经济研究，2011（2）.

[17] 王博峰，李富有，王可. 金融结构与能源结构的关系研究 [J]. 西安交通大学学报（社会科学版），2014（2）.

[18] 王康仕，孙旭然，王凤荣. 绿色金融、融资约束与污染企业投资 [J]. 当代经济管理，2019（12）.

[19] 温忠麟，叶宝娟. 中介效应分析：方法和模型发展 [J]. 心理科学进展，2014（5）.

[20] 文书洋，刘锡良. 金融错配、环境污染与可持续增长 [J]. 经济与管理研究，2019（3）.

[21] 西南财经大学发展研究院，环保部环境与经济政策研究中心课题组. 绿色金融与可持续发展 [J]. 金融论坛，2015（10）.

[22] 杨林京，廖志高. 绿色金融、结构调整和碳排放——基于有调节的中介效应检验 [J]. 金融与经济，2021（12）.

[23] 杨英明，孙建东，李全生. 我国能源结构优化研究现状及展望 [J]. 煤炭工程，2019（2）.

[24] 雍和明. 破解国家金融发展难题——读《国家金融学》 [J]. 中国金融，2020（22）.

[25] 于立宏，贺媛. 能源替代弹性与中国经济结构调整 [J]. 中国工业经济，2013（4）.

[26] 张伟，朱启贵，高辉. 产业结构升级、能源结构优化与产业体系低碳化发展 [J]. 经济研究，2016（12）.

[27] 张宇，钱水土. 绿色金融、环境技术进步偏向与产业结构清洁化 [J]. 科研管理，2022（4）.

[28] Caner M., and B. E. Hansen. Instrumental Variable Estimation of a Threshold Model [J]. Econometric Theory, 2004, 20（5）: 813 – 843.

[29] Jeucken M., and J. J. Bouma. The Changing Environment of Banks, Sustainable Banking [M]. London: Routledge, 2017.

[30] Shahiduzzaman M., A. Layton, and K. Alam. Decomposition of Energy – Related CO_2 Emissions in Australia: Challenges and Policy Implications [J]. Economic Analysis and Policy, 2015, 45: 100 – 111.

绿色信贷政策与企业“漂绿”行为治理

——基于国家金融学框架下的实证研究

吴秋生　任晓姝[①]

摘要：国家金融的顶层设计是促进经济长期稳健、可持续发展的政策根基，其中绿色金融政策对于经济低碳转型和中国式现代化实现有重要意义。以《绿色信贷指引》的实施为准自然实验，构建双重差分模型，研究绿色信贷政策对企业环境信息披露产生的影响。研究结果表明，在面对环保信贷政策约束时，企业会减少避重就轻、流于形式的环保信息披露，绿色信贷能有效抑制企业“漂绿”行为，而企业所在地区更高的商业银行发展水平和市场化水平会强化该治理作用。进一步分析发现，在非国有企业、企业数字化水平不足、融资约束小等情境中，治理效果更显著。研究结论为政府借助银行业发展和市场化建设，有效发挥绿色信贷政策治理企业“漂绿”的作用，促进企业绿色发展，提供了经验证据。

一、引言

良好生态环境是人和社会持续发展的根本基础。党的十八大以来，党中央大力推进生态文明理论、实践和制度创新，以前所未有的力度抓生态文明建设。党的二十大着重强调要重视生态文明建设，着力保护生态环境，对推动绿色发展，促进人与自然和谐共生提出了具体要求。为了扭转传统的高投入、高消耗、高排放粗放型增长模式，政府除了出台行政管制措施外，还积极构建绿色金融体系。2012 年的《绿色信贷指引》（以下简称《指引》）为银行业限制高污染行业信贷，支持低碳经济、循环经济提出了明确要求和具

① 作者简介：吴秋生，管理学博士，山西财经大学会计学院教授，博士生导师，研究方向为公司治理与审计理论；任晓姝，厦门大学管理学院博士研究生，研究方向为绿色金融与公司治理。

体指导，以期通过发挥金融引导社会资金流向的作用，倒逼企业进行绿色转型。

企业环境信息披露作为企业向政府、投资者以及社会公众公开生态保护责任履行情况的重要方式（朱炜等，2019），对于政府监管，投资者决策和企业声誉都有着重要影响。为了提高企业环境表现透明度，便于政府与公众监督，中国对企业环境信息披露出台了一系列法规政策，对于重点排污单位进行强制性信息披露，对于其他企业则鼓励其自愿披露环境表现（朱炜等，2019）。基于此，越来越多企业选择在上市公司年报，或者通过社会责任报告、环境报告书等公开文件披露环境信息，树立企业重视生态环保的绿色形象。但是，也有一些企业披露的环境信息存在避重就轻、流于形式、更多的定性披露而缺少实质性披露的问题（黄溶冰，2020）。企业对环保做得不好的方面避而不谈，选择性披露有利信息，或者利用语言表述“粉饰”其环境表现，投机性夸大实际，这些行为通常被称为企业环境信息披露的“漂绿”行为。企业“漂绿”行为大大降低了企业环境信息披露的质量，对于促进企业绿色发展非常不利。

绿色信贷政策的实施，对绿色产业、绿色转型提供倾斜性信贷支持，同时对高污染高耗能产业进行了约束。这种政策的实施是否有利于遏制企业“漂绿”行为？什么样的金融和市场环境才有利于这种政策作用的发挥？在加快构建新发展格局，着力推动高质量发展的今天，研究清楚这些问题具有重要意义。

鉴于此，本文以绿色信贷政策的实施为准自然实验，构建双重差分模型，以2008—2020年A股上市公司为研究样本，研究绿色信贷政策对企业“漂绿”行为的影响，并分析企业所在地区银行发展水平和地区市场化程度的调节作用。在此基础上进一步研究企业股权性质和数字化水平、融资约束的异质性作用。本文的边际贡献有：第一，从企业环境信息披露质量的视角评价绿色信贷政策的经济后果，分析对企业“漂绿”的影响，丰富了有关绿色信贷政策实施效果的研究，找到了新的遏制企业“漂绿”的途径；第二，深入分析了企业内外部环境对绿色信贷政策遏制企业“漂绿”的影响，为充分发挥该政策的作用，提供了现实依据；第三，对于实现党的二十大报告中提出的“加快发展方式绿色转型，发展绿色低碳产业，推动形成绿色低碳的生产方式”有一定启示。对于以国家金融学为基础的现代金融体系构建，促进国家金融健康稳定，推动国家经济繁荣发展也有一定的现实意义。

二、文献综述

（一）绿色信贷政策的实施效果

目前，关于绿色信贷政策影响后果的研究既有对政策实施的对象——企业（主要是重污染企业）影响的研究，也有对实施主体——商业银行影响的研究。

对于政策的实施对象企业来说，陈幸幸等（2019）发现受到信贷约束的重污染企业商业信用会增加，而对于银行贷款和商业信用均受限的企业会增加环境治理投入。陈艳利和毛斯丽（2020）也发现绿色信贷可以促进企业环保投资，且对于处于成熟期或衰退期的企业影响更大。也有学者从创新转型的视角得到了不同的结论。谢乔昕和张宇（2021）认为绿色信贷通过内生化环境成本，影响贷款可得性和贷款成本倒逼企业创新转型，开展绿色技术研发，舒利敏和廖菁华（2022）也得到了类似的结论。而杨柳勇和张泽野（2022）则认为绿色信贷加剧了重污染企业信贷约束与经营风险，进而使得资金不足以进行绿色创新活动。大多数学者普遍认为绿色信贷政策对重污染企业具有融资惩罚和投资抑制效应（Liu 等，2017；苏冬蔚和连莉莉，2018）。由于对信贷规模和融资成本的负面影响，企业的并购绩效也会降低（王建新等，2021）。刘传江等（2022）则从绿色全要素生产率评价绿色信贷对重污染企业的影响，发现《指引》颁布后对企业绿色效率的提升作用大于对绿色技术进步率的降低作用。此外，占华（2021）基于资本形成和信号传递机制得到了绿色信贷政策能够促使企业积极披露环境信息的结论。

对于政策的实施主体银行来说，一方面，商业银行限制信贷资源进入高耗能产业可以避免产能过剩，支持企业技术创新和绿色转型也有利于改善传统产业经营绩效，降低不良贷款率（邵传林和闫永生，2020）。积极响应政府环保政策可以降低银行的信贷风险，提高流动性风险管控能力，进而增加银行绩效（Cui 等，2018）。另一方面，也有学者存在绿色信贷政策会使银行破产风险增加的担忧。绿色信贷支持的节能环保，清洁资源项目往往存在很高的不确定性、投入大，周期长，而且商业银行与企业间存在很大的信息不对称（邵传林和闫永生，2020），银行难以从企业的环境信息披露中获得真实有效的环境表现信息，也很难准确评估绿色项目风险，这会导致银行承担更大的坏账风险。

宏观上，绿色信贷政策的实施有激励和倒逼作用，对区域绿色技术创新，以及产业结构转型升级、绿色经济增长都有一定的促进作用（徐胜等，2018；谢婷婷和刘锦华，2019；赵娜，2021）。

（二）企业“漂绿”的动机和影响因素

目前学术界关于企业“漂绿”的研究和关注较少。李大元等（2015）基于新古典经济学、信息经济学以及利益相关者视角分析广义上企业“漂绿”行为（不局限于环境信息披露层面）的动机，认为“漂绿”是企业在环境规制不足情况下利用信息不对称追求利润最大化的选择。Delmas 和 Burbano（2011）则认为企业“漂绿”主要是为了降低成本、应对监管以及树立绿色形象。肖芬蓉和黄晓云（2016）的研究发现绩效差的企业、地方国企更有可能“漂绿”。企业故意隐瞒、名不副实、模糊视线的“漂绿”行为对于企业声誉、财务绩效、股票表现都有不利影响（Cai 和 He，2014）。政府规定与鼓励企业环境信息披露是为了治理环境污染、缓解环境信息不对称、积极督促企业履行环保责任，而企业避重就轻、流于形式的信息披露显然使企业的环境信息披露失去了有效性，演变成为一种“投机”行为（Lyon 和 Maxwell，2011）。

黄溶冰等（2019）发现“漂绿”企业融资可得性更强，因此对于那些外部融资需求大的企业更可能在环境信息披露中选择性披露和粉饰。外部的媒体监督和绿色认证可以阻断“漂绿”带来的印象管理，减少环境信息的不对称。环境规制对于“漂绿”行为的治理也会发挥很大作用（Smith 和 Font，2014）。具体来说，强制性制度压力，管理控制性环境制度会发挥成本效应显著抑制企业“漂绿”行为，而模仿性同行压力以及激励性环境规制则会助长企业通过“漂绿”获利。此外，企业对环境信息进行第三方鉴证以及具备行业专长的审计师审计都会使企业环境信息披露趋近于“真绿”。

三、理论分析与研究假说

企业“漂绿”行为之所以广泛存在，一方面是因为中国目前信息披露制度尚不健全，企业环境信息披露缺少第三方审核与监督，企业的环境责任承担信息有较强的隐蔽性和不透明性（Meng 等，2014）；另一方面，作为政府和社会公众了解企业环境表现的主要方式，企业与环境披露信息使用者之间存在很大的信息不对称。政府监管部门或投资者、社会公众，对于绿色技术领域企业特定的节能环保措施处于信息劣势地位，对企业实际经营过程中对环境的影响以及为环境保护做出的努力缺乏真实有效的评估，为“漂绿”提供了可能。鉴于目前政府和其他利益相关者对于环境友好型企业的青睐，企业，特别是那些重污染企业有足够动机在环境信息披露中选择性披露和粉饰，树立良好的“绿色形象”，满足合规性。

绿色信贷政策的实施提高了环境准入门槛，银行在发放贷款时将企业的环境责任承担考虑在内，使重污染企业难以获得贷款或承担惩罚性高贷款成本。银行债务融资是企业获得资金的主要来源，银行业作为绿色信贷政策的实施主体，势必给高耗能企业带来很大的融资约束和经营风险。这种情况下，企业面临着“真绿”与“伪绿”的抉择。一方面，技术创新活动需要大量资金，周期长，面临着极大不确定性（王馨和王营，2021），对于受到严重信贷约束的企业很可能选择把有限资金投入生产经营活动中。而为了迎合银行绿色信贷的要求，这些企业会在环境信息披露中“做文章”，对不足之处避而不谈，或用语言表述夸大实际，获得合规性的同时避免了承担绿色创新活动带来的经营风险。另一方面，不少学者认为绿色信贷政策下，如果企业不改变原有高污染、生态不利的生产方式会在融资和经营成本上付出代价，不利于获得竞争优势和保持利润，最终被市场淘汰（陆菁等，2021）。陈幸幸等（2019）证实绿色信贷约束会使企业加大环境治理投入，谢乔昕和张宇（2021）证实绿色信贷会促进企业创新转型，王馨和王营（2021）也得到了绿色信贷限制行业绿色创新表现更活跃的结论。因此，承担更多环境责任，加大污染治理，向低碳型经济转型才是企业的必然选择。基于这一分析，在绿色信贷政策作用下，企业的“漂绿”行为会减少。因为高质量环境表现的企业会更倾向于披露高质量环境信息（Clarkson 等，2008），与“漂绿”企业区分开来，避免“劣币驱逐良币”。而且对自身环境表现自信的企业不需要承担“故作姿态”“避重就轻”的增量风险。

《指引》的颁布对中国境内所有银行业都有规范作用。它既要求银行信贷考虑企业环境表现，同时要求银行对企业信贷业务中的环境风险和资源运营情况进行有效识别和监测，这会在一定程度上强化企业环境信息披露的外部监督。且随着绿色信贷政策不断规范，绿色金融体系不断健全，政府对发展方式绿色转型的不断推进，银行业金融机构在识别企业环境表现和绿色转型程度等方面的专长也会不断建立，这会增加企业“漂绿”被识别的可能。“漂绿”行为一旦被识别，不仅影响企业融资，对企业社会声誉更是沉重一击，可谓得不偿失。此外，绿色信贷的规范化和制度化，标志着绿色金融的进一步发展，也是中国实现美丽中国建设、双碳目标的有力工具，不免会受到政府、媒体、社会公众的更多关注。与之相关的企业面临的外部环境监督压力变大，企业通过信息披露造假谋取利益的可能性会被削弱。总的来说，绿色信贷政策提高了企业“漂绿”的成本和风险，降低了企业通过“漂绿”投机的可能性。由此，本文提出研究假说 1。

假说 1：绿色信贷政策的实施会抑制企业的“漂绿”行为。

绿色信贷政策对商业银行贷款决策，引导资金流向低碳节能产业提出了新要求。银行分支机构的布局与银行效率和竞争力息息相关，是银行发展的重要方面。中国绿色金融体系处于快速发展阶段，作为政策实施主体，地区银行业的繁荣发展为绿色信贷政策的有效落实提供了有利条件。第一，地区商业银行发展水平高，企业与银行之间更可能存在长期稳定关系（Benfratello 等，2008），会缓解银行与企业间的信息不对称，降低银行在信贷审批过程中的成本。第二，存在同业竞争效应。银行为了在同行竞争中获得声誉，树立正面形象，会积极践行政策导向，支持绿色经济。而且在与其他银行的竞争中，为了维持较低的信贷风险，提高效益，避免信贷错配以及信贷资源流入高污染高消耗产业引起的不良贷款率增加，银行在对企业污染防治情况，绿色转型项目进行审查时会更加严谨全面，企业的环境信息披露自然会受到更多关注和监督。第三，企业所在地区银行业发展完善，意味着银行业绿色管理体系和环境征信制度也更趋健全，这样会缓解银行与企业间的信息不对称。银行对节能环保、污染防治和绿色技术领域专业知识的建立降低了企业通过环境信息“漂绿”投机的可能性，放大了绿色信贷政策带来的外部监管效应。由此，本文提出研究假说 2。

假说 2：银行业发展水平会强化绿色信贷政策对企业“漂绿”行为发挥的治理作用。

此外，中国各个地区市场化发展并不均衡。制度环境特征对于经济政策的执行效果会有很大影响（王烨等，2018）。一方面，市场化程度较高的地区，其经济、法律政策和监督体系较为完善，为绿色信贷政策的有效实施给予了保障。具体地，银行业对绿色信贷政策的重视和有效落实，银行授信审批过程中获取信息的透明性、真实性、便利性以及配套政策的有力跟进等都会强化绿色信贷政策治理企业“漂绿”作用的发挥。另一方面，市场化发展不足引起的重要弊端就是政府干预强度大，关系型资源较多，监管体系不健全（王军等，2016）。这些关系型资源的存在可能使银行在对信贷对象选择和环境表现审查过程中透明度与规范性方面表现不佳。而且地方政府为了提升政绩，保护地方诸如钢铁、石油、电力等重要经济支撑产业，可能会舍弃对企业绿色发展，建立生态文明的追求。这就使得绿色信贷政策执行效率和执行效果大打折扣，不利于对企业环境信息披露“漂绿”行为的治理。由此，本文提出研究假说 3。

假说 3：市场化发展水平会强化绿色信贷政策对企业“漂绿”行为发挥的治理作用。

四、研究设计

（一）样本与数据来源

本文选取 2008—2020 年 A 股上市公司为样本，按照研究惯例与研究需要，剔除了金融行业样本，ST 类样本以及未公开进行环境信息披露和主要数据缺失的企业，最终得到 15306 个观测值。为避免极端值影响，对所有连续型变量进行了 1% 和 99% 水平上缩尾处理。本文研究数据主要来源于 CSMAR数据库，企业“漂绿”数据来自上市公司年报、社会责任报告和环境报告。

（二）主要变量定义

1. 企业“漂绿”。企业“漂绿”涵盖了名不副实、流于表面、对正面信息进行选择性披露、隐瞒负面信息等行为。目前关于企业“漂绿”程度的定量研究还较少，比较有代表性的是黄溶冰等（2019）的做法，将企业“漂绿”分类为选择性披露和表述性操纵两方面，构建指标衡量体系，通过内容分析法计算两者分值，并进行几何平均。选择性披露指对于应该披露的信息有选择进行披露或隐瞒，避重就轻。表述性操纵指利用文字游戏粉饰未做出实质性行为的环保事项，美化企业环境表现。

据此，本文借鉴黄溶冰等（2019）的衡量方式，从环境负债、环境管理、环境监管、环境业绩与治理四个方面构建18个项目，依据上市公司年报、社会责任报告和环境报告中披露的信息，采用内容分析法对企业环境信息披露情况进行评价，计算得到企业“漂绿”程度。

$$选择性披露 = 100 \times (1 - 已披露事项数 / 应披露事项数)$$

$$表述性操纵 = 100 \times (象征性披露事项数 / 已披露事项数)$$

$$企业“漂绿”程度 = \sqrt{选择性披露 \times 表述性操纵}$$

2. 绿色信贷政策。2012年中国银监会印发《指引》，对银行业金融机构有效开展绿色信贷，大力促进节能减排和环境保护提出了明确要求，标志着绿色信贷政策的规范化与制度化。因此，本文以2012年《指引》的颁布作为准自然实验，研究绿色信贷政策对企业的影响。绿色信贷政策主要作用于那些具有环境风险的企业，对于其他企业的银行信贷并不会产生较大影响。因此，本文将重污染企业作为双重差分模型中的实验组。具体地，2012年及以后，AFTER取1，其余为0；重污染企业TREAT为1，对照组为0。重污染企业的区分参考中国证券监督委员会2012年修订的《上市公司行业分类指引》和2008年原环保部发布的《上市公司环保核查行业分类管理名录》。

3. 银行发展水平。学术界目前对于银行发展水平的定量衡量方式并没有统一界定。一个地区内银行分支机构密度与当地银行业的繁荣程度有密切联系。本文借鉴Benfratello等（2008）的思路，用各省商业银行分支机构数量与人口数量的比值定义银行密度，银行密度越大，银行业发展水平越高。金友森等（2020）认为，地区地理面积与人口数量相比更具外生性，因此在稳健性检验中用各省商业银行分支机构数量与地理面积的比值重新定义银行密度。

4. 市场化程度。借鉴已有研究，市场化程度用王小鲁、樊纲等编著的《中国各省份市场化指数报告（2018）》中计算的各省份市场化总指数评分来衡量，该指数越大，说明地区市场化程度越高。同时，当公司所在地区的市场化指数大于当年所有地区市场化指数的中位数时，视为高市场化程度组，否则为低市场化程度组。

5. 控制变量。借鉴黄溶冰等（2019）的做法，选取了资产负债率、资产报酬率、托宾 Q 值、企业规模、企业所在地的人均 GDP、管理层持股比例、独立董事占比以及有形资产比率作为控制变量，并控制了年份与行业效应。具体变量定义见表 1。

表 1　变量定义

变量类型	变量名	变量定义
企业“漂绿”	*GWL*	选择性披露与表述性操纵的几何平均数
绿色信贷政策	*TREAT*	重污染企业为实验组，*TREAT* 为 1，其余为对照组
	AFTER	《指引》实施时间虚拟变量，2012 年及以后为 1，其余为 0
银行发展水平	*INDENSITY*	地区商业银行分支机构数量与地区人口数量的比值
市场化程度	*MKT*	依据当年所有地区市场化指数的中位数进行分组
	LEV	资产负债率
	ROA	资产报酬率
	TOBIN	托宾 Q 值
	SIZE	企业规模
控制变量	*GDP*	企业所在地的人均 GDP
	MH	管理层持股比例
	OUTSIZE	独立董事占比
	TANASSET	有形资产比率
	YEAR	年份
	IND	行业

（三）模型构建

为研究绿色信贷政策对企业“漂绿”行为的影响，以《指引》的颁布作为准自然实验，构建双重差分模型。其中，*GWL* 为企业“漂绿”程度，重污染企业 *TREAT* 为 1，2012 年及以后 *AFTER* 为 1，其余为 0。$TREAT \times AFTER$ 的回归系数即为绿色信贷政策的影响效应。此外，为研究银行发展水平的调节作用，在原有模型中加入银行发展水平及其交乘项，$TREAT \times AFTER \times INDENSITY$ 的回归系数反应银行发展水平的调节效应。为检验市场化程度的调节作用，将样本分为市场化程度高组与市场化程度低组，进行分组回归。模型见式（1）、式（2）。

$$GWL_{i,t} = \alpha_0 + \alpha_1 TREAT_{i,t} \times AFTER_{i,t} + \sum controls + \varepsilon_{i,t} \tag{1}$$

$$GWL_{i,t}=\beta_0+\beta_1 TREAT_{i,t}\times AFTER_{i,t}+\beta_2 TREAT_{i,t}\times AFTER_{i,t}\times INDENSITY_{i,t}+\beta_3 INDENSITY_{i,t}+\sum controls+\varepsilon_{i,t} \tag{2}$$

五、实证分析

（一）主要变量的描述性统计

表2给出了主要变量的描述性统计结果。企业“漂绿”（*GWL*）的均值为77.13，最大值为97.18，最小值为0，标准差为19.31，说明样本企业中“漂绿”行为普遍存在，且“漂绿”程度较高，不同企业的差异明显。*TREAT*的均值为0.36，样本企业中有36%的样本为实验组。其余各控制变量取值均在正常范围内，不再赘述。

表2　主要变量的描述性统计

变量	样本量	均值	标准差	最小值	25%分位数	中位数	75%分位数	最大值
GWL	15306	77.13	19.31	0	65.83	81.65	94.28	97.18
TREAT	15306	0.36	0.48	0	0	0	1	1
AFTER	15306	0.85	0.36	0	1	1	1	1
LEV	15306	0.44	0.20	0.06	0.28	0.44	0.60	0.90
ROA	15306	0.05	0.06	-0.17	0.02	0.04	0.08	0.23
TOBIN	15306	2.27	1.50	0.83	1.27	1.78	2.67	8.96
SIZE	15306	22.47	1.37	20.08	21.46	22.27	23.30	26.50
GDP	15306	7.25	3.32	1.64	4.64	6.83	9.42	16
MH	15306	10.94	18.44	0	0	0.10	15.61	67.43
OUTSIZE	15306	37.26	5.31	31.25	33.33	33.33	41.67	57.14
TANASSET	15306	0.40	0.17	0.05	0.27	0.38	0.52	0.80

（二）基准回归

表3列（1）中，$TREAT\times AFTER$的回归系数为-5.509，在1%的水平上显著为负，结果支持了假说1。说明在绿色信贷政策下比起为了增加信贷可得性，缓解信贷约束而对环境信息采取投机性“漂绿”行为，企业更多在外部监督强化和绿色经济政策引导下选择披露更真实完整的环境信息。绿色信贷政策的实施并没有助长企业粉饰环境表现的行为，相反对企业“漂绿”

发挥了积极治理作用，有利于增加企业环境信息披露的质量和可靠性。另外，列（2）中，*TREAT* × *AFTER* × *INDENSITY* 的回归系数为 -1.715，在 10% 的水平上显著，支持了假说 2。说明企业所在地区银行发展水平有利于促进绿色信贷政策对企业“伪绿”的治理作用，银行业发展完善为绿色信贷政策的有效落实和积极作用的有效发挥提供了良好的金融环境支持。由分组回归结果可知，在市场化程度高时，*TREAT* × *AFTER* 的回归系数在 1% 的水平上显著为负，而在市场化程度低的样本组中，*TREAT* × *AFTER* 在 5% 的水平上显著。表明良好的制度环境是绿色信贷政策发挥对企业“漂绿”行为积极治理作用的助推器。

表 3　　基准回归结果

	(1)	(2)	(3)	(4)
	GWL	*GWL*	市场化程度高	市场化程度低
TREAT × *AFTER*	-5.509*** (-14.437)	-2.715 (-1.521)	-6.058*** (-7.383)	-3.318** (-2.444)
TREAT × *AFTER* × *INDENSITY*		-1.715* (-1.679)		
INDENSITY		-0.145 (-0.225)		
LEV	4.519*** (4.527)	4.347*** (4.163)	3.316* (1.723)	8.119*** (2.711)
ROA	-0.490 (-0.164)	-0.401 (-0.128)	-1.059 (-0.242)	2.865 (0.330)
TOBIN	-0.436*** (-3.461)	-0.431*** (-3.134)	-0.502*** (-2.628)	-0.255 (-0.577)
SIZE	-4.925*** (-33.057)	-4.936*** (-31.239)	-4.834*** (-15.497)	-5.327*** (-9.169)
GDP	0.233*** (4.432)	0.260*** (4.004)	0.272** (2.420)	0.691 (1.239)
MH	0.054*** (6.154)	0.053*** (5.902)	0.054*** (3.562)	0.065* (1.745)
OUTSIZE	0.059** (2.188)	0.068** (2.400)	0.083* (1.664)	-0.023 (-0.251)

续表

	(1)	(2)	(3)	(4)
	GWL	*GWL*	市场化程度高	市场化程度低
TANASSET	-10.223*** (-10.361)	-9.693*** (-9.419)	-10.579*** (-5.639)	-9.891*** (-2.981)
_Cons	193.402*** (53.193)	193.306*** (48.988)	194.093*** (27.757)	197.507*** (13.499)
N	15306	14070	12502	2804
R^2	0.190	0.187	0.190	0.187
R^2_a	0.188	0.185	0.188	0.176
YEAR	Yes	Yes	Yes	Yes
IND	Yes	Yes	Yes	Yes

注：***、**和*分别表示在1%、5%和10%的水平上显著相关，括号内为t值，表4～表7同。

（三）稳健性检验

1. 平行趋势检验。为证实本文采用双重差分模型进行回归的合理性，进行平行趋势检验。借鉴 Beck 等（2010）的做法，分别设置《指引》颁布前后及当年度年份虚拟变量与实验组虚拟变量的交互项，重新进行回归。由表 4 回归结果可知，政策颁布前 *Pre_1*，*Pre_2*，*Pre_3* 的回归系数均不具有显著性，政策颁布及以后 *current*，*Post_1*，*Post_2*，*Post_3*，*Post_4* 的回归系数逐渐显著。说明在绿色信贷指引颁布前，重污染企业与非重污染企业满足平行趋势，双重差分模型的回归结果具有可信度，而且绿色信贷政策的实施对企业“漂绿”产生了显著影响。从图 1 平行趋势检验图中可以直观看出，政策实施点 0 点以前实验组与控制组的结果变量不存在随年份变动的差异，政策实施以后出现显著差异。

表 4　　　　平行趋势检验

	GWL
Pre_3	-1.568 (-0.959)
Pre_2	-2.578 (-1.610)

续表

	GWL
Pre_1	-1.450 (-0.998)
current	-2.227 ** (-2.029)
Post_1	-3.108 *** (-2.786)
Post_2	-3.235 *** (-3.010)
Post_3	-5.524 *** (-5.521)
Post_4	-5.435 *** (-6.040)
LEV	4.526 *** (4.513)
ROA	-1.804 (-0.600)
TOBIN	-0.315 ** (-2.496)
SIZE	-4.936 *** (-32.956)
GDP	0.260 *** (4.919)
MH	0.053 *** (6.020)
OUTSIZE	0.062 ** (2.299)
TANASSET	-11.685 *** (-11.859)
_Cons	195.757 *** (52.795)

续表

	GWL
N	15306
R^2	0. 183
R^2_a	0. 180
YEAR	Yes
IND	Yes

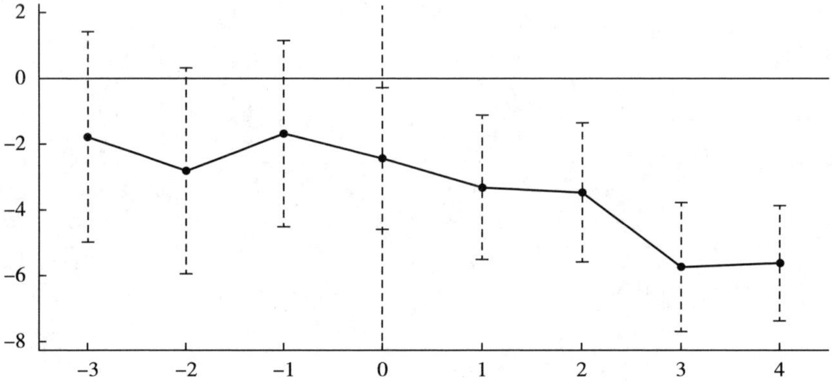

图 1　平行趋势检验

2. 时间窗口检验。本文研究样本时间跨度较大，回归结果可能受到同一时期内其他相关环保政策的影响。采用缩短时间窗口的方法，将样本分别控制在绿色信贷政策实施前后三年和绿色信贷政策实施前后两年，重新进行回归。改变时间窗口后，*TREAT*1 × *AFTER* 的回归系数显著为负，结果依然成立。

表 5　　改变时间窗口

	2009—2015 年	2010—2014 年
	GWL	*GWL*
TREAT × *AFTER*	-4. 433*** (-7. 206)	-4. 561*** (-6. 430)
LEV	5. 062*** (3. 407)	5. 291*** (3. 021)

续表

	2009—2015 年	2010—2014 年
	GWL	*GWL*
ROA	11.869 ** (2.456)	12.981 ** (2.206)
TOBIN	-0.413 ** (-2.088)	-0.725 *** (-2.687)
SIZE	-5.450 *** (-23.581)	-5.445 *** (-20.279)
GDP	0.174 * (1.652)	0.086 (0.674)
MH	0.047 *** (3.454)	0.061 *** (3.946)
OUTSIZE	0.065 (1.578)	0.073 (1.516)
TANASSET	-6.904 *** (-4.721)	-5.643 *** (-3.255)
_Cons	203.497 *** (37.018)	203.163 *** (31.574)
N	6323	4641
R^2	0.193	0.192
R^2_a	0.189	0.187
YEAR	Yes	Yes
IND	Yes	Yes

3. 安慰剂检验。为排除其他不可观测因素对实证结果的影响，人为假定绿色信贷政策实施时间为 2009 年、2010 年、2011 年，重新定义时间虚拟变量。若回归结果不显著，说明企业“漂绿”程度的降低是由绿色信贷政策实施导致的；若回归结果显著，则说明上述结论不成立。表 6 结果显示 2009 年、2010 年、2011 年前后企业“漂绿”程度不存在显著差异。

表6　　安慰剂检验

	政策实施时点为2009年	政策实施时点为2010年	政策实施时点为2011年
	GWL	*GWL*	*GWL*
TREAT×AFTER	0.008 (0.035)	0.016 (0.081)	-0.187 (-1.077)
LEV	0.373 (1.048)	0.372 (1.047)	0.376 (1.056)
ROA	0.268 (0.347)	0.267 (0.347)	0.274 (0.355)
TOBIN	-0.039 (-1.034)	-0.039 (-1.033)	-0.039 (-1.049)
SIZE	0.155 (1.632)	0.156 (1.634)	0.147 (1.538)
GDP	0.149 *** (4.226)	0.149 *** (4.226)	0.145 *** (4.117)
MH	-0.005 (-1.043)	-0.005 (-1.043)	-0.005 (-1.055)
OUTSIZE	0.001 (0.111)	0.001 (0.111)	0.001 (0.121)
TANASSET	0.276 (0.782)	0.276 (0.782)	0.278 (0.788)
_Cons	-2.112 (-0.908)	-2.122 (-0.911)	-1.938 (-0.832)
N	15306	15306	15306
R^2	0.438	0.438	0.439
R^2_a	0.306	0.306	0.306
YEAR	Yes	Yes	Yes
IND	Yes	Yes	Yes

另外，本文还改用固定效应模型、PSM－DID模型、剔除样本中属于生态保护与环境治理业的企业（避免对估计模型的干扰），回归结果与前文一致。在改变重污染企业区分、“漂绿”度量和银行发展、市场化程度衡量方式后，结论仍成立。

六、异质性分析

绿色信贷政策作用的发挥也可能会受到企业特征的影响，企业股权性质会影响企业融资能力和外部监管，数字化水平会影响环境信息透明度，企业的融资约束则直接影响到“漂绿”的动机。因此本文主要考虑以上因素的影响，进行异质性分析。

（一）考虑企业股权性质的影响

相较于非国有企业，国有企业在融资渠道，融资成本上具有天生优势（邓可斌和曾海舰，2014）。所以，绿色信贷政策对国有企业的信贷约束作用较弱，国有企业通过“漂绿”去迎合绿色信贷政策进而获取融资的动机不足。另外，国有企业受政府的监督更强，企业披露的环境信息受到政府相关部门，甚至媒体公众的更多关注，使国有企业“漂绿”的可能性降低。所以，绿色信贷政策对非国有企业“漂绿”的抑制可能更强。表 7 回归中，将原有样本区分为国有企业和非国有企业，可以看到 *TREAT* × *AFTER* 的回归系数在非国有企业中更显著，绿色信贷对非国企的“漂绿”发挥了更多的治理作用。

表 7　　　　　　　　　　　　异质性分析

	(1)		(2)		(3)	
	国有企业	非国有企业	企业数字化水平高	企业数字化水平低	融资约束大	融资约束小
TREAT × *AFTER*	−2.293 **	−5.502 ***	−1.846	−2.551 ***	−3.163 **	−3.198 ***
	(−2.382)	(−4.592)	(−0.794)	(−2.803)	(−2.138)	(−3.145)
LEV	1.068	3.786 *	2.108	0.958	1.418	2.572
	(0.428)	(1.706)	(0.725)	(0.431)	(0.526)	(0.948)
ROA	−2.350	4.162	1.130	0.418	3.983	−0.377
	(−0.410)	(0.884)	(0.198)	(0.079)	(0.804)	(−0.064)
TOBIN	−0.068	−0.146	−0.306	0.162	−0.232	0.382 *
	(−0.255)	(−0.751)	(−1.325)	(0.659)	(−0.886)	(1.711)
SIZE	−0.243	−1.000	−1.947 **	1.053	0.078	−1.049
	(−0.373)	(−1.530)	(−2.226)	(1.439)	(0.100)	(−1.403)

续表

	(1)		(2)		(3)	
	国有企业	非国有企业	企业数字化水平高	企业数字化水平低	融资约束大	融资约束小
GDP	0.076 (0.367)	1.255 *** (4.678)	0.972 *** (3.418)	0.250 (1.037)	0.250 (0.955)	0.561 * (1.869)
MH	0.234 * (1.690)	-0.017 (-0.665)	-0.003 (-0.068)	0.008 (0.303)	-0.008 (-0.203)	0.027 (0.772)
OUTSIZE	0.045 (0.812)	-0.013 (-0.214)	-0.074 (-1.021)	0.106 * (1.854)	-0.017 (-0.269)	0.085 (1.326)
TANASSET	1.809 (0.768)	-5.896 ** (-2.535)	-7.698 ** (-2.393)	0.837 (0.382)	-1.466 (-0.558)	0.509 (0.208)
_Cons	82.311 *** (5.618)	107.176 *** (7.670)	125.748 *** (6.188)	54.978 *** (3.464)	83.015 *** (4.820)	99.142 *** (6.060)
N	6756	8314	6508	8798	7653	7653
R^2	0.588	0.625	0.712	0.623	0.655	0.670
R^2_a	0.513	0.507	0.576	0.506	0.535	0.550
YEAR	Yes	Yes	Yes	Yes	Yes	Yes
FIRM	Yes	Yes	Yes	Yes	Yes	Yes

（二）考虑企业数字化水平的影响

数字经济的快速发展推动了企业在经营、组织等层面的数字化转型。企业数字化水平主要会影响到企业的信息透明度和经营效率（肖红军等，2021）。由于数字技术的通用性和渗透性，对于数字化程度高的企业，其环境表现、环境风险以及防污节能方面的努力会及时全面地被外界知晓，压缩了企业通过“漂绿”投机的空间，弱化了绿色信贷政策可发挥的外部监督和信息传递作用。对于数字技术有限的企业，环境信息披露造假的成本较低，为绿色信贷政策“漂绿”治理提供了可能性。年报中的词汇用法与企业的战略目标，发展导向密切相关。参考现有研究（吴非等，2021），以企业年报中“人工智能”“区块链”“云计算”“大数据”和“数字技术应用”出现的频次衡量企业数字化转型程度，并依据这一指标的中位数对总样本进行分组。回归结果显示，企业数字化水平低时，绿色信贷政策与企业“漂绿”的负相关关系更显著。数字化转型不足时，绿色信贷政策有更好的实施效果。

（三）考虑企业融资约束的影响

绿色信贷政策主要给企业带来了信贷约束。企业融资活动会直接影响企业日常的生产经营，对于融资约束大的企业，将有限资金投入风险大、周期长、不确定性高的技术创新和绿色转型活动中，将承担很大的经营风险。因此，相比融资约束小的企业，这些企业转型能力不足，而且为了迎合银行对企业环境责任的考虑，提高信贷可得性，即使在外部监管强化下仍然可能选择“漂绿”。绿色信贷政策对企业环境信息披露造假的治理作用对融资约束小的企业可能更有效。本文用 *SA* 指数衡量企业的融资约束，参考 Hadlock 和 Pierce（2010）的计算方法，$SA = -0.737 \times Size + 0.043 \times Size^2 - 0.04 \times Age$。*SA* 指数计算结果为负数，对其取绝对值，绝对值越大，企业面临的融资约束越大。依据计算结果对样本进行分组回归，在融资约束大的样本组中，$TREAT \times AFTER$ 的回归系数在 5% 的水平上显著，而在融资约束小时，$TREAT \times AFTER$ 的回归系数在 1% 的水平上显著，与预期相符。

七、结论与政策建议

本文基于国家金融学框架，通过构建双重差分模型证实了绿色信贷政策对企业“漂绿”行为的治理作用。此外，研究了银行业发展水平和市场化程度对绿色信贷政策抑制企业“漂绿”行为的强化作用。进一步研究发现，企业股权性质，企业数字化水平，融资约束均为影响绿色信贷政策治理作用发挥的异质性因素。本文结论对于有效发挥绿色信贷政策在促进企业环境污染防治方面的作用有一定的现实意义，对于贯彻党的二十大精神，促进金融稳定和经济可持续发展，积极稳妥推进碳达峰碳中和，促进人与自然和谐共生有一定启示。

对于政府来说，大力推进和落实绿色信贷政策，建立企业融资与环境风险承担的内在联系，可以有效抑制企业在环境信息披露中避重就轻、言语粉饰等“漂绿”行为。为此，有关部门应加强对银行执行绿色信贷政策情况的监督检查，积极促进各地市场化发展和银行业发展水平，加强对非国企、数字化水平较低的企业，以及融资约束小的企业的监管，保障和促进绿色信贷政策促进绿色发展作用的发挥。对于银行来说，要充分认识到自觉认真执行绿色信贷政策是自己应尽的社会责任，也是银行提高自己行政效率的重要措施。因此，银行在信贷业务过程中要对包括企业环境信息披露质量在内的风险进行有效识别和监测。同时培养在污染防治、技术转型领域的专长，减少与企业间的信息不对称，提高信贷资源配置和企业信息披露有效性，将绿色金融一以贯之。对于企业来说，要充分认识到在国家实施绿色信贷政策环境下，投机性“漂绿”会导致融资难的局面。企业融资约束程度越高，融资需求越大，越要如实披露企业环境信息，才能有效缓解融资约束，赢得良好的社会声誉，实现可持续高质量发展。同时，企业应该加快数字化进程，为环境信息的如实披露，“漂绿”行为的有效内部控制，提供科技保障。总之，只有政府推进、银行落实、企业执行，才能有效构建现代金融体系，推动发展方式绿色转型，促进双碳目标和中国式现代化的实现。

参考文献

[1] 陈幸幸，史亚雅，宋献中．绿色信贷约束、商业信用与企业环境治理[J]．国际金融研究，2019（12）．

[2] 陈艳利，毛斯丽．绿色信贷政策、企业生命周期与企业环保投资——基于重污染行业上市公司的经验证据[J]．产业组织评论，2020（4）．

[3] 邓可斌，曾海舰．中国企业的融资约束：特征现象与成因检验[J]．经济研究，2014（2）．

[4] 黄溶冰，陈伟，王凯慧．外部融资需求、印象管理与企业漂绿[J]．经济社会体制比较，2019（3）．

[5] 黄溶冰．企业漂绿行为影响审计师决策吗？[J]．审计研究，2020（3）．

[6] 金友森，张琴韵，许和连．银行发展对企业创新的影响——基于商业银行县域密度的证据[J]．金融论坛，2020（2）．

[7] 李大元，贾晓琳，辛琳娜．企业漂绿行为研究述评与展望[J]．外国经济与管理，2015（12）．

[8] 刘传江，张劭辉，李雪．绿色信贷政策提升了中国重污染行业的绿色全要素生产率吗？[J]．国际金融研究，2022（4）．

[9] 陆菁，鄢云，王韬璇．绿色信贷政策的微观效应研究——基于技术创新与资源再配置的视角[J]．中国工业经济，2021（1）．

[10] 邵传林，闫永生. 绿色金融之于商业银行风险承担是“双刃剑”吗?——基于中国银行业的准自然实验研究 [J]. 贵州财经大学学报，2020 (1).

[11] 舒利敏，廖菁华. 末端治理还是绿色转型?——绿色信贷对重污染行业企业环保投资的影响研究 [J]. 国际金融研究，2022 (4).

[12] 苏冬蔚，连莉莉. 绿色信贷是否影响重污染企业的投融资行为? [J]. 金融研究，2018 (12).

[13] 王建新，王涛，龙鸣. 绿色信贷提升重污染企业并购绩效了吗?——来自中国上市公司的经验证据 [J]. 广东财经大学学报，2021 (1).

[14] 王军，郑玲，江若尘. 民营企业慈善捐赠与财务绩效的因果关系研究——基于政治关联性与市场化程度调节效应的分析 [J]. 山西财经大学学报，2016 (11).

[15] 王馨，王营. 绿色信贷政策增进绿色创新研究 [J]. 管理世界，2021 (6).

[16] 王烨，孙慧倩，吴婷，王宁宁. 人力资本禀赋、市场化程度与员工持股计划选择 [J]. 华东经济管理，2018 (12).

[17] 吴非，胡慧芷，林慧妍，等. 企业数字化转型与资本市场表现——来自股票流动性的经验证据 [J]. 管理世界，2021 (7).

[18] 肖芬蓉，黄晓云. 企业“漂绿”行为差异与环境规制的改进 [J]. 软科学，2016 (8).

[19] 肖红军，阳镇，刘美玉. 企业数字化的社会责任促进效应：内外双重路径的检验 [J]. 经济管理，2021 (11).

[20] 谢乔昕，张宇. 绿色信贷政策、扶持之手与企业创新转型 [J]. 科研管理，2021 (1).

[21] 谢婷婷，刘锦华. 绿色信贷如何影响中国绿色经济增长? [J]. 中国人口·资源与环境，2019 (9).

[22] 徐胜，赵欣欣，姚双. 绿色信贷对产业结构升级的影响效应分析 [J]. 上海财经大学学报，2018 (2).

[23] 杨柳勇，张泽野. 绿色信贷政策对企业绿色创新的影响 [J]. 科学学研究，2022 (2).

[24] 占华. 绿色信贷如何影响企业环境信息披露——基于重污染行业上市企业的实证检验 [J]. 南开经济研究，2021 (3).

［25］赵娜．绿色信贷是否促进了区域绿色技术创新？——基于地区绿色专利数据［J］．经济问题，2021（6）．

［26］朱炜，孙雨兴，汤倩．实质性披露还是选择性披露：企业环境表现对环境信息披露质量的影响［J］．会计研究，2019（3）．

［27］Beck T.，R. Levine，and A. Levkov. Big Bad Banks? The Winners and Losers From Bank Deregulation in the United States［J］. The Journal of Finance，2010，65（5）：1637－1667.

［28］Benfratello L.，F. Schiantarelli，and A. Sembenelli. Banks and Innovation：Micro Econometric Evidence on Italian Firms［J］. Journal of Financial Economics，2008，90（2）：197－217.

［29］Cai L.，and C. He. Corporate Environmental Responsibility and Equity Price［J］. Journal of Business Ethics，2014，125（4）：617－635.

［30］Charles J. H.，and R. P. Joshua. New Evidence on Measuring Financial Constraints：Moving Beyond the KZ Index［J］. The Review of Financial Studies，2010，23（5）：1909－1940.

［31］Clarkson P. M.，Y. Li，G. D. Richardson，and F. P. Vasvari. Revisiting the Relation between Environmental Performance and Environmental Disclosure：An Empirical Analysis［J］. Accounting，Organizations and Society，2008，33（4－5）：303－327.

［32］Cui Y.，S. Geobey，O. Weber，and H. Y. Lin. The Impact of Green Lending on Credit Risk in China［J］. Sustainability，2018，10（6）.

［33］Delmas M. A.，and B. V. Cuerel. The Drivers of Greenwashing［J］. California Management Review，2011，54（1）：64－87.

［34］Liu J. Y.，Y. Xia，Y. Fan，S. M. Lin，and J. Wu. Assessment of a Green Credit Policy Aimed at Energy－Intensive Industries in China Based on a Financial CGE Model［J］. Journal of Cleaner Production，2017，163（10）：293－302.

［35］Meng X. H.，S. X. Zeng，J. J. Shi，G. Y. Qi，and Z. B. Zhang. The Relationship between Corporate Environmental Performance and Environmental Disclosure：An Empirical Study in China［J］. Journal of Environmental Management，2014，145（12）：357－367.

［36］Smith V. L.，and X. Font. Volunteer Tourism，Greenwashing and Understanding Responsible Marketing Using Market Signalling Theory［J］. Journal of Sustainable Tourism，2014，22（6）：942－963.

中欧碳排放权交易的市场化比较

——基于国家金融学视角

蔡彤娟　林润红　张　旭[①]

摘要：碳排放权交易是应对气候变化、实现“双碳”目标的制度创新和重要手段。除交易量、活跃度等指标外，碳排放交易与企业股价的关联程度，是碳排放交易市场化程度提高的重要表现。基于国家金融学视角，通过 VAR－MVGARCH－DCC 模型实证分析中国和欧盟碳排放交易市场与股票市场的动态关联情况，借以比较中国和欧盟碳排放交易的市场化程度。结果表明，欧盟碳排放权价格与股价紧密相连，碳排放市场对股票市场产生明确的引导作用，中国碳排放权交易的市场化程度与欧盟相比还存在进步空间。完善碳排放权交易制度应关注金融要素对碳排放权交易的影响，中国可借鉴欧盟发展碳排放交易市场在顶层设计、市场机制与市场措施等方面的经验，打造“定价机制＋碳排放衍生品＋跨境人民币碳交易结算”的特色碳金融体系。

一、引言

2020 年 9 月，中国在第 75 届联合国大会上正式提出 2030 年实现碳达峰，2060 年实现碳中和的“双碳”目标。从国家金融学视角来看，世界金融市场中需要包括大宗商品交易、能源交易在内的要素才能推动一国在金融领域实现“弯道超车”，当前碳排放交易成为继煤炭、石油之后的重要大宗能源交易领域。碳排放权交易市场建设是国家金融行为需要着手解决的重大

① 作者简介：蔡彤娟，经济学博士，中国人民大学重阳金融研究院研究员，研究方向为开放宏观经济学；林润红，对外经济贸易大学国际经济贸易学院博士研究生，研究方向为能源经济学；张旭，对外经济贸易大学国际经济研究院硕士研究生，研究方向为低碳经济。

问题，是发展中国家从顶层设计出发，在气候变化和绿色金融领域构建市场机制的重要平台。对于中国实现“双碳”目标和对发达国家的弯道超车具有重大现实意义（陈云贤，2021）。基于此，国家层面高度重视利用市场化机制，推动能源清洁低碳转型，并将全国碳排放量交易市场（以下简称“碳排放市场”或“碳市场”）建设和碳排放权交易制度完善作为我国应对气候变化、实现“双碳”目标的重要抓手。

2011 年中国启动地方碳排放权交易试点，直到 2021 年才正式启动全国碳排放权交易市场。尽管全国碳市场基本框架已初步建立，促进企业减排温室气体和加快绿色低碳转型的作用初步显现，但相较而言，中国碳排放市场交易量有限，市场化程度较低，碳减排压力仍然巨大。与此同时，欧洲在欧盟主导下已经建立起全球规模最大、活跃度最高的碳排放交易市场（European Union Emission Trading Scheme，EU ETS）。目前 EU ETS 已经进入第四阶段，推动 2021 年欧盟碳排放市场交易空前活跃，同时促进了碳金融市场的完善，为全球减排目标作出了重要贡献。欧盟碳排放权交易市场取得了良好的减排控排效果，2020 年碳排放量降至 25 亿吨左右，而美国与中国均超过 50 亿吨（见图 1）；2020 年欧盟 27 国碳排放量全球占比从 7.8% 降至 7.3%。①

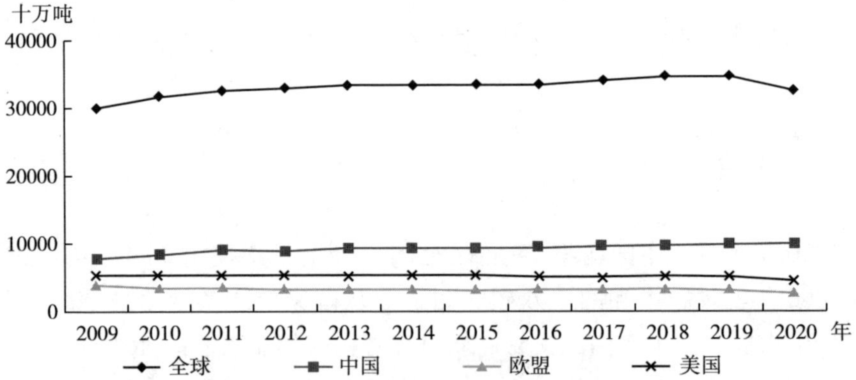

图 1　2009—2020 年全球及中美欧碳排放量

（数据来源：BP 世界能源统计年鉴 2021 年）

① 数据来源：全球二氧化碳温室气体排放量报告（2021 年），https：//edgar. jrc. ec. europa. eu/report_2021。

成熟的碳排放权交易市场与股票市场都具有完善的价格发现和资源配置功能，实质上，碳排放权交易的市场化效应会反映在公司的股票收益上（Oberdorfer，2009）。因此，碳排放权交易的市场化进程能够引导企业改变生产方式和能源结构，助力实现各阶段的减排目标。碳排放权交易的市场活跃促使企业考虑碳成本对其发展的影响，部分投资者也开始重视碳排放权价格给股票市场带来的影响（曾清，2018）。随着国际碳市场 2.0 版本的到来，各国更加重视碳排放权的市场化发展，相应地也会增加对企业股票市场的关注度，碳排放权逐渐成为企业追求的新的投融资方式。除交易量、活跃度等指标外，碳排放交易与企业股价相关联也是碳排放市场化程度提高的重要表现：碳排放交易对企业生产活动和价值创造影响越深，碳排放权价格与股票价格联系越紧密，企业参与碳排放交易的积极性就会越高，碳排放交易的市场化程度就越高。从国家金融学角度来看，碳排放交易市场建设不仅是应对气候变化、实现“双碳”目标的重要抓手，而且能够带动投资银行、碳期货、碳基金等碳金融产业的发展，使宏观金融体系得到发展和完善。而碳排放市场建设的目标就是提高其市场化程度和国际竞争力，因此碳排放交易市场化程度的提高体现了国家金融学的理论思想，是国家金融学的重要内容。

本文主要有两个目的：一是通过实证估计碳排放权交易市场与股票市场之间的动态联动关系，对比分析中欧碳排放交易的市场化进展；二是借鉴欧盟碳排放市场发展经验，推进新时代中国特色的碳排放权交易的市场化建设，提高碳排放市场的国际竞争力，推动“双碳”目标的实现。

二、文献回顾

自 1997 年《京都议定书》提出碳排放交易的概念，学术界对碳排放权交易制度发展做了大量研究。相关问题研究始于经济学视角的理论探讨，在科斯定理、外部性理论等启发下，学者们又提出了排污权交易理论（Dales，1968）、交易许可权理论（Montgomery，1972）等。随着开展排放权交易的国家和地区不断增多，排放权理论及实务研究不断取得进展，其中，碳排放权交易与经济发展的关系、碳排放交易市场建设过程中的影响因素、碳排放交易市场与股票市场的关系及碳排放交易市场化实现程度、碳交易市场与现代金融体系的联系等问题的探究成为新的研究重点。这些研究得出以下结论：一是碳排放来源于能源的消耗，与世界经济的生产、消费及其他经济变量有着密切的联系，能够节约交易成本，调动经济主体积极性（Kara 等，2008；钟世和和曾小春，2014；贾云赟，2017），同时碳排放交易产生了巨大的经济效应，影响相关行业的市场规模：对电力、化工等能源部门的短期竞争力产生影响（Kirat 和 Ahamada，2011；许小虎和邹毅，2016；傅京燕和邹海英，2017），其价格变动对食品、服务行业、航运等非能源部门的市场份额和盈利能力产生直接或间接的影响，相对较小（黄明皓等，2010；Meng 等，2021）。二是影响碳排放权交易市场价格的因素有很多，主要分为市场、能源与气候、政策三大方面（辛姜和赵春艳，2018；Feng 等，2020）。三是碳排放交易不但具有金融属性，而且与行业的股票收益率具有联系性（韩国文和樊呈恒，2021），自 Oberndorfer（2009）开启了实证分析碳排放交易市场与股票市场关系的先河，一些学者开始把目光放在碳价与股价的联动上，一种观点认为碳价和股价并没有显著的关系（刘纪显等，2013），另一种观点认为股价受到碳价单方面的影响，且结果显著（刘维泉和赵净，2011；陶春华，2015；陈向阳和何海靖，2021；Hanif 等，2021）。四是碳排放交易市场化程度的提高有赖于国家金融资源的投入。金融机构及私人投资者加入碳市场后充当中介角色，不仅使碳市场容量不断扩大、流动性进一步加强、市场也愈加透明，同时也吸引了更多的实体企业加入，从而提高市场化水平（陈云贤，2021）。碳市场金融化程度的日益加深表明市场间关联度上升，在碳市场发展过程中，与金融市场的相关性逐渐增加，与金融市场、能源市场之间的反馈效应逐渐加强，把碳市场的内在绿色发展理念贯通至期货市场、股票市场、债券市场、外汇市场、货币市场等（刘志洋等，2022）。因此，全国统一的碳排放权交易市场需要增强金融属性，应该允许更多的金融机构参与碳排放交易权市场。通过市场化手段促进减排成本向碳收益转化，引导金融资源更好地向低碳经济领域倾斜，从而使社会整体减排成本最小化，这有利于加快各国产业结构转型升级和经济发展方式的转变（陈云贤，2021）。

综上所述，当前关于碳排放权交易市场化的研究以国外市场尤其是欧盟市场的研究为主，国内多从中国试点碳排放权交易市场建设的理论基础入手，分析其市场机制运行的影响因素以及市场交易的实现程度，而从现实基础出发，实证分析碳排放交易市场化程度的研究较少，同时，对当前碳交易市场内含的国家金融学思想及碳交易市场与现代金融市场之间关系的探查更加缺乏。基于此，本文将从以下几个方面对已有研究进行有益的补充。第一，基于国家金融学研究视角，运用金融市场理论分析企业股价在碳交易市场扮演的“角色”，剖析碳排放交易市场与股票市场之间联系的理论基础与现实依据；第二，从中观产业层面多行业多角度分析碳排放市场与股市的动态联动关系，打破学术界对碳排放交易影响的分析高度集中于发电行业、很少涉及股价领域的定式（赵盟等，2012；许小虎和邹毅，2016；蒋泽辉，2017）；第三，选取 VAR – MVGARCH – DCC 模型实证检验碳价与股价间的动态联动关系，将时间序列与 GARCH 类模型动态结合，对静态、比较静态为主的实证研究体系进行补充；第四，借鉴欧盟经验，对比分析中国碳排放交易制度的差距和不足，以期对中国碳排放市场建设有所启示。

三、中欧碳排放交易制度比较

（一）中国碳排放权交易制度设计与市场发展

2011 年 10 月，中国碳市场建设从地方试点起步，北京、天津、上海、重庆、广东、湖北、深圳 7 省市启动碳排放权交易地方试点工作；2013 年起，7 省市试点碳市场陆续开始上线交易；2014 年 12 月，国家发展改革委印发《碳排放权交易管理暂行办法》，推动建立全国碳排放权交易市场；2016 年 4 月开始，湖北、上海、广州陆续上线碳排放权远期交易产品，发出碳价格信号；2017 年 12 月，国家发展改革委印发《全国碳排放权交易市场建设方案（发电行业）》，全国性碳市场建设正式启动；截至 2020 年 8 月，试点省市碳市场共覆盖钢铁、电力、水泥等 20 多个行业，接近 3000 家企业；2021 年 2 月 1 日，生态环境部发布的《碳排放权交易管理办法（试行）》（以下简称《管理办法》）施行，《管理办法》基本确定了中国碳排放市场的基本内容：（1）碳排放权交易应当通过全国碳排放权交易系统进行，可以采取协议转让、单向竞价或者其他符合规定的方式；（2）发电行业率先在全国上线交易，逐步扩大市场覆盖范围；（3）配额初期免费分配，未来适时引入有偿分配；（4）以年度温室气体排放量达到 2. 6 万吨 CO_2 当量为重点排放单位纳入标准；（5）以“双随机、一公开”为碳排放监督检查标准；（6）自愿核证减排量（CCER）抵销量最终确定为 5%，碳排放数据造假最高罚款 1000 万元等。

纵观发展历程，中国碳排放权交易市场以“试点先行，地方走向全国”为特点不断发展完善。当前，中国碳市场正处于深化完善期，不断有新的行业加入。2021 年 1 月 1 日至 12 月 31 日是全国碳市场的第一个履约期，共纳入发电行业重点排放单位 2162 家，年覆盖二氧化碳排放量约 45 亿吨，是全球覆盖排放量规模最大的碳市场。目前第一履约期已顺利完成，全国碳市场已进入第二个履约期。截至 2022 年 7 月 15 日，碳排放配额累计成交量 1.94 亿吨，累计成交额 84.92 亿元①。当前，中国碳市场已完成顶层设计，需要微观主体进一步积极探索尝试。

（二）欧盟碳排放交易制度设计与发展

欧盟是最早对碳排放权定价并采取市场化交易的主要经济体。作为全球碳市场发展的引领者，欧盟通过建立内部统一的碳市场来增强减排配额的流动性，通过清洁发展机制打通与发展中国家碳交易的兼容体系来降低减排成本，打造其在全球碳市场的核心竞争力。此外，欧盟还通过征收碳税来实现对碳排放重点行业的覆盖。

目前，欧盟碳排放权交易制度发展共经历了四个阶段：第一阶段（2005—2007 年）为试验阶段；第二阶段（2008—2012 年）为正式规范阶段；第三阶段（2013—2020 年）为完善发展阶段；第四阶段（2021—2030 年）为最终协议阶段。不同阶段的配额分配和监管方式存在差异（见表 1）。其运行特点主要表现为：（1）采取多阶段循序渐进方式进行；（2）交易范围不断拓宽，2020 年建立起与瑞士碳市场的联系，控排企业延伸到航空、化工、石化等企业，至 2027 年逐步取消航空业的免费碳排放配额，交易温室气体逐渐增加 N_2O、铝生产过程中的 PFCs；（3）配额总量不断收缩，起初是按照自下而上的方式进行确认，逐步过渡到欧盟确定的统一排放总量，且按照年均下降 1.74%（第三阶段）和 2.2%（第四阶段）的幅度来收缩；（4）免费分配转为有偿分配：第一阶段以免费分配为主，之后拍卖分配比例逐渐提升，第三阶段提升至 57%；（5）交易价格回升：配额总量收缩及折量延迟拍卖，推行市场稳定储备（MSR）、提升超额排放惩罚力度等措施提高碳配额交易价格（如从 2018 年前的 5 ~ 10 €/t 提升至 30 €/t 以上）等。

---

① 生态环境部召开 7 月例行发布会：https：//www.mee.gov.cn/ywdt/zbft/202207/t20220721_989385.shtml。

表 1　　EU ETS 交易期比较

	第一阶段	第二阶段	第三阶段	第四阶段
排放量限制	京都议定书承诺目标的 45%	比 2005 年平均减排 6.5%	比第二交易期每年减少 1.74%	2030 年温室气体排放量比 1990 年减少 40%，每年需将总配额削减 2.2%
行业范围	能源、电力、钢铁、水泥、玻璃、造纸	新增化工、航空	新增建筑、交通	新增港口、船舶等航运业
限排气体	CO_2	CO_2	CO_2、NO_2 等	CO_2、NO_2 等
配额分配	自下而上即欧盟成员国制订国家分配计划（NAP）经欧盟委员会审查后，分配配额	与第一阶段一致，配额免费分配比例约 90%	取消国家分配计划，实行欧盟范围内统一的排放总量控制	免费配额逐步收紧、逐渐取消
拍卖比例	以“祖父法”免费发放，最多 95% 免费，5% 拍卖	以“祖父法”免费发放，最多 90% 免费，10% 拍卖	电力行业 100% 拍卖；工业企业每年免费发放比例逐年减少；为碳泄漏风险极高的行业保留免费配额；免费部分主要依据基准线法；整体拍卖配额比例约 57%	逐渐向以拍卖为主分配的方式过渡
排放权存储	不可跨期	少量可跨期	允许跨期	未公布
碳信用抵消机制	无	允许运营商使用 CDM 和 JI，抵消数量低于免费配额的 11%，抵消额度低于 50% 减排量	新纳入运营商可使用数量上限为排放量的 4.5%，航空运营商上限为排放量的 1.5%	仅允许使用区域内减排行为获得的减排量，国际减排抵消许可禁止使用
补充减排	CER	CER/ERU	CER/ERU，必须是来自最不发达国家	未公布

续表

	第一阶段	第二阶段	第三阶段	第四阶段
碳金融基础产品	配额：欧盟碳配额（EUAs）	配额：EUAs 抵消信用：核证减排量（CERs）和减排单位（ERUs）（不包括林业碳汇和大型水电）	配额：EUAs 抵消信用：CERs 和 ERUs（不包括林业碳汇、HFC、N_2O 和大型水电，2012 年后，CERs 须来自发展中国家）	未公布
市场调解	联合履约机制（JI）、清洁发展机（CDM）	限制 CDM、JI 项目质量，并限制抵消数量	进一步限制 JI、CDM 项目质量，并建立市场稳定储备机制（MSR）	不允许抵消
处罚措施	40 欧元/吨	100 欧元/吨	100 欧元/吨	100 欧元/吨

注：（1）碳配额分配方式主要包括免费分配（通过历史排放法、历史碳强度下降法、行业基准线法等方法进行分配）和有偿分配（通过拍卖或按固定价格购买）两种方式。由于免费分配方式易推广且不会增加企业负担，各国排放交易体系期初大都以免费分配方式为主，但这种方式在公平性和效率方面存在很多不足，未来实现更高的减排效率，拍卖分配是必然选择。

（2）“祖父法”又被称为“历史排放分配法”，是使用历史基线年数据分配固定数量配额。

（3）基准线法是以不同企业生产的同种产品的单位产品碳排放量为标准，以此作为基准线。

（4）CER 是 CDM 机制产生的减排单位，ERU 是 JI 机制产生的减排单位。

数据来源：根据欧盟委员会网站、中国碳排放交易网、平安证券研究所相关资料整理。

2021 年 7 月，欧盟委员会公布了名为“Fit for 55”（“减碳 55”）的一揽子气候计划，提出包括能源、工业、交通、建筑等在内的 12 项更为积极的系列举措，承诺 2030 年底温室气体排放量较 1990 年减少 55%。该计划包括可持续燃料、替代燃料基础设施指令、汽车 CO_2 排放标准条例、能源税收指令、能源效率指令、可再生能源指令、碳边境调解机制、社会气候基金等等。其中，碳边境调整机制将分阶段实施，2023 年至 2025 年作为试点阶段，涵盖电力、钢铁、水泥、铝和化肥五个领域，进口商只需要报告进口产品数量及其相应的碳含量，欧盟在此期间不征收任何费用。欧盟还公布了全球首个碳边境关税政策立法提案，自 2026 年 1 月 1 日起，欧盟将全面实施碳边境调节机制，正式征收碳边境税。欧盟推出“Fit for 55”计划后，将进一步推动全社会降碳发展、能源结构转型，进一步强化低碳产业竞争力。

（三）中欧碳排放制度及发展比较

中国碳市场的建设起步较晚，目前所处阶段相当于欧盟碳市场的第一阶段到第二阶段的过渡时期，初始配额分配等各项制度建立不完善。与 EU ETS 相比，存在以下差距：一是市场活跃度不高。根据《中国碳市场回顾与展望（2022）》，自 2021 年 7 月以来，全国碳市场交易换手率在 3% 左右，而欧盟碳市场交易换手率为 417%，相较而言，全国碳市场活跃度还有很大的提升空间。二是分配方式有待进一步完善。除上海、深圳采用了基准线法之外，大部分试点都采用了“祖父法”的初始配额分配方法。除北京、广东、湖北允许拍卖外，大部分试点都采用了免费分配。三是交易品种相对单一。与 EU ETS 现货期货一体化市场相比，中国碳市场以现货为主，碳金融衍生品品种较少，碳价波动程度较大，这大大降低了碳市场的节能减排作用。

综上所述，欧盟碳市场的发展在顶层设计、市场机制、市场措施等方面为中国碳市场提供了参考。在厘清中欧碳排放交易制度设计与发展脉络的基础上，比较中欧碳排放交易的市场化程度具有重要的实践价值。

四、碳市与股市的相互作用机制

（一）国家金融学视角的分析

碳交易市场的建立是在碳配额的商品属性基础上赋予其金融产品的属性。随着碳期货、碳期权等金融衍生品的不断发展与成熟，碳配额的金融属性会愈加浓厚，碳配额不仅是一种普通商品，更是一种投资产品，碳交易价格的波动反映出资金的流动，也会对股票等资本市场产生影响。一个高度发达的金融市场能够极大程度地减少信息不对称，大幅提高价格等信息传递的效率，从而促进资本以及社会资源的有效分配，带动经济发展。成熟的碳市场会及时地反映出碳配额供需情况的变化，而成熟的股票市场则会把碳市场价格的波动精准的传递到股价上，投资者就能够及时准确地利用手中的资本对企业生产进行引导以面对市场需求的变化。碳价与股价的联动性越强，波动性越小，越反映出市场对资源配置的主导性作用。

（二）碳价对股价的影响路径

在 EU ETS 下，碳排放会作为企业的一项成本被内部化，企业必须考虑市场上碳配额的价格来指导生产经营，以此解决排污企业产生的外部性问题。企业的排放权交易体系会影响公司现金流和预期收益（Bushnell 等，2013），而有效市场假说理论（EMH）指出股票价格代表了企业未来现金流的折现值（Fama，1970）。因此，排放权交易会通过影响企业未来现金流而影响企业的股票价格，具体影响路径如下。

第一，短期来看，政府规定碳排放上限，发放碳配额，企业在碳排放交易市场购买碳配额，进而影响到企业的生产成本，均衡的产品产量和价格发生变动，进一步影响企业的利润水平，从而在股价上表现出来（见图 2）。

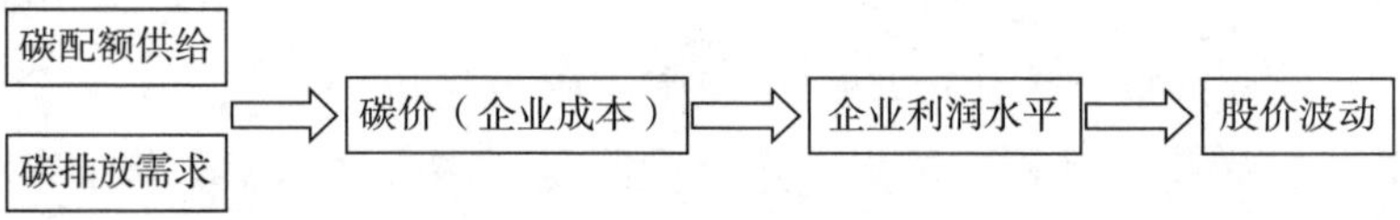

图 2　碳价对股价传导路径一

碳配额作为厂商的一种成本，与土地、资金等成本有所不同，土地资金等成本是一种前期投入成本，在微观经济学理论中，其投入量的大小能够决定产量的大小，但是碳排放是一种事后的行为，产品生产出来后才进行核算，属于事后成本，因此可以把碳排放的成本模型化为产量的比例函数：

$$C_{EUA} = \beta Q \tag{1}$$

$$Q = L^{\alpha} K^{1-\alpha} \tag{2}$$

其中，C_{EUA} 为碳配额，β 为比例系数，Q 代表产量，L、K 代表要素投入，P_K、P_L 分别代表资本、劳动要素价格，根据微观经济学理论，产量函数采用柯布道格拉斯形式，建立如下成本最小化模型：

$$\begin{cases} \min P_K K + P_L L + L^{\alpha} K^{1-\alpha} \beta \\ \text{s. t. } Q = L^{\alpha} K^{1-\alpha} \end{cases} \tag{3}$$

求解得厂商的成本函数为：

$$C = \frac{P_K Q}{\left[\frac{\alpha P_K}{(1-\alpha) P_L}\right]} + \frac{P_L Q}{\left[\frac{(1-\alpha) P_L}{\alpha P_K}\right]^{1-\alpha}} + Q^{\alpha-\alpha^2} \beta \tag{4}$$

厂商根据此模型确定成本与产量的关系，从而选择成本最小化时的产量进行生产。显而易见，根据此模型，交易市场上碳排放价格的提高会增加企业的生产成本，给企业业绩带来负向的影响，厂商利润降低，分红减少，形成了股价下跌的预期，对厂商股价造成负面影响。但是这还要取决于厂商的卖方垄断程度，即能否把碳排放价格带来的成本上升直接转嫁给消费者，让消费者为减排买单，厂商自己从中获益。

第二，长期来看，对于厂商而言，碳排放主要是由于燃烧化石能源产生，而不同的化石能源燃烧所产生的二氧化碳水平是不一样的，相对而言，燃烧石油、天然气要比燃烧煤炭产生的二氧化碳低很多，因此碳排放交易市场的价格还会影响到部分企业选择生产所需的能源类型，部分企业也会选择进行技术升级和技术改造以减少排放量，进而影响到企业的成本结构和成本水平，对企业股价产生影响（见图 3）。

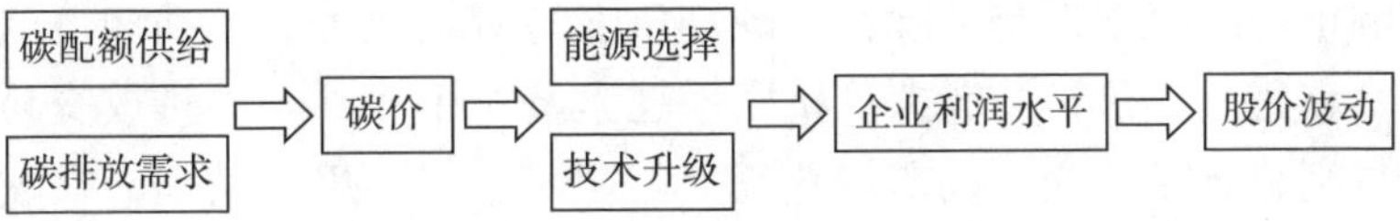

图 3　碳价对股价传导路径二

碳交易价格上升时，厂商原来的能源投入成本（C_{EN1}）增加为 $C'_{EN1} = C_{EN1} + C_{EUA}$，会促使厂商选择更廉价的 $C_{EN2} < C'_{EN1}$ 进行代替（其中 C_{EN2} 为新投入的能源成本，C'_{EN1} 为因碳交易价格上涨而增加的旧能源投入成本），但是转变能源结构或是技术升级需要改进生产设备，会带来额外的转换成本，还需将这部分成本考虑在内，因此若碳价格长期维持高价，则厂商进行能源转换短期内会造成成本大幅上升，长期来看成本反而会下降。

（三）股价对碳价的影响路径

碳排放价格对企业股价的影响主要作用于成本端，而股价对碳排放价格的影响则作用于需求端。股市具有财富效应，即股价的上涨和下跌是对股票拥有者财富的再分配，必然会在一定程度上影响其消费选择，进而影响企业产能的选择。一般来说，当股票价格上升时，社会消费规模也会随之扩张，企业产品需求会上升，带来销量增加，企业盈利增加，厂商会预期未来需求量进一步上升，从而提高产量水平，形成对原材料需求的增加，同时会增加碳排放水平，厂商对市场上碳配额的需求增加，导致碳排放交易市场上需求大于供给，碳配额价格随之上升；反之，当股市价格下跌时，会带来碳配额价格随之下降的影响（见图 4）。

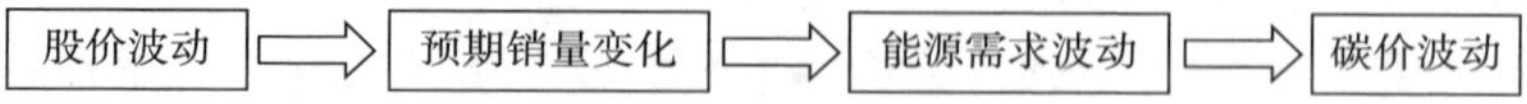

图4　股价对碳价传导路径

因此，从产品市场角度观察，在理论上碳排放交易市场与股票市场之间存在一定的联动关系，产生了“碳排放交易—外部性问题内部化—企业生产与现金流—企业价值—股票价格”的关系链。短期来看碳价与股价呈负相关关系，长期来看二者为正相关关系。目前，在全国碳市场相关的制度设计中，主要通过碳配额分配来活跃市场。企业通过对自身股票市场的预期获得相应的碳配额，并将“节约”的额度变成碳资产，在交易市场中进行售卖，进而影响市场的流动性与活跃性。碳排放交易对企业生产活动和价值创造影响越深，碳排放权价格与股票价格联系越紧密，企业参与碳排放交易的积极性就会越高，碳排放交易的市场化程度就越高。值得思考的是，在欧盟与中国，碳市与股市的这种联动关系是否存在，以及联动时序变化特征如何，这反映了中欧碳排放交易的市场化程度，是接下来要验证的问题。

五、实证分析

综上所述，通过考察碳排放权交易市场与股票市场的联动关系，可以估计碳排放交易的市场化程度。基于此，本文采用 VAR - MVGARCH - DCC 模型考察中欧碳排放价格与股票价格的联动性及动态变化。

（一）变量说明与数据处理

在碳排放交易价格选取上，中国市场选择深圳（2013 年 6 月 18 日）、上海（2013 年 11 月 26 日）、北京（2013 年 11 月 28 日）、广东（2013 年 12 月 19 日）、天津（2013 年 12 月 26 日）、湖北（2014 年 4 月 2 日）、重庆（2014 年 6 月 19 日）、福建（2016 年 12 月 22 日）8 个碳排放交易试点市场自挂牌之日至 2020 年 7 月 20 日的每日收盘价，并剔除没有交易的日期；欧盟方面选取 ECX（欧洲气候交易所）的 EUA 期货交易结算价格①有数据记录以来 2009 年 8 月 12

---

① 欧盟碳排放权的期货市场在各类碳金融市场中占比最大、交易最活跃、最能代表碳排放权交易市场动向。加之，国外学者常以碳期货价格来分析、预测整体碳排放权交易市场的价格变动情况。

日至2020年7月20日的日数据[①]，因为它能够很好地反映欧盟碳排放权市场交易价格；根据目前纳入碳市场管理的行业主要为电力行业，并逐渐扩大到石化、化工、建材、钢铁、有色、造纸、航空等重点行业[②]及《2019年国民经济和社会发展统计公报》所示的耗能行业，股票市场数据将选取具有代表性的高碳行业——电力、航空、能源、造纸和低碳行业代表金融五大行业；数据区间为2013年6月18日至2020年7月20日的日数据[③]。上述数据直接选取各交易所每日交易数据，同时为了缩小数据的量纲以及避免异方差等问题，将选取的所有数据做对数化处理，作为衡量碳排放权交易价格和相关行业股价的指标（具体变量名称与符号见表2），并对相关指标序列进行匹配。欧盟的股票市场数据同样选取电力、航空、能源、造纸、金融五大行业2013年6月18日至2020年7月20日的每日交易数据，数据处理上借鉴陶春华（2015），做（$P_t - P_{t-1}/P_{t-1}$）处理。中国碳排放数据来源于中国碳排放交易网[④]，欧盟碳排放数据来源于欧洲气候交易所网站[⑤]，中欧股票价格数据来源于Wind数据库，处理软件为EVIEWS 9.0。

表2　各变量定义

名称	股票价格指标符号	名称	碳排放权交易价格指标符号
电力	中国：CEP	上海	SHEA
	欧盟：EEP	北京	BEA
造纸	中国：CPM	深圳	SZA
	欧盟：EPM	广东	GDEA
航空	中国：CAV	湖北	HBEA
	欧盟：EAV	天津	TJEA
金融	中国：CFI	重庆	CQEA
	欧盟：EFI	福建	FJEA
能源	中国：CEN	欧盟	EUA
	欧盟：EEN		

① 相关股票市场2005年至2009年8月11日未更新。

② 电力行业向八大行业覆盖，CCER交易会更活跃，http：//www. tanpaifang. com/CCER/202202/2082771. html。

③ 行业数据为Wind数据库每日公布的行业股票收盘价。

④ http：//k. tanjiaoyi. com/.

⑤ https：//www. eurex. com/ex – en/data/statistics/trading – statistics.

（二）数据描述性统计

在引入模型之前需要对收益率序列进行平稳性检验，对样本数据进行ADF单位根检验及JB统计量检验，来描述数据的统计性特征（因篇幅限制省略，如有需要请向作者索取）。从检验结果来看，所有收益率序列标准差均小于1，其中福建试点所选取的电力股价波动幅度较小，标准差在0.1之内。从偏度、峰度数值来看，电力股价（重庆试点）、航空股价（北京试点、上海试点、广东试点、天津试点、福建试点）、能源股价（除了上海试点与福建试点的其他6个试点的）、造纸行业股价（天津试点、欧盟）、广东碳价、天津碳价、欧盟碳价序列呈现“右偏厚尾”的特征，其他收益率序列均呈现“左偏厚尾”的特征。JB统计量检验显示，选取的所有残差序列数据均不服从正态分布。因此本文选取的数据的变动状态具有明显的GARCH模型特征，采用GARCH类模型较为合理。

（三）模型设定

本文根据万千和周亮（2020）研究，采用DCC－MVGARCH（Dynamic Conditional Correlation－Multivariate GARCH，动态条件相关多元广义自回归条件异方差）模型验证碳市和股市的动态联动关系。为了排除各变量及其滞后期间的相互影响，引入可以有效地过滤多变量及其滞后期之间的相互制约和影响的VAR模型作为均值方程。其中VAR模型是在事先约束条件下来估计联合内生变量之间的动态关系，也是分析处理多个相关经济变量操作较为简单的模型，作为AR模型的推广形式，已被经济学者们广泛应用。因此，为了更好地描述碳股价之间的动态相关效应，选取DCC－MVGARCH模型进行分析，并把VAR模型加入DCC－MVGARCH模型当中，以剔除各个变量的相互滞后相关性和趋势性，最终形成VAR－DCC－MVGARCH模型。模型形式如下：

$$r_{i,t} = \beta_0 + \sum_{k=1}^{L} \beta_k r_{i,t-k} + \varepsilon_i \tag{5}$$

$$\varepsilon_i | I_{t-1} \sim N(0, H_t) \tag{6}$$

$$H_t = D_t R_t D_t \tag{7}$$

$$D_t = diag(\sqrt{h_{1t}}, \cdots, \sqrt{h_{kt}}) \tag{8}$$

$$R_t = Q_t^{*-1} Q_t Q_t^{*-1} Q_t^* = diag(\sqrt{q_{11t}}, \cdots, \sqrt{q_{kkt}}) Q_t = (q_{ij})_{k \times k} \tag{9}$$

其中，$r_{i,t}$ =（$r_{1,t}$，…，$r_{k,t}$）为 t 时刻的第 i 个国家的汇率向量，I_{t-1} 为 $t-1$ 时期的信息集，H_t 为方差－协方差矩阵，D_t 是对角矩阵，通过 GARCH 模型求出的标准差所组成，R_t 为动态相关系数矩阵。

Engle 定义的多元动态异方差为 q_{ijt}：

$$q_{ijt} = \overline{\rho_{ij,t}} + \sum_{m=1}^{M} \alpha_m(\varepsilon_{i,t-1}\varepsilon_{j,t-1} - \overline{\rho_{ij}}) + \sum_{n=1}^{N} \theta_n(q_{ij,t-1} - \overline{\rho_{ij}}) \tag{10}$$

其中，$\overline{\rho_{ij}}$ 为非条件相关系数，α_m、θ_n 分别为 DCC 模型的系数，m、n 分别为滞后阶数，α_m 为滞后 m 期残差乘积对动态条件相关系数的影响，θ_n 为滞后 n 期的条件异方差系数，为了保证 H_t 是正定的，规定条件为：$\alpha_m \geqslant 0$、$\theta_n \geqslant 0$，$\sum_{m=1}^{M}\alpha_m + \sum_{n=1}^{N}\theta_n < 1$。

（四）实证检验

本文在考察碳排放权交易市场与股票市场联动性时，运用 VAR 模型考察其短期内的均值溢出效应，分别研究中国、欧盟的碳排放交易市场对股票市场的影响；建立 DCC－MV－GARCH 模型分析碳股价市场的动态相关性。

1. VAR 模型的最优滞后阶数检验。VAR 模型最优滞后期的确定标准，具有不同的参考指标：LR 似然比检验、AIC 准则、FPE 准则、SC 准则、HQ 信息准，本文以符合标准数最多的阶数，作为最优滞后阶数。两个部分结果如表 3 所示。

表 3　　VAR 模型的最优滞后阶数

	阶数		阶数		阶数		阶数
SHEA－CEP	8	BJEA－CEN	4	GDEA－CFI	7	TJEA－CAV	7
SHEA－CPM	8	SZA－CEP	8	GDEA－CEN	2	TJEA－CFI	4
SHEA－CAV	8	SZA－CPM	8	HBEA－CEP	5	TJEA－CEN	4
SHEA－CFI	8	SZA－CAV	8	HBEA－CPM	2	CQEA－CEP	5
SHEA－CEN	8	SZA－CFI	8	HBEA－CAV	8	CQEA－CPM	5
BJEA－CEP	4	SZA－CEN	8	HBEA－CFI	8	CQEA－CAV	5
BJEA－CPM	4	GDEA－CEP	5	HBEA－CEN	2	CQEA－CFI	7
BJEA－CAV	4	GDEA－CPM	4	TJEA－CEP	7	CQEA－CEN	4
BJEA－CFI	7	GDEA－CAV	2	TJEA－CPM	7	FJEA－CEP	5
FJEA－CPM	3	FJEA－CFI	3	EUA－EEP	7	EUA－EAV	8
FJEA－CAV	3	FJEA－CEN	3	EUA－EPM	7	EUA－EFI	8
EUA－EEN	8						

注：当以“多数”原则未能选出最优阶数时以 AIC 准则为准。

VAR模型分析结果如表4所示。

表4　　VAR模型结果估计

SHEA	SHEA－SHEA（－1）*** SHEA－SHEA（－2）*** SHEA－SHEA（－7）***
BJEA	BJEA－BJEA（－1）*** BJEA－BJEA（－3）*** BJEA－CEP（－2）*** BJEA－CFI（－2）** BJEA－CPM（－8）*
SZA	SZA－SZA（－1）*** SZA－SZA（－2）*** SZA－SZA（－4）** SZA－SZA（－7）** SZA－SZA（－8）* CFI－SZA（－3）*
GDEA	GDEA－GDEA（－1）*** CAV－GDEA（－3）*** CEN－GDEA（－5）** CEP－GDEA（－3）** CFI－GDEA（－1）* CEP－GDEA（－7）** CFI－GDEA（－5）** CFI－GDEA（－7）* CPM－GDEA（－3）***
HBEA	HBEA－HBEA（－1）*** HBEA－HBEA（－2）*** HBEA－HBEA（－8）*** HBEA－CEN（－1）** HBEA－CFI（－4）* HBEA－CPM（－2）** CEP－HBEA（－3）*
TJEA	TJEA－TJEA（－1）*** TJEA－TJEA（－3）*** TJEA－CAV（－4）** TJEA－CFI（－3）*** TJEA－CPM（－5）** TJEA－CPM（－7）** CEN－TJEA（－2）* CFI－TJEA（－2）* CEP－TJEA（－4）*** CAV－TJEA（－4）*** CPM－TJEA（－4）** CPM－TJEA（－5）** CPM－TJEA（－5）**
CQEA	CQEA－CQEA（－1）*** CQEA－CQEA（－1）** CFI－CQEA（－5）*
FJEA	FJEA－FJEA（－1）*** FJEA－FJEA（－4）* FJEA－CFI（－1）*
EUA	EUA－EUA（－1）*** EUA－EEP（－6）* EUA－EPM（－1）* EEN－EUA（－8）* EPM－EUA（－7）* EAV－EUA（－7）* EEP－EUA（－3）** EFI－EUA（－2）*

注：***、**、*分别表示在1%、5%、10%的水平上显著。

从表4 VAR模型估计结果可以看出，碳市场与股票市场存在一定程度的均值溢出效应。具体来看，在滞后期内，中国市场结果显示：碳价与电力市场股价存在均值溢出效应，如北京试点、广东试点、天津试点；碳价与金融市场股价存在均值溢出效应，如北京试点、广东试点、天津试点、深圳试点、重庆试点、福建试点；碳价与造纸市场股价存在均值溢出效应，如北京试点、广东试点、天津试点；碳价与航空市场股价存在均值溢出效应，如广东试点；碳价与能源市场股价存在均值溢出效应，如广东试点、天津试点。欧盟市场结果显示：碳价与能源市场股价、金融市场股价、航空市场股价具有单向均值溢出效应，碳价与电力市场股价、造纸市场股价存在双向均值溢出效应。总体上看，碳价市场对股价市场产生一定的引导作用，就地区而言，北京的碳价与各市场股价；天津的碳价与金融市场股价、航空市场股价、造纸市场股价；欧盟碳价与能源市场股价，联系性相对较强。就行业股价而言，碳价与电力市场股价具有更为强烈的溢出效应、与金融市场股价联系性日趋增强，欧盟碳排放交易市场与股票市场产生较为强烈的溢出效应。

2. 动态条件相关系数检验及结果分析。在 VAR 模型估计结果的基础上，引入 DCC - MVGARCH 模型。首先通过 LM 检验得出，各研究序列均存在显著的 ARCH 效应（详见附录）。其次对 GARCH 模型进行参数估计，对 DCC 模型进行极大似然估计。最后得到模型参数估计结果和碳股价时变相关系数图，如表 5 和图 5 所示。

表 5　　DCC 模型的参数估计结果

	α	θ	$\alpha+\theta$		α	θ	$\alpha+\theta$
SHEA - CEP	0.1200	0.8500	0.9700	HBEA - CFI	0.1310	0.8395	0.9705
SHEA - CPM	0.3224	0.6280	0.9504	HBEA - CEN	0.5141	0.3284	0.8426
SHEA - CAV	0.3754	0.5410	0.9164	TJEA - CEP	0.5102	0.4276	0.9378
SHEA - CFI	0.2233	0.5321	0.7554	TJEA - CPM	0.0279	0.8536	0.8815
SHEA - CEN	0.1462	0.8349	0.9811	TJEA - CAV	0.4408	0.5297	0.9705
BJEA - CEP	0.3930	0.5309	0.9239	TJEA - CFI	0.4825	0.4241	0.9066
BJEA - CPM	0.1672	0.7573	0.9245	TJEA - CEN	0.2415	0.7030	0.9444
BJEA - CAV	0.4387	0.5346	0.9733	CQEA - CEP	0.1338	0.8648	0.9986
BJEA - CFI	0.3217	0.6048	0.9264	CQEA - CPM	0.3654	0.5393	0.9047
BJEA - CEN	0.3648	0.5342	0.8990	CQEA - CAV	0.4251	0.5458	0.9709
SZA - CEP	0.4327	0.5358	0.9684	CQEA - CFI	0.3179	0.5637	0.8816
SZA - CPM	0.3027	0.6450	0.9476	CQEA - CEN	0.4312	0.5189	0.9501
SZA - CAV	0.1924	0.7710	0.9634	FJEA - CEP	0.3920	0.5042	0.8961
SZA - CFI	0.3414	0.4833	0.8247	FJEA - CPM	0.1843	0.7966	0.9809
SZA - CEN	0.0464	0.8773	0.9237	FJEA - CAV	0.2818	0.6378	0.9196
GDEA - CEP	0.0332	0.8857	0.9189	FJEA - CFI	0.5250	0.3746	0.8995
GDEA - CPM	0.4893	0.4044	0.8937	FJEA - CEN	0.4810	0.4785	0.9594
GDEA - CAV	0.3348	0.4929	0.8277	EUA - EEP	0.1953	0.7815	0.9768
GDEA - CFI	0.1861	0.7329	0.9190	EUA - EPM	0.1719	0.7378	0.9097
GDEA - CEN	0.3660	0.6127	0.9787	EUA - EAV	0.1409	0.8041	0.9450
HBEA - CEP	0.1511	0.8060	0.9571	EUA - EFI	0.3748	0.5979	0.9727
HBEA - CPM	0.2603	0.6161	0.8764	EUA - EEN	0.0436	0.9276	0.9711
HBEA - CAV	0.5163	0.4736	0.9898				

从表5来看，$\alpha+\theta$ 小于1满足约束条件，代表动态条件相关关系显著；α 表示动态相关系数受随机干扰项影响的程度，显著大于零，表明动态相关系数易受到前1期标准化残差矩阵的正向影响；θ 为市场上一期波动对本期市场波动的影响程度，θ 值越大表示市场波动相关关系的持续性影响程度越高，反之则表明当前波动对未来的影响弱，进一步可以估计碳排放权价格与股票价格联系越紧密，碳排放交易的市场化程度就越高。就 α 值而言，除上海试点外的7个试点 α 值均超过了0.4，反映前期的外部干扰对当前碳股价之间的相关性产生较大影响。就 θ 值而言，θ 值越大，说明碳市与股市之间的动态相关系数受前期的影响越大，也表明序列间走势趋同度越高，变动持续性更强。从表5来看，在所有样本的 θ 值中，欧盟碳价和能源股价的 θ 值超过0.9（0.9276），在所有 θ 值中是最高的。从各试点及欧盟市场的5对 θ 值的平均值来看（见表6），在中国各试点中，上海、深圳、广州的 θ 均值最高，分别为0.6772、0.6624、0.6257，说明这三个试点碳市与股市的联动性更持久，碳交易市场化程度相对其他试点更高；相比之下，欧盟的 θ 均值为0.7698，高于所有中国试点，显示欧盟碳排放交易市场与股票市场相关关系的持久性更强，二者联系更为紧密，碳排放交易的市场化程度更高。

表6　　　　各试点及欧盟参数 θ 平均值

	θ 均值		θ 均值		θ 均值
上海试点	0.6772	湖北试点	0.6127	天津试点	0.5876
深圳试点	0.6624	重庆试点	0.6065	福建试点	0.5583
广东试点	0.6257	北京试点	0.5924	欧盟	0.7698

从碳股价之间的时变相关系数（见图5）来看，各动态相关系数具有明显的时变性。(1) 中国结果显示：总体而言，绝大多数情况下中国各试点碳市与股市之间相关系数在0~1波动，说明二者存在正相关，且它们的相关程度正逐步提高，但并不支持不变正相关的假设。初期，中国大部分试点碳市场与股市（如北京电力、造纸、航空市场，湖北电力、造纸、金融、能源市场等）间存在负相关，之后在不断振荡中变为正相关。中国碳市场设立之初的几年，碳市场相对独立，但这种独立性正随着市场发展变得越来越弱，同时，伴随中国股市以及信息技术的发展，碳市与股市间相关关系越来越强。所有行业中，碳价与电力行业股价之间波动性最小，且部分试点的碳价与金融市场股价之间波

动性日渐平稳（如上海、深圳、广东、福建等试点）。（2）欧盟结果显示：虽然碳价与选取的所有行业股价之间的相关系数同样处于波动状态，但波动幅度比中国市场更小，所有行业多数时间相关系数在 0 ~ 1 波动，尤其是电力行业相关系数在 1 周围小幅波动，相关性有增大的趋势。

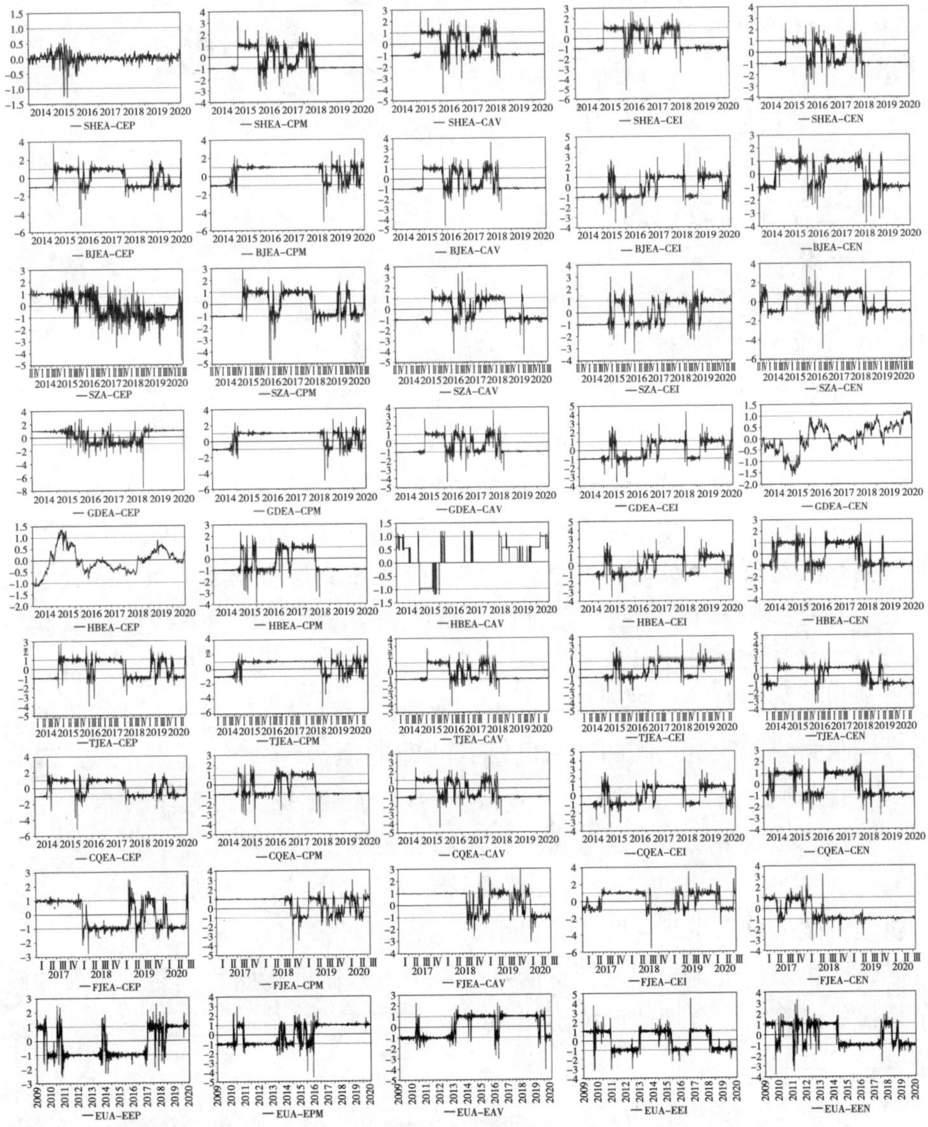

图 5　时变相关系数

综上所述，无论是中国 8 个试点的碳市场与股票市场之间的相关系数，还是欧盟碳市场与股票市场之间的相关系数，在不同时间段均呈现不同的变化；从平均结果来看，所有的相关系数大致偏向于 0 ~ 1，说明所选取的碳排放交易市场与股票市场总体处于一个正相关状态，二者的波动性关系还会持续很长一段时间；从行业来看，碳股价相关系数的整体波动性越小，则二者的相关性越趋于稳定，受到的人为干预也越少；相关系数越高，说明碳股价相关性有增大趋势，越说明市场化程度日趋增强。分析显示，近年来碳排放交易市场与电力行业股票市场相关性更强，金融行业的相关性日趋凸显。

六、结论与政策建议

本文主要研究了中国、欧盟的碳排放市场与股票市场之间的动态联动性。根据前文实证分析，可以得出以下三个结论。

一是从短期均值溢出效应来看，中国碳价市场对股价市场产生一定的引导作用，碳价对电力市场股价具有更为强烈的溢出效应、对金融市场股价也产生了一定的影响，欧盟碳排放交易市场与股票市场产生较为强烈的溢出效应。二是从动态联动效应来看，大部分中国碳排放交易试点的碳股价之间的相关系数具有较强的变动持续性，总体上碳排放交易市场与股票市场处于正相关状态①。相较而言，欧盟碳排放交易市场与股票市场具有更强的联动持久性。三是从欧盟碳排放交易市场来看，碳交易价格越来越符合真实情况，碳排放权的价格与股价紧密相连，尤其是碳价与电力、能源等企业股价的联动效应很强，碳股价之间的波动也处于较低水平。

碳排放权交易这一新兴的贸易领域为一国金融的弯道超车提供了新机遇，欧盟碳排放市场为中国碳排放权市场建设提供了经验借鉴。本文建议在陈云贤（2021）提出的“碳排放权交易 – 人民币结算”的基础上打造“定价机制 + 碳排放衍生品 + 跨境人民币碳交易结算”特色碳金融体系。

第一，定价机制。重视碳价信号传递作用，促进碳期货交易。有效的碳价格信号能真实、合理地反映出相关的经济信息，对企业减排技术的革新及

① 当碳价上涨，控排企业为获得更多碳收益，更愿意采用减排技术或新能源技术，对相关行业股票收益率产生正向影响。

能源转换技术的发展具有推动作用，引导市场资本更多地流向减排企业，进而影响股票市场甚至整个资本市场（陶春华，2015）。根据世界银行发布的《2022 年碳定价发展现状与未来趋势报告》（以下简称报告），目前全球运行的直接碳定价机制共计 68 种，有 36 种碳税和 32 种碳排放交易体系（ETS）。报告称，欧盟、新西兰、韩国、瑞士、加拿大等地的碳价均创历史新高，2021 年全球碳定价收入约达 840 亿美元，比 2020 年增长了近 60%。但报告也发现，达到《巴黎协定》控温目标建议价格范围的直接碳价覆盖面不到全球排放量的 4%。据此可推测，碳定价可能呈现继续大幅上涨趋势，因此需要制定合理的定价机制，尤其要关注跨境碳定价问题，同时需要提高碳价的覆盖面和水平①，以释放碳定价支持包容性脱碳的全部潜力。

第二，创新发展碳排放衍生品。衍生品市场是金融市场不可或缺的重要组成部分，成熟的衍生品市场具有风险转移、价格发现、促进市场流动的功能。碳市场建设应重点关注与金融市场的结合，创新发展碳期权、期货、债券、保险等衍生品，提升碳资产价值，促进碳金融体系不断完善。目前欧盟的碳金融及衍生品市场较为发达，EU ETS 的主要交易中心期货交易量占 EU ETS 经过交易所结算交割交易总量的 82%。相比之下，中国期货和衍生品市场起步较晚②，在“双碳”目标指引下，期货交易所之间需加强市场化竞争，其他金融机构和控排企业应共同努力打造一个年期货交易量 400 亿吨规模（电力行业配额）、有至少 3 ~ 5 年远期价格曲线的、有效定价的碳配额期货市场（黄杰夫，2022）。

第三，推动碳排放交易的跨境人民币结算。从欧盟经验来看，欧元在 ET EUS 的发展进程中发挥了重要作用，反过来 EU ETS 进一步巩固和提高了欧元的国际地位。当前，无论是全球碳交易的配额市场，还是项目市场，欧元都抢得了先机，占据相当大的使用比例，为欧盟争夺国际碳定价主导权奠定了基础。作为全球第二大温室气体排放国，中国碳减排市场具有巨大发展潜力，如能借鉴欧盟经验，捆绑碳期货交易与跨境人民币结算，不仅有助于

① 自《2021 年碳定价发展现状与未来趋势》发布以来，有 4 种新的碳定价机制投入运行，其中 1 种在乌拉圭，3 种在北美地区（安大略省、俄勒冈州、新不伦瑞克省）。

② 2022 年 4 月，全国人大常委会通过《中华人民共和国期货和衍生品法》，这是中国期货市场逐步走向成熟和国际化进程的重要里程碑。截至 2022 年 5 月末，中国 5 家期货交易所的持仓总量为 3200 万手，仅约占全球总量的 3%，远远小于中国 GDP 占全球的比例。

推动提高人民币参与碳交易计价结算的国际竞争力，更有助于提高中国在国际碳价决定中的话语权。建议允许境外机构通过境内碳排放权交易机构以人民币进行碳排放权交易，同时，引入区块链技术建立价值体系，推动形成碳排放领域的人民币定价权，建立“区块链+碳+人民币跨境结算”有机结合模式。

参考文献

［1］陈向阳，何海靖．我国碳排放权交易市场与股票市场的关联——基于非线性Granger因果检验与非平衡面板模型的实证分析［J］．技术经济，2021（3）．

［2］陈云贤．国家金融学［M］．北京：北京大学出版社，2021.

［3］傅京燕，邹海英．碳价格对我国工业部门竞争力及减排效应［J］．科技管理研究，2017（7）．

［4］韩国文，樊呈恒．企业碳排放与股票收益——绿色激励还是碳风险溢价［J］．金融经济学研究，2021（4）．

［5］黄杰夫．碳期货发展路径选择［J］．中国金融，2022（16）．

［6］黄明皓，李永宁，肖翔．国际碳排放交易市场的有效性研究——基于CER期货市场的价格发现和联动效应分析［J］．财贸经济，2010（11）．

［7］贯云赟．碳排放权交易影响经济增长吗［J］．宏观经济研究，2017（12）．

［8］蒋泽辉，赵涛，王娟，等．全国性碳交易市场对电力行业的潜在影响——基于多Agent模型［J］．现代电力，2017（4）．

［9］刘纪显，张宗益，张印．碳期货与能源股价的关系及对我国的政策启示——以欧盟为例［J］．经济学家，2013（4）．

［10］刘维泉，赵净．ECX碳排放期货与欧美股市联动性研究——基于DCC-MVGARCH模型的实证分析［J］．兰州学刊，2011（5）．

［11］刘志洋，马欣頔，解瑶姝．碳市场、能源市场与金融市场相互影响关系研究——全国碳排放权交易市场推出前后比较视角［J］．证券市场导报，2022（6）．

［12］陶春华．我国碳排放权交易市场与股票市场联动性研究［J］．北京交

通大学学报（社会科学版），2015（4）.

［13］万千，周亮. 中美投资者情绪的动态相依性——基于 Copula - DCC - GARCH 模型和波动率指数的研究［J］. 金融经济学研究，2020（2）.

［14］辛姜，赵春艳. 中国碳排放权交易市场波动性分析——基于 MS - VAR 模型［J］. 软科学，2018（11）.

［15］许小虎，邹毅. 碳交易机制对电力行业影响分析［J］. 生态经济，2016（3）.

［16］曾清. 我国碳排放权价格对两类能源公司股价的影响——基于 VECM 模型的比较分析［J］. 金融发展研究，2018（10）.

［17］赵盟，姜克隽，徐华清，等. EU ETS 对欧洲电力行业的影响及对我国的建议［J］. 气候变化研究进展，2012（6）.

［18］钟世和，曾小春. 碳排放权价格对我国能源价格及物价波动的影响研究［J］. 西北大学学报（哲学社会科学版），2014（6）.

［19］Bushnell J. B.，H. Chong，and E. T. Mansur. Profiting from Regulation：Evidence from The European Carbon Market［J］. American Economic Journal：Economic Policy，2013，5（4）：78 - 106.

［20］Dales J. H.. Pollution，Property，and Prices：An Essay in Policy - making and Economics［M］. Toronto：University of Toronto Press，1968.

［21］Fama E. F. Efficient Capital Markets：A Review of Theory and Empirical Work［J］. The Journal of Finance，1970，25（2）：383 - 417.

［22］Feng Q.，Z. B. Wu，and W. Zhang. Carbon Emissions Market Adjustment in The Electricity Supply Sector：A Government Perspective［J］. Journal of Cleaner Production，2020，275：123 - 132.

［23］Hanif W.，J. A. Hernandez，W. Mensi，S. H. Kang and S. M. Yoon. Nonlinear Dependence and Connectedness Between Clean Renewable Energy Sector Equity and European Emission Allowance Prices［J］. Energy Economics，2021，101：105409.

［24］Kara M.，S. Syri，A. Lehtilä，S. Helynen and V. Kekkonen. The Impacts of EU CO Emissions Trading on Electricity Markets and Electricity Consumers in Finland［J］. Energy Economics，2008，2：193 - 211.

［25］Kirat D.，and I. Ahamada. The Impact of The European Union Emission Trading Scheme on The Electricity - generation Sector［J］. Energy Economics，2011，33（4）：995 - 1003.

[26] Meng S. , T. Pham, L. Dwyer, and B. Grant. Carbon Price Impacts on the Chinese Tourism Industry [J]. Journal of Travel Research, 2021, 60 (2): 370 - 383.

[27] Montgomery W. D. Markets in Licenses and Efficient Pollution Control Programs [J]. Journal of Economic Theory, 1972, 5 (3): 395 - 418.

[28] Oberndorfer U. Eu Emission Allowances and the Stock Market: Evidence from the Electricity Industry [J]. Zew Discussion Papers, 2009, 68 (4): 1116 - 1126.

第 2 篇
国家金融国际参与

构建数字人民币跨境支付体系的前瞻性研究

——基于粤港澳大湾区情境推演的视角

李　礼　王鹏程　任志宏[①]

摘要：通过推导以中国人民银行、指定商业银行、大湾区内跨境商户以及跨境消费者为主体的四方演化博弈模型，对构建数字人民币跨境支付体系所面临的潜在问题开展情境推演研究，并结合深圳试点数据进行模拟仿真分析。结果发现，在大湾区试点过程中，四方博弈主体共同构成一个完整闭环的有机生态体系。其中，作为数字人民币的发行方，央行在跨境支付体系中起主导作用；指定商业银行是承上启下的关键节点，主要通过手续费率定价、发放消费券以及综合推广成本影响博弈进程；跨境商户看重数字人民币的安全性以及节省成本优势；消费者的策略选择主要依赖于获取并使用数字人民币的成本，以及是否从跨境支付活动中受益。基于此，建议加速推进跨境支付参与主体协同发展，切实维护数字人民币的公信力，有效降低跨境支付成本，并丰富跨境支付应用场景，以此有效构建数字人民币跨境支付体系。

一、引言

数字中国建设，发轫于 21 世纪初的“数字福建”实践探索，成形于党的十八大以来在信息化领域做出的一系列战略擘画，具有深厚的政策背景和实践基础（于施洋等，2019）。作为数字中国建设的重要金融基础设施，数

① 作者简介：李礼，管理学博士，广东省社会科学院财政金融研究所副研究员，研究方向为资本市场与金融科技；王鹏程，华东理工大学商学院博士研究生，研究方向为数字人民币与金融工程；任志宏，经济学博士，广东省社会科学院港澳台研究中心研究员，研究方向为区域金融发展与金融管理。

字人民币是中国人民银行发行的数字形式的法定货币，是数字技术与现代经济融合发展的必然产物，是大国博弈环境中保障国家金融安全的关键利器（李华民，2022）。鉴于当今全球货币体系正由“美元霸权”向多“元”共存演进，主要经济体的央行陆续试水“先支付工具，后政策工具”的本币国际化发展路径，以跨境支付体系数字化转型推动国际金融体系变革（戚聿东等，2021）。在此背景下，中国人民银行发布《中国数字人民币的研发进展白皮书》指出，积极响应国际社会倡议，探索改善跨境支付是中国研发数字人民币体系的三大目标之一①。

作为中国数字经济活力最旺盛并且开放程度最高的区域，粤港澳大湾区金融产业实力雄厚、金融市场高度发达，三地历经多年协同发展已具备跨境金融合作基础。基于“一国两制”的独特优势，粤港澳大湾区既处在中央政府的统一管辖范畴之内，又兼具跨境性质。由此不但为跨境支付提供了真实的应用场景，同时还无须开展复杂的国际谈判及协调，因而可有效提高数字人民币的跨境交易效率并且降低系统性风险，是中国打造数字人民币跨境支付体系最理想的试点区域。

本文通过推导以中国人民银行、指定运营机构（即具备一定条件的商业银行）②、大湾区内跨境商户以及跨境消费者为主体的四方演化博弈模型，对构建数字人民币跨境支付体系过程中所面临的潜在问题进行规律性分析以及系统性仿真，从学理上有助于以国家金融学为基础的现代金融理论体系构建，在实践中有助于提升国家金融核心竞争力以及深入推进“中国式现代化”。

二、文献述评

基于国家金融学的视角，尽管各国央行数字货币（Central Bank Digital Currencies，CBDC）均是面向未来货币竞争趋势的顶层设计，但是不同国家

---

① 中国人民银行数字人民币研发工作组．中国数字人民币的研发进展白皮书［R］．中国人民银行研究报告，2021.

② 数字人民币采用双层运营模式，即人民银行负责数字人民币发行、注销、跨机构互联互通和钱包生态管理，同时审慎选择在资本和技术等方面具备一定条件的商业银行作为指定运营机构，牵头提供数字人民币兑换服务。

的研发与探索阶段不尽相同，因此当前业内尚未形成有关央行数字货币的统一共识（姚前和陈华，2018）。根据国际清算银行的指引，作为一种新型的数字化支付工具，央行数字货币是有别于传统准备金和现金的央行直接负债（Bank for International Settlements，2020），学术界对其研究所取得的成果大致可归纳为四个方面，简述如下。

一是央行数字货币对本国货币体系及货币政策的影响效应。优化本国货币体系（Davoodalhosseini，2022）并丰富货币政策工具（Agur 等，2022）是世界各国发行央行数字货币的主要目标之一。具体而言，基于发行规模的维度，目前央行数字货币发行模式分为需求驱动型和供给驱动型两种；其中，供给驱动型发行模式会改变基础货币规模，并影响货币创造体系（马克和张泽栋，2022）。基于货币结构的维度，家庭部门兑换央行数字货币的方式、中央银行货币政策以及派生存款机制共同影响一国货币结构（张敬思和李成刚，2023）；发行央行数字货币不但会挤出现金，同时也将对银行存款产生挤出效应（Bindseil，2019）。基于传导效率的维度，一方面，数字货币支付更加便捷，通过实时到账提升货币政策的传导效率（Kahn 等，2019）；另一方面，数字货币通过需求端提升货币政策对产出和通货膨胀的传导效率（王冰冰，2022）。

二是央行数字货币对金融稳定以及金融监管的作用机制。央行发行数字货币对金融稳定的挑战主要表现在四个方面：其一是增加商业银行挤兑风险（Andolfatto，2021），其二是削弱商业银行信贷能力（Parlour 等，2022），其三是扩大中央银行债务风险（Brunnermeier 和 Niepelt，2019），其四是加速金融去中介化（黄双双等，2021），上述四类风险均可能导致金融体系不稳定（Barrdear 和 Kumhof，2021）。为此，国际清算银行要求全球各国央行在研发数字货币时的第一个基本原则是——不应为发行数字货币而牺牲金融体系的稳定性（Bank for International Settlements，2020）。在遵循该原则的基础上，金融监管可从两个方面发挥作用：对内积极引导实体商户接收数字货币以及强化私人发行数字货币的监管力度（李文红和蒋则沈，2018；Laboure 等，2021）；对外致力于开展国际监管合作，有效保障跨境消费者权益（姚前和陈华，2018）。

三是央行数字货币影响社会福利以及普惠金融的经济学解释。央行数字货币能否提高社会整体福利水平，不同学者给出不同的答案（赵恒等，

2023）；具体研究结论受到数字货币设计、操作及实施，商业银行的中介功能及效率，不同类型货币的流动性，居民家庭交易性和预防性货币需求（刘超和李国成，2022）等多种因素的影响。在此背景下，提升法定数字货币的普惠性，可从三方面入手：其一是制定专门的支付结算规则，扩大数字支付覆盖面（焦瑾璞等，2015；张阳，2019）；其二是动态平衡央行数字货币的匿名性和安全性，解决流通中的技术鸿沟和信息不对称（Belke 和 Beretta，2020；景欣，2021）；其三是通过央行数字货币的计息设计优化居民的消费福利水平（谢星和封思贤，2019；王博和赵真真，2022）。

四是央行数字货币对国际经济金融体系的格局重塑。尽管央行数字货币的跨境应用受到货币主权、外汇管制等众多因素制约（姚前和陈华，2018），然而一个强势经济体发行数字货币将降低另一经济体的货币政策自主性（Massimo 等，2022），打破传统跨境交易和外汇交易不可分割的格局（沈伟和靳思远，2022），致使另一经济体的法定货币被动纳入竞争性外汇市场（卜学民和马其家，2022）。在现实环境中，未来美联储发行数字货币将会对全球货币体系格局产生深远影响（Chorzempa，2021；宋爽和刘东民，2021；包宏，2022），中国可提前从三个方面着手准备：其一是借助 TikTok 等科技平台从流量入口构造数字人民币跨境交易体系（杨东和郑清洋，2021；汪天倩和朱小梅，2022）；其二是多方合作推动全球分布式跨境支付网络建设（Kirkby，2018；刘东民和宋爽，2020）；其三是以粤港澳大湾区数字人民币跨境服务平台建设为突破口（李志鹏等，2021）。

综上所述，在未来试点数字人民币跨境支付时，应关注以下三个领域：在生态体系建设层面，基于维护本国金融稳定的视角，积极发挥央行在跨境支付中的主导作用，有效引导商业银行提供数字人民币跨境交易服务，并切实维护实体商户以及消费者的合法权益。在交易方式层面，基于提升社会福利以及普惠金融的视角，探索以小额跨境交易为主体的支付结算方式，不断丰富数字人民币跨境支付的应用场景覆盖面。在试点区域层面，鉴于央行数字货币有助于重塑国际经济金融体系格局，可通过先易后难的实施路径，以粤港澳大湾区作为突破口，主动谋划中国数字人民币跨境支付平台的建设。

三、政策引导及推广实践

在文献梳理的基础上，以粤港澳大湾区作为数字人民币跨境支付的“试验田”，具有战略上的必要性、合理性及可行性。一方面，湾区经济是科技创新与金融服务深度融合发展的经济形态。综观全球，湾区城市群之间民生金融服务以数字技术为驱动，鼓励虚拟银行、移动支付等金融新业态在数字货币跨境交易结算方面加快探索、试点互认。另一方面，自改革开放以来，得益于独特的区位优势以及人缘优势，粤港澳大湾区一直是中国金融对外开放的前沿阵地，这为数字人民币的跨境支付结算打造了优越的金融生态环境。在进行博弈建模分析之前，有必要准确把握数字人民币的政策导向以及在粤港澳大湾区的实践情况，并在此基础上进行研究假设。

（一）数字人民币的政策导向

在国家层面，2021 年 7 月中国人民银行发布《中国数字人民币的研发进展白皮书》，将数字人民币定性为是一种面向社会公众发行的零售型央行数字货币，其推出将立足国内支付系统的现代化，充分满足公众日常支付需要，进一步提高零售支付系统效能，降低全社会零售支付成本。由此表明，数字人民币的应用范围面向社会公众，其交易场所为零售市场，普通消费者均可使用。在运营体系设计上，数字人民币采用“双层运营”模式，即由中央银行向指定运营机构发行法定数字货币，指定运营机构负责兑换和流通交易。同时，结合《粤港澳大湾区发展规划纲要》《关于金融支持粤港澳大湾区建设的意见》《深圳建设中国特色社会主义先行示范区综合改革试点实施方案（2020—2025 年）》等一系列文件的指示，探索数字人民币赋能大湾区跨境支付合作，不仅为粤港澳三地居民提供高效便利的跨境金融服务，而且也有助于为未来更多场景和更大规模的数字人民币跨境支付提前做好准备。

表 1　　中央层面的政策导向概览

时间	文件名称	发布单位	相关内容
2019 年 2 月	《粤港澳大湾区发展规划纲要》	中共中央　国务院	共同推动大湾区电子支付系统互联互通
2019 年 8 月	《关于支持深圳建设中国特色社会主义先行示范区的意见》	中共中央　国务院	支持在深圳开展数字货币研究与移动支付等创新应用

续表

时间	文件名称	发布单位	相关内容
2020 年 5 月	《关于金融支持粤港澳大湾区建设的意见》	中国人民银行 原中国银保监会 中国证监会 国家外汇局	便利港澳居民在内地使用移动电子支付工具进行人民币支付，推动移动支付工具在粤港澳大湾区互通使用
2020 年 10 月	《深圳建设中国特色社会主义先行示范区综合改革试点实施方案（2020—2025 年）》	中共中央办公厅、国务院办公厅	支持开展数字人民币内部封闭试点测试，推动数字人民币的研发应用和国际合作
2021 年 7 月	《中国数字人民币的研发进展白皮书》	中国人民银行	积极响应国际社会倡议，探索改善跨境支付
2022 年 10 月	《扎实开展数字人民币研发试点工作》	中国人民银行	秉持“无损、合规、互通”原则，研究央行数字货币在跨境领域的适用性

数据来源：根据相关文件整理。

在地方层面，为积极落实中央在数字人民币领域的政策要求，有效满足大湾区日益增长的跨境支付需求，粤港澳三地政府近年来积极推进金融基础设施互联互通，多措并举支持数字人民币发展，先后发布《关于贯彻落实金融支持粤港澳大湾区建设意见的实施方案》《广东省建设国家数字经济创新发展试验区工作方案》《中国（广东）自由贸易试验区发展“十四五”规划》《广东省国民经济和社会发展第十四个五年规划和 2035 年远景目标纲要》《深圳市金融科技专项发展规划（2023—2025 年）》等一系列政策文件，有力提升大湾区跨境支付便利度。

（二）粤港澳大湾区的推广实践

目前，粤港澳大湾区已经具备多层次和全方面的跨境金融合作格局，为构建数字人民币跨境支付体系奠定了坚实的实践基础，主要表现在以下三个方面。

一是在跨境人民币结算方面，大湾区一马当先。2009 年 7 月，中国跨境人民币结算试点工作正式启航，上海、广州、深圳、珠海和东莞 5 个城市成为首批试点地区。2009 年 9 月，广东成功办理全国第一笔跨境人民币结算出口退税业务，标志着试点工作顺利展开。自此，广东（含深圳）的跨境人民币结算业务迅速发展，不断取得新突破，一直领跑全国。截至 2021 年，大湾区内跨境人民币结算规模达 3.8 万亿元，人民币成为大湾区内第一大跨境结算币种[①]。

二是在离岸人民币业务方面，香港领先优势突出。香港是全球最大的离岸人民币清算中心，其离岸人民币结算额占全球总规模的七成以上。香港是全球最大的离岸人民币资金池，近年来香港离岸人民币存款余额呈稳步上升状态，年均增长率 8.56%。香港是全球最大的离岸人民币债券市场，债券发行人包括财政部、内地省市政府以及世界各地的金融机构和企业。香港是全球最大的离岸人民币外汇及衍生品交易中心，处理 41% 的离岸人民币外汇交易，相比排名第二的伦敦（22%）及第三的新加坡（16%）优势显著[②]。

三是在数字人民币业务试点方面，大湾区先行先试。珠三角都市群积极申报数字人民币业务试点。其中，2020 年 8 月，深圳获准为首批数字人民币试点地区；2022 年 4 月，广州获准为第三批数字人民币试点地区；2022 年 12 月，广东省全域纳入数字人民币试点。与香港的合作进展方面，香港金融管理局与中国人民银行数字货币研究所正式启动数字人民币跨境支付的技术测试，探索数字人民币系统与香港本地“转数快”快速支付系统的互联互通。与澳门的合作进展方面，目前粤澳跨境金融合作（珠海）示范区也意图在跨境场景试点使用数字人民币，便利澳门居民跨境享受小额便民移动支付服务。

综上可知，探索构建大湾区版的数字人民币跨境支付体系，不仅符合中央以及粤港澳三地的政策导向，并且已经具备相应的技术储备以及必要的金融基础设施开展跨境推广。

四、研究设计

基于上文政策梳理，在国家金融顶层设计框架下，数字人民币定位于 M_0，目前主要用于满足国内零售支付需求，并有望应用于大湾区跨境支付，由此构建本文的博弈模型。

---

① 数据来源：中国人民银行。

② 数据来源：国际清算银行报告。

（一）博弈主体

基于“双层运营”架构，数字人民币跨境支付过程将涉及四类博弈主体，分别为中国人民银行、指定商业银行、大湾区内跨境商户以及跨境消费者。上述各方采取何种策略对数字人民币在跨境支付体系中发挥的作用产生重要影响，具体如下。

1. 博弈方之一——中国人民银行（CB）：作为数字人民币的发行方，中国人民银行在跨境支付体系中起主导作用，其目标为人民币跨境支付的社会福利最大化。为实现上述目标，中国人民银行的备选策略分为两类：一类是加快构建数字人民币跨境支付体系，另一类是稳步构建数字人民币跨境支付体系，本文将其分别称为加快构建策略和稳步构建策略。

2. 博弈方之二——指定运营机构（即指定商业银行，DOO）：作为数字人民币运营架构的第二层，特指中国人民银行审慎选择在资本和技术等方面具备一定条件的商业银行，其目标是实现自身商业利益最大化。该类机构负责数字人民币跨境支付系统的市场推广、业务处理以及运营维护，并从跨境商户和跨境消费者处赚取手续费，从中央银行获得相应的补偿收益。综合权衡投入成本与预期收益，该类机构可选择策略分为两类，分别为积极参与构建策略和被动参与构建策略。

3. 博弈方之三——跨境商户（CM）：涵盖跨境电商、线下商户等提供跨境消费服务的商家，其目标是实现自身收益最大化，看重跨境支付系统的使用成本、使用便捷性和安全性。跨境商户具有两种可选策略，分别为接受数字人民币跨境支付策略或者不接受策略。

4. 博弈方之四——跨境消费者（CC）：包括跨境电商消费者、前往港澳的线下消费者以及从港澳来内地的消费者。该类消费群体的跨境支付目标除安全便捷以外，还希望获取消费券、消费积分等多种形式的综合收益。跨境消费者可以选择使用数字人民币进行跨境支付或者不使用两种策略。

（二）基本假设

1. 有限理性。各博弈方均为有限理性，即存在决策失误的概率，博弈方的自利性考虑可能导致其远离最优收益方案。

2. 群体结构相对稳定。在演化过程中，随时可能出现新的商业银行、跨境商户及消费者，但是新进入者不影响整体博弈格局。

3. 收益导向。每个博弈主体以自身收益最大化为目标，并在演化博弈中根据收益情况进行动态学习并改变调整，最终达到稳定策略。

博弈模型的参数符号以及代表的内容，概述如表 2 所示。

表 2　模型参数与描述

符号	内容描述
CB	双层运营架构的第一层——中国人民银行
DOO	双层运营架构的第二层——指定运营机构（即指定商业银行）
CM	大湾区内跨境商户
CC	大湾区内跨境消费者
X	中央银行选择加快构建数字人民币跨境支付体系的概率，$0 < x < 1$
Y	指定商业银行选择积极参与构建数字人民币跨境支付体系的概率，$0 < y < 1$
Z	跨境商户选择接受数字人民币跨境支付的概率，$0 < z < 1$
W	跨境消费者选择使用数字人民币进行跨境支付的概率，$0 < w < 1$
C_1	中央银行构建数字人民币跨境支付体系的成本
C_2	指定商业银行参与构建数字人民币跨境支付体系的成本
C_3	跨境商户接受数字人民币跨境支付的成本
C_4	跨境消费者使用数字人民币进行跨境支付的成本
B_1	指定商业银行从中央银行获得的补偿收益
B_2	跨境商户接受数字人民币跨境支付所节省的手续费
B_3	跨境消费者从商业银行推广活动中获得消费券等收益
α	中央银行构建数字人民币跨境支付体系的综合收益权重，$0 < \alpha < 1$
β	指定商业银行在数字人民币跨境支付过程中收取手续费的费率，$0 < \beta < 1$
γ	跨境商户接受数字人民币跨境支付时实现的销售利润率
P_1	央行采取加快构建策略时，指定商业银行推出消费券拉动的新增跨境消费规模
P_2	央行采取稳步构建策略时，指定商业银行推出消费券拉动的新增跨境消费规模
M_1	数字人民币跨境支付体系出现之前，跨境商户的支付规模
M_2	数字人民币跨境支付体系出现之前，跨境消费者的支付规模

（三）支付矩阵

根据各博弈方选择不同策略及其对应的收益和成本构建支付矩阵（见表3）。

表3　　支付矩阵

博弈方及其选择策略			央行			
			加快构建（x）		稳步构建（$1-x$）	
			商业银行		商业银行	
			积极参与（y）	被动参与（$1-y$）	积极参与（y）	被动参与（$1-y$）
商户	消费者接受（z）	使用（w）	$U_{11}^1=-C_1+\alpha\cdot(P_1+M_1+M_2)$； $U_{11}^2=-C_2+B_1+C_3+C_4+\beta\cdot(P_1+M_1+M_2)$； $U_{11}^3=-C_3+B_2+\gamma\cdot P_1$； $U_{11}^4=-C_4+B_3$	$U_{12}^1=-C_1+\alpha\cdot(M_1+M_2)$； $U_{12}^2=B_1+C_3+C_4+\beta\cdot(M_1+M_2)$； $U_{12}^3=-C_3+B_2$； $U_{12}^4=-C_4$	$U_{13}^1=\alpha\cdot(P_2+M_1+M_2)$； $U_{13}^2=-C_2+C_3+C_4+\beta\cdot(P_2+M_1+M_2)$； $U_{13}^3=-C_3+B_2+\gamma\cdot P_2$； $U_{13}^4=-C_4+B_3$	$U_{14}^1=\alpha\cdot(M_1+M_2)$； $U_{14}^2=C_3+C_4+\beta\cdot(M_1+M_2)$； $U_{14}^3=-C_3+B_2$； $U_{14}^4=-C_4$
		不使用（$1-w$）	$U_{21}^1=-C_1+\alpha\cdot M_1$； $U_{21}^2=-C_2+B_1+C_3+\beta\cdot M_1$； $U_{21}^3=-C_3+B_2$； $U_{21}^4=0$	$U_{22}^1=-C_1+\alpha\cdot M_1$； $U_{22}^2=B_1+C_3+\beta\cdot M_1$； $U_{22}^3=-C_3+B_2$； $U_{22}^4=0$	$U_{23}^1=\alpha\cdot M_1$； $U_{23}^2=-C_2+C_3+\beta\cdot M_1$； $U_{23}^3=-C_3+B_2$； $U_{23}^4=0$	$U_{24}^1=\alpha\cdot M_1$； $U_{24}^2=C_3+\beta\cdot M_1$； $U_{24}^3=-C_3+B_2$； $U_{24}^4=0$
	消费者不接受（$1-z$）	使用（w）	$U_{31}^1=-C_1+\alpha\cdot M_2$； $U_{31}^2=-C_2+B_1+C_4+\beta\cdot M_2$； $U_{31}^3=0$； $U_{31}^4=-C_4+B_3$	$U_{32}^1=-C_1+\alpha\cdot M_2$； $U_{32}^2=B_1+C_4+\beta\cdot M_2$； $U_{32}^3=0$； $U_{32}^4=-C_4$	$U_{33}^1=\alpha\cdot M_2$； $U_{33}^2=-C_2+C_4+\beta\cdot M_2$； $U_{33}^3=0$； $U_{33}^4=-C_4+B_3$	$U_{34}^1=\alpha\cdot M_2$； $U_{34}^2=C_4+\beta\cdot M_2$； $U_{34}^3=0$； $U_{34}^4=-C_4$
		不使用（$1-w$）	$U_{41}^1=-C_1$； $U_{41}^2=-C_2+B_1$； $U_{41}^3=0$； $U_{41}^4=0$	$U_{42}^1=-C_1$； $U_{42}^2=B_1$； $U_{342}=0$； $U_{442}=0$	$U_{43}^1=0$； $U_{43}^2=-C_2$； $U_{43}^3=0$； $U_{43}^4=0$	$U_{44}^1=0$； $U_{44}^2=0$； $U_{44}^3=0$； $U_{44}^4=0$

注：上述支付矩阵中 U 的上标1，2，3，4分别代表中国人民银行、指定商业银行、大湾区内跨境商户以及跨境消费者；下标代表支付函数所在的行和列，即具体四方博弈策略。

五、博弈模型构建及推论

（一）中央银行（CB）策略选择的稳定性分析

中央银行是构建数字人民币跨境支付体系的主导方。设定当中央银行选择加快构建策略时，获得的期望收益为 U_x^{CB}；选择稳步构建策略时，获得的期望收益为 U_{1-x}^{CB}，平均期望收益为 $\overline{U}^{CB}$，由此对应中央银行策略选择的复制动态方程为：

$$F_{CB} = \frac{\mathrm{d}x}{\mathrm{d}t} = x \cdot (U_x^{CB} - \overline{U}^{CB}) \tag{1}$$

据表 3 支付矩阵中对应的支付函数，代入式（1）可得：

$$F_{CB} = x \cdot (1-x) \cdot [y \cdot z \cdot w \cdot \alpha \cdot (P_1 - P_2) - C_1] \tag{2}$$

复制动态方程的一阶导数为：

$$F'_{CB} = (1-2x) \cdot [y \cdot z \cdot w \cdot \alpha \cdot (P_1 - P_2) - C_1] \tag{3}$$

根据微分方程稳定性定理，在构建数字人民币跨境支付体系时，若中央银行策略选择处于稳定状态则必须满足条件：$F_{CB}=0$ 且 $F'_{CB}<0$，求解可得命题 1。

命题 1：受跨境商户群体选择的影响，当 $z>z_0$ 时，中央银行的稳定策略为加快构建数字人民币跨境支付体系，并给予指定商业银行更多优惠政策；当 $z<z_0$ 时，中央银行的稳定策略为稳步构建数字人民币跨境支付体系，并适度放缓给予指定商业银行的优惠政策；当 $z=z_0$ 时，无法确定中央银行的稳定策略。其中，阈值为 $z_0=\dfrac{C_1}{y \cdot w \cdot \alpha \cdot (P_1-P_2)}$。

受跨境消费者群体选择的影响，当 $w>w_0$ 时，中央银行的稳定策略为加快构建数字人民币跨境支付体系，并给予指定商业银行更多优惠政策；当 $w<w_0$ 时，中央银行的稳定策略为稳步构建数字人民币跨境支付体系，并适度放缓给予指定商业银行的优惠政策；当 $w=w_0$ 时，无法确定中央银行的稳定策略。其中，阈值为 $w_0=\dfrac{C_1}{y \cdot z \cdot \alpha \cdot (P_1-P_2)}$。

证明：以跨境商户为例，令 $H(z) = y \cdot z \cdot w \cdot \alpha \cdot (P_1 - P_2) - C_1$ 且 $H(z)'>0$，因此 $H(z)$ 是关于 z 的单调递增函数。当 $z>z_0$ 时，可以满足 $F_{CB}|_{x=1}=0$ 且

$F'_{CB}|_{x=1}<0$，则 $x=1$ 有稳定性；当 $z<z_0$ 时，$F_{CB}|_{x=0}=0$ 且 $F'_{CB}|_{x=0}<0$，则 $x=0$具有稳定性；当 $z=z_0$ 时，$F_{CB}=0$ 且 $F'_{CB}=0$，此时无法确定中央银行的稳定策略。同理可证明跨境消费者策略选择对中央银行稳定策略的影响。

推论：命题 1 表明在构建数字人民币跨境支付体系时，若商户和消费者倾向于选择使用数字人民币进行跨境交易；那么，中央银行会加速支付类金融基础设施建设以及系统推广，丰富数字人民币跨境支付的应用场景，并鼓励处于第二层的商业银行积极提供数字人民币跨境支付服务。

（二）指定商业银行（DOO）策略选择的稳定性分析

假设当指定商业银行选择积极参与构建时，获得的期望收益为 U_y^{DOO}；选择被动参与构建时，获得的期望收益为 U_{1-y}^{DOO}；平均期望收益为 $\overline{U}^{DOO}$，由此对应指定商业银行策略选择的复制动态方程为：

$$F_{DOO}=\frac{\mathrm{d}y}{\mathrm{d}t}=y\cdot(U_y^{DOO}-\overline{U}^{DOO}) \tag{4}$$

根据表 3 支付矩阵中对应的支付函数，代入式（4）可得：

$$F_{DOO}=y\cdot(1-y)\cdot[x\cdot z\cdot w\cdot\beta\cdot(P_1-P_2)+z\cdot w\cdot\beta\cdot P_2-C_2] \tag{5}$$

复制动态方程的一阶导数为：

$$F'_{DOO}=(1-2y)\cdot[x\cdot z\cdot w\cdot\beta\cdot(P_1-P_2)+z\cdot w\cdot\beta\cdot P_2-C_2] \tag{6}$$

根据微分方程稳定性定理，在构建数字人民币跨境支付体系时，若指定商业银行策略选择处于稳定状态则必须满足条件：$F_{DOO}=0$ 且 $F'_{DOO}<0$，求解可得命题 2。

命题 2：受中央银行策略选择的影响，当 $x>x_0$ 时，指定商业银行选择积极参与构建策略；当 $x<x_0$ 时，指定商业银行选择被动参与构建策略；当 $x=x_0$ 时，无法确定指定商业银行的稳定策略。其中，阈值为 $x_0=\dfrac{C_2-z\cdot w\cdot\beta\cdot P_2}{z\cdot w\cdot\beta(P_1-P_2)}$。

证明：令 $G(x)=x\cdot z\cdot w\cdot\beta\cdot(P_1-P_2)+z\cdot w\cdot\beta\cdot P_2-C_2$ 且 $G(x)'>0$，因此 $G(x)$ 是关于 x 的单调递增函数。当 $x>x_0$ 时，可以满足 $F_{DOO}|_{y=1}=0$ 且 $F'_{DOO}|_{y=1}<0$，则 $y=1$ 具有稳定性；当 $x<x_0$ 时，$F_{DOO}|_{y=0}=0$ 且 $F'_{DOO}|_{y=0}<0$，则 $y=0$ 具有稳定性；当 $x=x_0$ 时，$F_{DOO}=0$ 且 $F'_{DOO}=0$，此时无法确定指定商业银行的稳定策略。

推论：命题 2 表明指定商业银行的稳定策略与中央银行的策略选择密切

相关。当中央银行加快构建数字人民币跨境支付体系时，指定商业银行更偏向于通过提供消费券等金融产品创新方式积极参与；如果中央银行放松对指定商业银行的引导力度以及鼓励措施，指定商业银行则会减少相应的推广活动。

（三）跨境商户（CM）策略选择的稳定性分析

跨境商户是跨境零售交易中的供给方。设定当跨境商户选择接受数字人民币进行交易时，获得的期望收益为 U_z^{CM}；选择不接受时，获得的期望收益为 U_{1-z}^{CM}，平均期望收益为 $\overline{U}^{CM}$，由此对应跨境商户策略选择的复制动态方程为：

$$F_{CM} = \frac{dz}{dt} = z \cdot (U_z^{CM} - \overline{U}^{CM}) \tag{7}$$

根据表 3 支付矩阵中对应的支付函数，代入式（7）可得：

$$F_{CM} = z \cdot (1-z) \cdot [x \cdot y \cdot w \cdot \gamma \cdot (P_1 - P_2) + y \cdot w \cdot \gamma \cdot P_2 - C_3 + B_2] \tag{8}$$

复制动态方程的一阶导数为：

$$F'_{CM} = (1-2z) \cdot [x \cdot y \cdot w \cdot \gamma \cdot (P_1 - P_2) + y \cdot w \cdot \gamma \cdot P_2 - C_3 + B_2] \tag{9}$$

根据微分方程稳定性定理，在构建数字人民币跨境支付体系时，若跨境商户策略选择处于稳定状态则必须满足条件：$F_{CM}=0$ 且 $F'_{CM}<0$，求解可得命题 3。

命题 3：受中央银行策略选择的影响，当 $x>x_0$ 时，跨境商户的稳定策略为接受数字人民币跨境支付；当 $x<x_0$ 时，跨境商户的稳定策略为不接受数字人民币跨境支付；当 $x=x_0$ 时，无法确定跨境商户的稳定策略。其中，阈值为 $x_0 = \frac{C_3 - B_2 - y \cdot w \cdot \gamma \cdot P_2}{y \cdot w \cdot \gamma \cdot (P_1 - P_2)}$。

证明：令 $I(x)= x \cdot y \cdot w \cdot \gamma \cdot (P_1 - P_2) + y \cdot w \cdot \gamma \cdot P_2 - C_3 + B_2$ 且 $I(x)'>0$，因此 $I(x)$ 是关于 x 的单调递增函数。当 $x>x_0$ 时，可以满足 $F_{CM}|_{Z=1}=0$ 且 $F'_{CM}|_{Z=1}<0$，则 $z=1$ 具有稳定性；当 $x<x_0$ 时，$F_{CM}|_{Z=0}=0$ 且 $F'_{CM}|_{Z=0}<0$，则 $z=0$ 具有稳定性；当 $x=x_0$ 时，$F_{CM}=0$ 且 $F'_{CM}=0$，此时无法确定跨境商户的稳定策略。

推论：命题 3 表明在跨境支付过程中，中央银行的策略选择直接影响跨境商户对数字人民币交易的接受程度。数字人民币有国家信用背书，容易获得跨境商户的信任；随着中央银行的加快构建，跨境商户最终会选择接受数字人民币作为跨境支付中的交易工具。

（四）跨境消费者（CC）策略选择的稳定性分析

消费者是跨境零售交易中的需求方。设定当消费者选择使用数字人民币作为跨境支付方式时，获得的期望收益为 U_w^{CC}；消费者选择不使用数字人民币作为跨境支付方式时，获得的期望收益为 U_{1-w}^{CC}；平均期望收益为 $\overline{U}^{CC}$，由此对应消费者群体策略选择的复制动态方程为：

$$F_{CC} = \frac{\mathrm{d}w}{\mathrm{d}t} = w \cdot (U_w^{CC} - \overline{U}^{CC}) \tag{10}$$

根据表3支付矩阵中对应的支付函数，代入式（10）可得：

$$F_{CC} = w \cdot (1 - w) \cdot (y \cdot B_3 - C_4) \tag{11}$$

复制动态方程的一阶导数为：

$$F'_{CC} = (1 - 2w) \cdot (y \cdot B_3 - C_4) \tag{12}$$

根据微分方程稳定性定理，在构建数字人民币跨境支付体系时，若消费者策略选择处于稳定状态则必须满足条件：$F_{CC}=0$ 且 $F'_{CC}<0$，求解可得命题4。

命题4：受指定商业银行策略选择的影响，当 $y>y_0$ 时，消费者的稳定策略为使用数字人民币进行跨境交易；当 $y<y_0$ 时，跨境消费者的稳定策略为不使用；当 $y=y_0$ 时，无法确定消费者的稳定策略。其中，阈值为$y_0=\frac{C_4}{B_3}$。

证明：令 $J(y) = y \cdot B_3 - C_4$ 且 $J'(y) > 0$，因此 $J(y)$ 是关于 y 的单调递增函数。当 $y>y_0$ 时，可以满足 $F_{CC}|_{W=1}=0$ 且 $F'_{CC}|_{W=1}<0$，则 $w=1$ 具有稳定性；当 $y<y_0$ 时，$F_{CC}|_{W=0}=0$ 且 $F'_{CC}|_{W=0}<0$，则 $w=0$ 具有稳定性；当 $y=y_0$ 时，$F_{CC}=0$ 且 $F'_{CC}=0$，此时无法确定跨境消费者的稳定策略。

推论：命题4表明在跨境支付过程中，消费者是否使用数字人民币进行支付与指定商业银行的策略选择关联性强。当指定商业银行选择积极参与构建时，意味着将在更广泛的应用场景推出更多的优惠措施，如跨境旅游红包、跨境消费红包等，从而提升消费者的整体福利水平。在此情况下，消费者将偏好于使用数字人民币进行跨境支付。

（五）策略组合的稳定性分析

在构建数字人民币跨境支付体系过程中，中央银行（*CB*）、指定商业银行（*DOO*）、跨境商户（*CM*）和跨境消费者（*CC*）为各自目标而开展动态演化博弈。本文借鉴孙淑慧和苏强（2020）处理四方演化博弈的方法，建立雅可比矩阵对 16 种纯策略均衡点进行稳定性分析，当雅可比矩阵特征值均小于 0 时为演化稳定策略，矩阵列示如式（13）所示。

$$J = \begin{bmatrix} \frac{\partial F_{CB}}{\partial x} & \frac{\partial F_{CB}}{\partial y} & \frac{\partial F_{CB}}{\partial z} & \frac{\partial F_{CB}}{\partial w} \\ \frac{\partial F_{DOO}}{\partial x} & \frac{\partial F_{DOO}}{\partial y} & \frac{\partial F_{DOO}}{\partial z} & \frac{\partial F_{DOO}}{\partial w} \\ \frac{\partial F_{CM}}{\partial x} & \frac{\partial F_{CM}}{\partial y} & \frac{\partial F_{CM}}{\partial z} & \frac{\partial F_{CM}}{\partial w} \\ \frac{\partial F_{CC}}{\partial x} & \frac{\partial F_{CC}}{\partial y} & \frac{\partial F_{CC}}{\partial z} & \frac{\partial F_{CC}}{\partial w} \end{bmatrix} \tag{13}$$

本文将中央银行（*CB*）、指定商业银行（*DOO*）、跨境商户（*CM*）和跨境消费者（*CC*）的复制动态方程分别代入式（13）并求解，结果如表 4 所示。

表 4　　　　四方演化博弈纯策略均衡点的稳定性分析

均衡点	特征值	正负符号	稳定性
0,0,0,0	$-C_1, -C_2, -C_3+B_2, -C_4$	−, −, N, −	满足条件①时为 ESS
0,0,0,1	$-C_1, -C_2, -C_3+B_2, C_4$	−, −, N, +	不稳定点
0,0,1,0	$-C_1, -C_2, C_3-B_2, -C_4$	−, −, N, −	满足条件②时为 ESS
0,0,1,1	$-C_1, \beta\cdot P_2-C_2, C_3-B_2, C_4$	−, N, N, +	不稳定点
0,1,0,0	$-C_1, C_2, -C_3+B_2, B_3-C_4$	−, +, N, N	不稳定点
0,1,0,1	$-C_1, C_2, -C_3+\gamma\cdot P_2+B_2, C_4-B_3$	−, +, N, N	不稳定点
0,1,1,0	$-C_1, C_2, C_3-B_2, B_3-C_4$	−, +, N, N	不稳定点
0,1,1,1	$\alpha\cdot(P_1-P_2)-C_1, C_2-\beta\cdot P_2,$ $C_3-B_2-\gamma\cdot P_2, C_4-B_3$	N, N, N, N	满足条件③时为 ESS
1,0,0,0	$C_1, -C_2, -C_3+B_2, -C_4$	+, −, N, −	不稳定点
1,0,0,1	$C_1, -C_2, -C_3+B_2, C_4$	+, −, N, +	不稳定点
1,0,1,0	$C_1, -C_2, C_3-B_2, -C_4$	+, −, N, −	不稳定点

续表

均衡点	特征值	正负符号	稳定性
1,0,1,1	$C_1,\beta\cdot P_2-C_2,C_3-B_2,C_4$	+,N,N,+	不稳定点
1,1,0,0	$C_1,C_2,-C_3+B_2,B_3-C_4$	+,+,N,N	不稳定点
1,1,0,1	$C_1,C_2,\gamma\cdot(P_1-P_2)-C_3+\gamma\cdot P_2+B_2,C_4-B_3$	+,+,N,N	不稳定点
1,1,1,0	C_1,C_2,C_3-B_2,B_3-C_4	+,+,N,N	不稳定点
1,1,1,1	$C_1-\alpha\cdot(P_1-P_2),C_2-\beta\cdot P_1,C_3-\gamma\cdot P_1-B_2,C_4-B_3$	N,N,N,N	满足条件④时为ESS

注：N代表正负符号不确定，ESS表示演化稳定策略，稳定性须满足的条件分别如下：条件① $-C_3+B_2<0$；条件② $C_3-B_2<0$；条件③ $\alpha\cdot(P_1-P_2)-C_1<0$，$C_2-\beta\cdot P_2<0$，$C_3-B_2-\gamma\cdot P_2<0$，$C_4-B_3<0$；条件④ $C_1-\alpha\cdot(P_1-P_2)<0$，$C_2-\beta\cdot P_1<0$，$C_3-\gamma\cdot P_1-B_2<0$，$C_4-B_3<0$。

根据表4可知，博弈模型可能存在四个演化稳定均衡点（ESS），分别为(0,0,0,0)、(0,0,1,0)、(0,1,1,1,)以及(1,1,1,1)，进一步解析如下。

当中央银行选择稳步构建时，可能存在三个演化稳定均衡点，即(0,0,0,0)、(0,0,1,0)、(0,1,1,1)。其中，均衡点（0，0，0，0）表示博弈主体均不会在大湾区内采取积极策略，由此导致数字人民币跨境支付体系发展初期便不能快速占据消费市场并展现优势，进而出现项目失败的结果。均衡点(0,0,1,0)表示在构建数字人民币跨境支付体系时，如果跨境商户节省的手续费能够覆盖其成本，跨境商户最终采取接受策略。均衡点(0,1,1,1)表示即使中央银行采取稳步构建策略，指定商业银行仍然会积极参与，跨境商户以及跨境消费者也会积极使用数字人民币进行交易结算。

当中央银行采取加快构建策略时，可能存在演化稳定均衡点(1,1,1,1)。在此情况下，博弈各方均采取积极策略，导致数字人民币跨境支付体系发展初期便能快速打开市场，并逐渐形成稳定状态。

六、仿真分析

为直观展示关键变量对博弈进程以及结果的影响，本文运用Matlab 2016a对各博弈方的演化轨迹进行数值模拟。鉴于数字人民币跨境支付业务目前正处于测试阶段，尚未产生实际数据；因此，本文以深圳的数字人民币试点实践为参考样本，选取理由概述如下三点。

第一，在深圳试点工作进展方面，深圳是全国首批数字人民币试点地区之一，同时也是大湾区最早的试点城市。截至2022年末，深圳市累计开立数字人民币钱包2840.75万个、落地应用场景129.9万个，累计交易376.85亿元，受理商户基本覆盖了生活服务、零售消费、餐饮服务、交通出行、教育医疗、智慧民生、政务服务等各个场景①。下一步，中国人民银行深圳市中心支行将在人民银行总行的统一部署下，积极探索跨境消费应用试点②。

第二，在香港开展准备工作方面，香港金融管理局于2018年推出金融基建项目“转数快”（即“快速支付系统”），目前该支付系统在香港本地的应用渐趋成熟。截至2023年1月底，“转数快”登记账号数逾1160万个，远超香港2021年底人口普查数据740.31万人，为构建数字人民币跨境支付体系奠定了坚实基础。在此背景下，香港金融管理局正在与中国人民银行数字货币研究所开展合作，探索数字人民币系统与香港本地“转数快”系统实现一体化发展。

第三，在深港平台机制对接方面，两地金融基础设施逐步实现互联互通。近年来，为满足深港两地居民与日俱增的跨境支付服务需求，中国人民银行深圳市中心支行联合香港金融管理局，积极推动人民币跨境支付系统（CIPS）作为跨境人民币资金结算主渠道，并建立深港跨境人民币清算延时服务机制、多币种资金清算渠道和支票联合结算机制，以进一步完善深港跨境人民币结算方面的业务合作。

综上所述，选取深圳作为大湾区数字人民币跨境支付体系前瞻性研究的参考样本，具有较好的科学性与合理性。结合商务部的数据统计，目前深圳市数字人民币消费券杠杆效应约为9.55倍③；因此，本文的杠杆效应初始赋值以此为依据，设置为8~11倍。假定央行在数字人民币跨境支付体系中获

---

① 数据来源：中国人民银行深圳分行。

② 2023年2月4日，深圳市地方金融监督管理局发布《深圳市金融科技专项发展规划（2023—2025年）》（以下简称《规划》）显示，深圳已将推进数字人民币跨境支付纳入规划之中。《规划》提到，深圳将“推进数字人民币跨境支付和国际业务中心建设，支持多边数字货币桥等重大项目建设，有序拓展跨境支付场景，加强国际交流合作，支持人民银行贸易金融区块链平台建设，鼓励数字货币、区块链技术在跨境贸易、跨境投融资、资金清算结算等重点领域的研究应用，鼓励结合实体产业发展在深圳落地更多有益场景”。

③ 数据来源：中华人民共和国商务部。

得的综合收益权重 $\alpha=0.01$。参考深圳的执行情况，指定商业银行付出推广费用 $C_2=4.8$ 亿元人民币，如果此时中央银行选择加快构建策略，则拉动消费规模 $P_1=52.8$ 亿元人民币；如果此时中央银行选择稳步构建策略，则拉动消费规模 $P_2=38.4$ 亿元人民币。鉴于 C_1 无法获得具体数据，本文仅考虑其数值变化对策略选择的影响，设 $C_1=\{1,5,10\}$。假定指定商业银行收取跨境支付手续费率 $\beta=0.03$，商户利润率 $\gamma=0.15$，成本节约 $B_2=10$ 亿元；考虑到前文推导出四组演化稳定策略中已不含 B_1，故此处不对其进行参数设置。由于消费者仅需在移动设备端进行软件升级，因此成本暂且不计；其收益大部分来自消费券以及推广活动派发的礼物，总计小于指定商业银行用于推广的费用上限，假定 $B_3=4.8$ 亿元。同时，假设各博弈方初始策略选择概率为：$x=0.7$，$y=0.3$，$z=0.3$，$w=0.6$。

情境 1：中央银行的综合收益权重变化对各博弈方的影响

中央银行构建数字人民币跨境支付体系的综合收益是影响各博弈方策略选择的重要因素之一，本文假定综合收益权重 $\alpha=\{0.01,0.02,0.1\}$，博弈演化过程如图 1 所示。

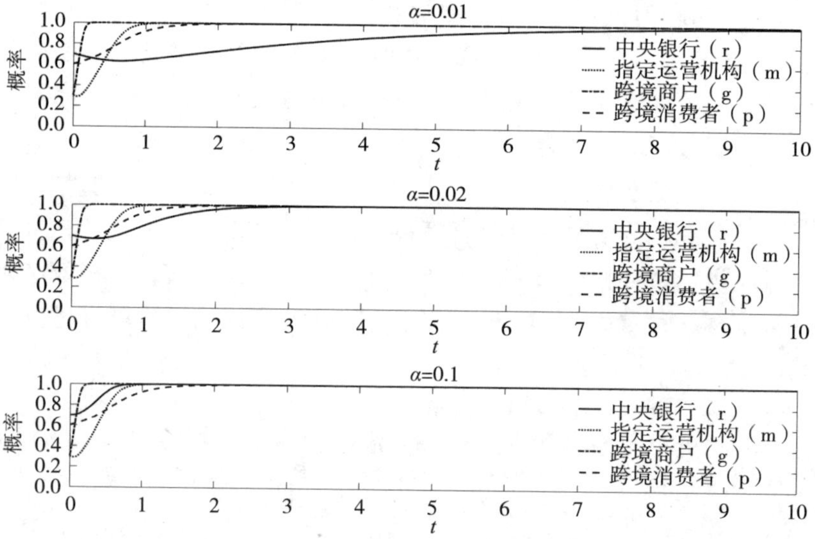

图 1　央行综合收益权重变动对各方策略演化的影响

由图 1 可知，在构建数字人民币跨境支付体系过程中，中央银行的综合收益权重变动不仅直接关系到自身的策略选择，同时也会对其他三方的演化趋势造成重要影响。当中央银行的综合收益权重增加时，指定商业银行、跨境商户以及消费者会相应提升使用数字人民币的概率，并加速形成稳定状态。

情境 2：指定商业银行的手续费率变动对各博弈方的影响

指定商业银行在数字人民币跨境支付系统收取的手续费也是影响各博弈方策略选择的重要因素之一，本文假定手续费率 $\beta = \{0.02, 0.04, 0.06\}$，博弈演化过程如图 2 所示。

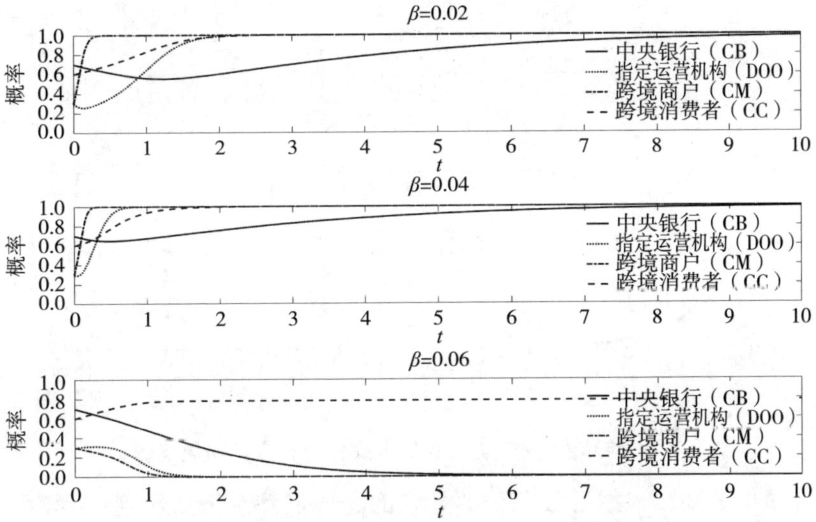

图 2　指定商业银行的手续费率变动对各方策略演化的影响

由图 2 可知，一方面，当 β 维持在一个较低费率水平时，指定商业银行会放缓参与速度，而适当提高手续费率则会刺激指定商业银行的参与积极性；另一方面，本文也发现当手续费率过高时，会导致跨境商户的消极怠工。究其原因，当跨境商户在原有支付方式与数字人民币支付方式之间进行选择时，手续费率是决定性因素之一。由此表明，数字人民币跨境支付服务手续费率的确定是各方博弈的结果，只有各方均能接受，最终才有广阔的市场前景。

情境3：消费券导致的跨境消费规模变化对各博弈方的影响

指定商业银行发放的消费券规模是影响各博弈方策略选择的重要因素之一。为简化模拟运算，本文假定当中央银行选择不同策略时，指定商业银行通过发放数字人民币消费券所导致的跨境消费规模有所差异，即 $P_1 > P_2$；并设 $(P_1, P_2) = \{528, 384; 264, 192; 52.8, 38.4\}$，博弈演化过程如图3所示。

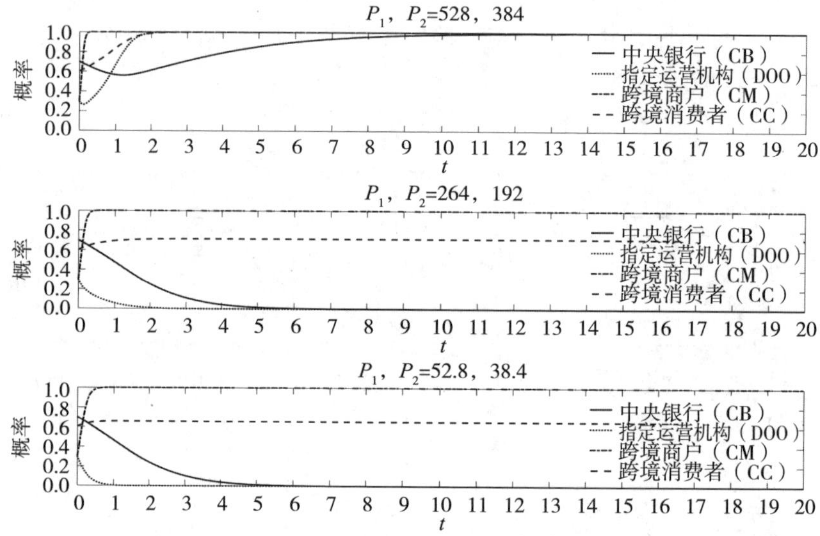

图3　消费券导致的跨境消费规模变化对各方策略演化的影响

由图3可知，根据发放消费券导致的跨境消费规模边际递减程度，中央银行会相机改变其博弈策略。具体而言，如果中央银行选择加快构建策略不能有效刺激跨境消费，则转为稳步构建策略；基于成本与收益的综合考虑，指定商业银行会放弃积极参与构建策略；对于跨境商户而言，将放缓接受数字人民币支付方式的转化速度；对于消费者来说，当指定商业银行减少消费券发放，虽然原有的数字人民币使用客群将继续留用，但是尚未使用过的客群将不会转换支付方式。

情境4：中央银行的构建成本变动对各博弈方的影响

中央银行构建数字人民币支付体系的成本是影响各博弈方策略选择的重要因素之一，本文假定成本 $C_1 = \{1, 5, 10\}$，博弈演化过程如图4所示。

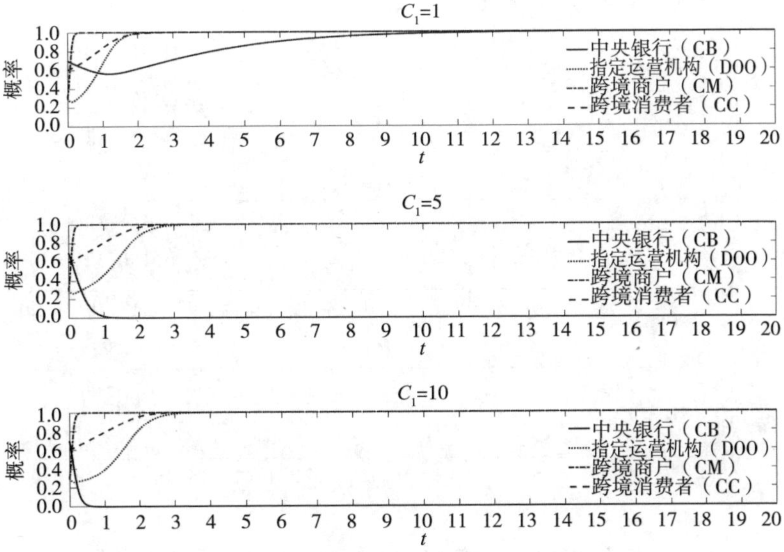

图 4　中央银行的构建成本变动对各方策略演化的影响

由图 4 可知，构建成本存在一个阈值。当超过阈值时，中央银行会放缓构建数字人民币跨境支付体系，从采用加快构建策略转为稳步构建策略。在此情况下，指定商业银行受到央行影响会降低参与活跃度，但是已经形成的跨境支付市场份额仍将为指定商业银行带来收益；跨境商户和跨境消费者则会受到指定商业银行的影响而犹豫是否继续采用数字人民币进行跨境支付，并且之前尚未采用的跨境商户和跨境消费者转化速度放缓。

情境 5：指定商业银行的参与构建成本变动对各博弈方的影响

指定商业银行作为提供数字人民币跨境支付服务的重要推手，其参与构建成本同样是影响各博弈方策略选择的重要因素之一，本文假定参与构建成本 $C_2 = \{4.8, 10, 20\}$，博弈演化过程如图 5 所示。

由图 5 可知，鉴于指定商业银行的参与构建成本不断提升，其策略选择将从积极参与逐渐转为被动参与。若零售市场存在指定商业银行提供数字人民币跨境支付服务，对于跨境商户而言，会为节省支付成本而选择接受该项服务；并且选择接受后无论指定商业银行采取何种策略，跨境商户均会继续接受。但是对于跨境消费者来说，策略选择则不尽相同；即原有用户继续使用，而从未使用过的消费者群体则不会变更支付方式。

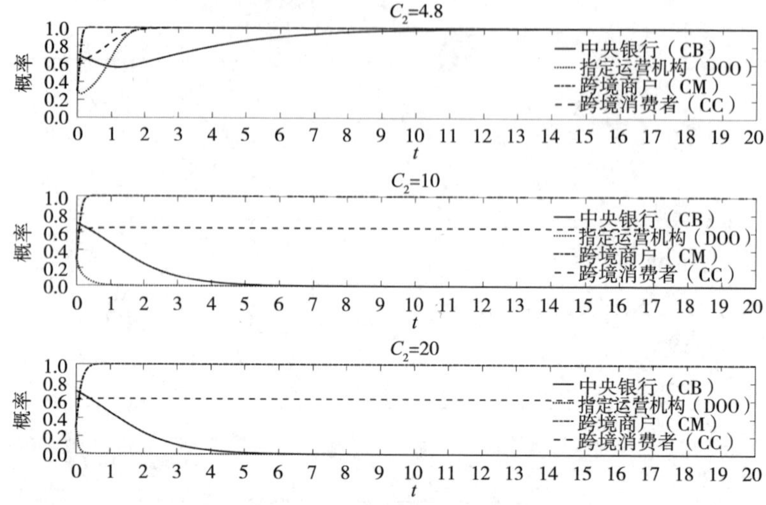

图5　指定商业银行的参与构建成本变动对各方策略演化的影响

情境6：跨境商户节省的交易手续费对各博弈方的影响

鉴于数字人民币交易具备成本低以及效率高的突出优势，为考察跨境商户接受数字人民币支付后节省的手续费对演化博弈的影响，本文假设手续费 $B_2 = \{10,5,0\}$，博弈演化过程如图6所示。

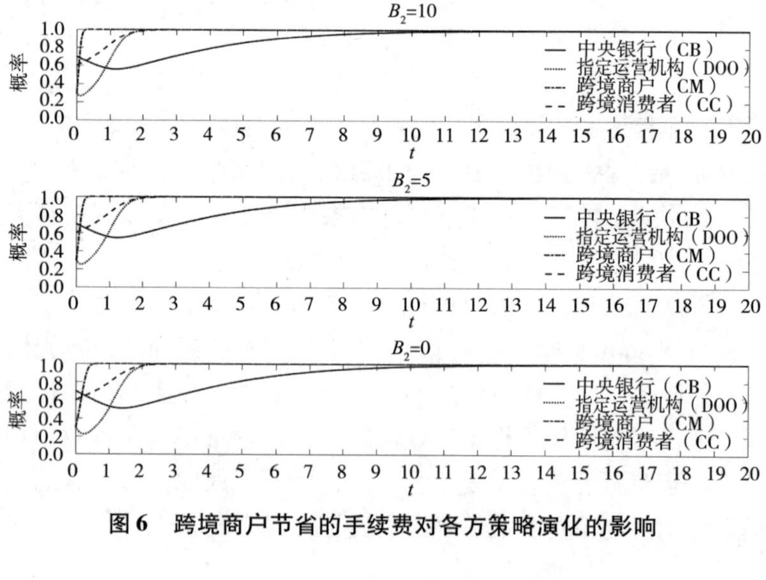

图6　跨境商户节省的手续费对各方策略演化的影响

由图 6 可知，手续费节省对跨境商户产生的作用有限，仅影响跨境商户从传统跨境支付方式转变为数字人民币跨境支付方式的速度，但并不影响最终稳定状态。跨境商户是否接受数字人民币支付服务出于如下考虑：一方面是为降低交易成本；另一方面则是当跨境消费者需要跨境商户提供该项服务时，出于满足客户需求的目的。应注意的是，数字人民币具有法币性质，当跨境消费者使用其进行支付时，商户不得拒收。

情境 7：跨境消费者的综合收益变动对各博弈方的影响

跨境消费者的策略选择依赖于是否能够从数字人民币跨境支付体系中获得利益，其综合收益主要表现为指定商业银行派发的消费券以及推广活动礼物，假设综合收益 $B_3 = \{1,3,4.5\}$，博弈演化过程如图 7 所示。

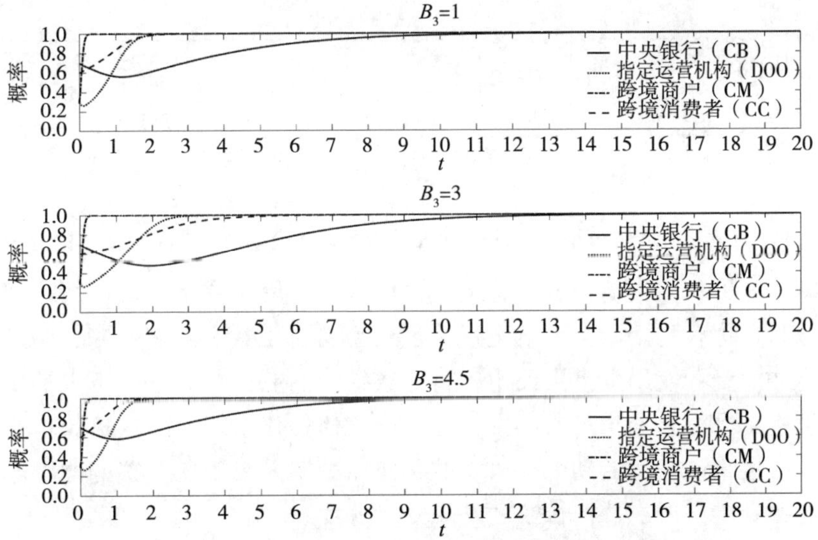

图 7　跨境消费者综合收益变动对各方策略演化的影响

由图 7 可知，当加快构建数字人民币跨境支付体系时，各类消费券及礼物供给充足，此时消费者获得的收益增加，将导致其加速选择使用数字人民币进行跨境支付；对应地，跨境商户会被动加快对数字人民币支付方式的接受，而指定商业银行由于用户群体迅速增加则会继续采取积极参与策略。

情境 8：跨境消费者的获取并使用数字人民币成本变动对各博弈方的影响

为研究数字人民币境外获取成本以及使用便利性对消费者的策略选择有何影响，本文令 $C_4 = \{0,1,3\}$，博弈演化过程如图 8 所示。

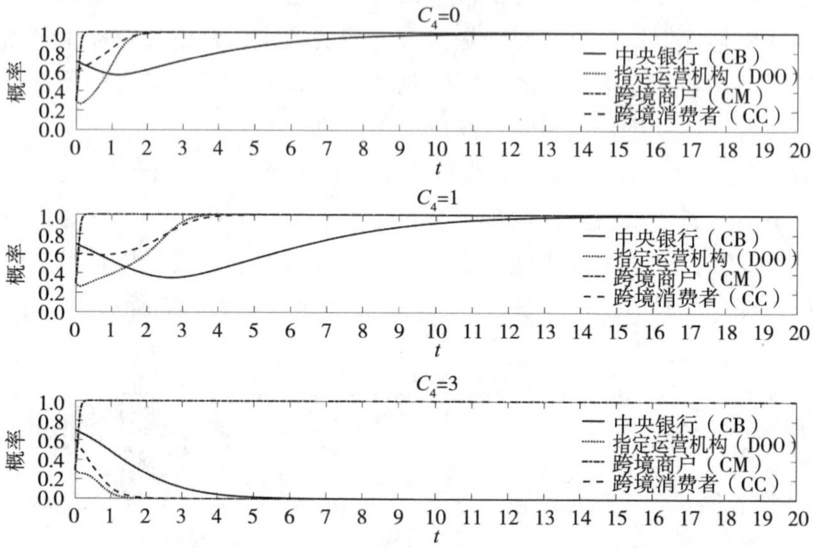

图 8　跨境消费者的获取并使用数字人民币的成本变动对各方策略演化的影响

由图 8 可知，当消费者在跨境支付中获取并使用数字人民币所花费的成本越低时，越有助于消费者接受这一创新型支付工具。随之而来，当越来越多的境外消费者使用数字人民币，将导致指定商业银行为获取更大的市场份额而争相采取积极参与策略，央行亦跟进加快构建策略，并促进跨境商户同步接受。在跨境支付活动中，当获取并使用数字人民币所花费的成本不断提高，消费者将会考虑选择传统的跨境支付方式。

情境 9：指定商业银行的参与构建态度对博弈进程的影响

在构建数字人民币跨境支付体系过程中，指定商业银行是承上启下的关键节点，其初始策略选择将影响到各博弈方的演化路径。本文假设指定商业银行的初始参与概率为：$y = \{0.1, 0.9\}$，模拟仿真结果如图 9 所示。

由图 9 可知，当指定商业银行采取被动参与构建策略时，将导致中央银行以及跨境消费者的稳定策略均不唯一，而跨境商户出于降低交易成本的考虑依然会继续接受数字人民币跨境支付。当指定商业银行采取积极参与构建策略时，通过增加发放消费券等方式刺激跨境消费，由此带来更大的跨境消

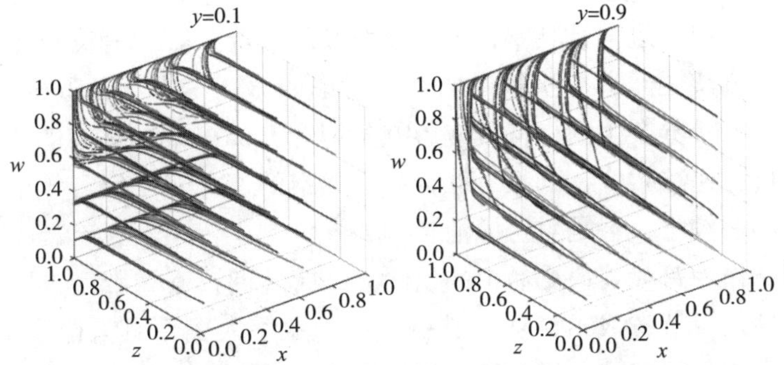

图 9　指定商业银行策略选择对其余各方策略演化的影响

费规模，同时也为跨境商户和跨境消费者创造更多利益。在此情况下，中央银行、跨境商户以及跨境消费者均会选择积极策略。

七、研究结论及对策建议

在国家金融顶层设计框架下，本文通过构建以中国人民银行、指定商业银行、大湾区内跨境商户以及跨境消费者为主体的四方演化博弈模型，对未来数字人民币跨境支付过程中所面临的潜在问题进行情境推演，并结合深圳的试点数据对大湾区跨境支付进行模拟仿真分析，得出五点结论。

第一，基于“双层运营”架构，在构建大湾区数字人民币跨境支付体系过程中，中国人民银行、指定商业银行、跨境商户以及跨境消费者共同构成一个完整闭环的有机生态体系，各司其职、相互影响。

第二，作为数字人民币的发行方，央行在跨境支付体系中起主导作用：其一，当央行加快构建数字人民币跨境支付体系时，指定商业银行偏向于通过提供消费券以及开展线下活动等方式全力跟进，跨境商户以及消费者也会相应提升使用数字人民币支付的概率，由此加速形成稳定状态。其二，值得特别注意的是，央行的构建成本存在一个阈值。当超过阈值时，央行会放缓构建速度，从采取加快构建策略逐渐转为稳步构建策略。在此情况下，指定商业银行同步降低参与构建力度，但是已经形成的跨境支付市场份额仍将为指定商业银行带来收益；之前未采用数字人民币的跨境商户以及消费者转换支付方式的速度放缓。

第三，作为数字人民币运营架构的第二层，指定商业银行在跨境支付体系中是承上启下的关键节点，主要通过手续费率定价、发放消费券以及综合推广成本影响博弈进程：其一，手续费率是跨境商户在原有支付方式与数字人民币支付方式之间进行抉择时的重要考虑因素，是市场各方博弈的结果。其二，发放消费券产生的杠杆效应影响各博弈方的决策，其拉动的跨境消费规模存在边际递减效应。其三，综合推广成本的变化对已经占领市场份额的跨境商户影响较小，但是对跨境消费者的支付方式转换影响较大。

第四，作为跨境零售交易中的供给方，跨境商户看重数字人民币跨境支付的安全性以及节省成本优势：其一，由于数字人民币具有国家信用背书，因此在安全性方面容易获得跨境商户的信任，选择接受其作为跨境支付的备选交易方式。其二，节省成本优势仅影响跨境商户从传统跨境支付方式转变为数字人民币跨境支付方式的速度，并不影响最终稳定状态。

第五，作为跨境零售交易中的需求方，在构建数字人民币跨境支付体系过程中，消费者的策略选择主要依赖于两点：其一是在跨境支付活动中获取并使用数字人民币所花费的成本是否具有吸引力，不同币种之间兑换是否具有便利性。其二是否能够从跨境支付活动中获得收益，其收益主要表现为指定商业银行派发的消费券以及推广活动礼物。

基于上述研究结论，为更好地构建数字人民币跨境支付体系，本文提出以下三点对策建议。

第一，通过“央行引导，市场驱动”，加速推进粤港澳大湾区数字人民币跨境支付参与主体之间协同发展。其一是在归纳总结现有国内数字人民币试点经验基础上，建议相关部门根据跨境支付的市场需求，进一步完善数字人民币设计方案，提升数字人民币支付体系的国际竞争力。其二是从功能分担的视角，央行在统筹制定跨境支付标准的过程中，建议在安全合规前提下给予商业银行一定的技术创新以及商业模式创新权限，由此提高跨境支付体系的运行效率。其三应充分重视数字人民币跨境支付服务的普惠性，鉴于跨境商户和跨境消费者是终端应用方，有必要制定专门的支付结算规则，主动应对强势一方拒收或者弱势群体无法接收的问题。

第二，通过“整合资源，科学规划”，切实维护数字人民币的公信力，并有效降低大湾区跨境支付成本。其一是加强粤港澳三地金融监管合作，将数字人民币跨境支付服务全流程纳入大湾区金融消费者权益保护工作体系，消除大湾区消费者对数字人民币安全可靠性的质疑。其二是科学规划数字人民币在港澳地区的推广节奏，实时监测当地消费者对数字人民币的接受和使用程度，循序渐进地推进数字人民币线上线下衔接进程。其三是加大力度对大湾区消费者有关数字人民币的知识进行教育普及，以公众接受的方式传递终端设备使用方式和延伸技能，培养公众的数字人民币使用习惯。

第三，通过“先行先试，由点及面”，积极丰富粤港澳大湾区的数字人民币跨境支付应用场景。其一是考虑到数字人民币跨境支付体系的发展前景受终端应用场景直接影响，建议通过对内总结经验、对外合作共建的方式先行先试，全面丰富数字人民币在大湾区的应用场景。其二是在不开通内地商业银行账户的前提下，进一步优化短期赴内地的港澳居民开立数字人民币钱包的业务流程，深度满足其在大陆地区的日常零售支付需求。其三是充分调动港资、澳资银行的积极性，通过其连通大湾区境内外金融市场的先天优势，推动数字人民币的境外特定支付场景试点，然后逐步向各种支付场景延伸。

参考文献

[1] 包宏. 美联储发行央行数字货币的基本概况、政策挑战以及对数字人民币的启示 [J]. 经济学家，2022 (6).

[2] 卜学民，马其家. 数字人民币跨境流动：动因、挑战与制度因应 [J]. 法治研究，2022 (1).

[3] 黄双双，黄志刚，王姗. 央行数字货币：影响及其挑战 [J]. 广东财经大学学报，2021 (5).

[4] 焦瑾璞，孙天琦，黄亭亭，等. 数字货币与普惠金融发展——理论框架、国际实践与监管体系 [J]. 金融监管研究，2015 (7).

[5] 景欣. 法定数字货币的支付场景前瞻及对策建议 [J]. 经济体制改革，2021 (2).

[6] 李华民. 国家金融学前沿探索（第一辑）[M]. 北京：中国金融出版社，2022.

[7] 李文红，蒋则沈. 分布式账户、区块链和数字货币的发展与监管研究 [J]. 金融监管研究，2018 (6).

[8] 李志鹏，邓暄，向倩. 数字人民币探索构建新型跨境支付体系的思考 [J]. 国际贸易，2021 (12).

[9] 刘超，李国成．数字金融发展会影响居民家庭货币需求吗？[J]．经济评论，2022（1）．

[10] 刘东民，宋爽．数字货币、跨境支付与国际货币体系变革 [J]．金融论坛，2020（11）．

[11] 马克，张泽栋．法定数字货币对货币创造体系的影响研究 [J]．经济纵横，2022（1）．

[12] 戚聿东，刘欢欢，肖旭．数字货币与国际货币体系变革及人民币国际化新机遇 [J]．武汉大学学报（哲学社会科学版），2021（5）．

[13] 沈伟，靳思远．信用货币制度、数字人民币和人民币国际化——从"数字钱包"到"多边央行数字货币桥"[J]．上海经济研究，2022（6）．

[14] 宋爽，刘东民．央行数字货币的全球竞争：驱动因素、利弊权衡与发展趋势 [J]．经济社会体制比较，2021（2）．

[15] 孙淑慧，苏强．重大疫情期医药研究报道质量监管四方演化博弈分析 [J]．管理学报，2020（9）．

[16] 汪天倩，朱小梅．人民币国际化水平测度及影响因素分析——基于双循环及国家金融视角下的实证研究 [J]．金融经济学研究，2022（6）．

[17] 王冰冰．法定数字货币对货币政策传导效率的影响——基于消费和信贷双摩擦视角 [J]．经济纵横，2022（10）．

[18] 王博，赵真真．央行数字货币发行对居民消费效用的影响 [J]．现代财经（天津财经大学学报），2022（1）．

[19] 谢星，封思贤．法定数字货币对我国货币政策影响的理论研究 [J]．经济学家，2019（9）．

[20] 杨东，郑清洋．从 TikTok 事件看数字人民币的路径选择：从流量入口到金融优势的转化 [J]．新疆师范大学学报（哲学社会科学版），2021（4）．

[21] 姚前，陈华．数字货币经济分析 [M]．北京：中国金融出版社，2018.

[22] 于施洋，王建冬，郭鑫．数字中国重塑新时代全球竞争力 [M]．北京：社会科学文献出版社，2019.

[23] 张敬思，李成刚．央行数字货币视角下的国际货币竞争：一个理论分析及模拟 [J]．国际经贸探索，2023（4）．

[24] 张阳．数字支付中心化规制的争议与可能[J]．中国流通经济,2019（7）．

[25] 赵恒，连飞，周延．法定数字货币的宏观经济影响及福利效应研

究——中共二十大报告关于建设现代中央银行制度的学理阐释［J］．金融经济学研究，2023（1）．

［26］ Agur I.，A. Ari，and G. Dell'Ariccia. Designing Central Bank Digital Currencies［J］. Journal of Monetary Economics，2022，125：62－79.

［27］ Andolfatto D. Assessing the Impact of Central Bank Digital Currency on Private Banks［J］. The Economic Journal，2021，131（634）：525－540.

［28］ Bank for International Settlements（BIS）. Central Bank Digital Currencies：Foundation Principles and Core Features［R］. BIS Reports，2020.

［29］ Barrdear J.，and M. Kumhof. The Macroeconomics of Central Bank Issued Digital Currencies［J］. Journal of Economic Dynamics and Control，2021，10：41－48.

［30］ Belke A.，and E. Beretta. From Cash to Central Bank Digital Currencies and Cryptocurrencies：A Balancing Act Between Modernity and Monetary Stability［J］. Journal of Economic Studies，2020，47（4）：911－938.

［31］ Bindseil U. Central Bank Digital Currency：Financial System Implications and Control［J］. International Journal of Political Economy，2019，4：303－335.

［32］ Brunnermeier M. K.，and D. Niepelt. On the Equivalence of Private and Public Money［J］. Journal of Monetary Economics，2019，106：27－41.

［33］ Chorzempa M. China，the United States，and Central Bank Digital Currencies：How Important is It to be First?［J］. China Economic Journal，2021，1：1－14.

［34］ Davoodalhosseini M. S. Central Bank Digital Currency and Monetary Policy［J］. Journal of Economic Dynamics and Control，2022，142：104－150.

［35］ Kahn C. M.，F. Rivadeneyra，and T. N. Wong. Should the Central Bank Issue E-money?［J］. Money，2019，1：1－18.

［36］ Kirkby R. Cryptocurrencies and Digital Fiat Currencies［J］. Australian Economic Review，2018，51（4）：527－539.

［37］ Laboure M.，M. Muller，and G. Heinz. Cryptocurrencies and CBDC：The Route Ahead［J］. Global Policy，2021，5：663－676.

［38］ Massimo F. M.，M. Arnaud，and S. Livio. Central Bank Digital Currency in an Open Economy［J］. Journal of Monetary Economics，2022，127：54－68.

［39］ Parlour C. A.，U. Rajan，and J. Walden. Payment System Externalities and the Role of Central Bank Digital Currency［J］. Journal of Finance，2022，77（2）：1019－1053.

ChatGPT 情感感知策略识别下的贸易新闻及其人民币汇率短期波动效应研究

郭　维　韩　迪　汪勃澄①

摘要：汇率的资产属性及其对外部经济政治环境的敏感性，使其在短期波动中极易受到贸易新闻引起的非理性预期的影响。将 ChatGPT 技术与爬虫技术、事件研究法、LSTM 模型相结合，实现贸易新闻事件的爬取、分类以及情感感知，并通过将 ChatGPT 赋予事件的标签作为特征值输入时序人工智能模型 LSTM 中，验证贸易新闻的人民币汇率的短期波动效应。结论如下：第一，贸易新闻事件会引起人民币汇率短期波动；第二，在贸易新闻事件中，负面新闻对人民币汇率短期波动效应较正面新闻而言更为显著；第三，在贸易新闻事件中，政策类事件对人民币汇率短期波动的影响大大高于会谈类事件；由美国引起的事件对人民币汇率短期波动的影响大大高于中美双方来源事件与中国来源事件。根据以上结论，货币当局应关注贸易新闻对外汇投资者以及汇率市场价格波动的传导效应，及时消除特殊事件给人民币汇率稳定、人民币国际化进程可能带来的消极影响。

一、文献综述与问题提出

汇率波动影响一国国际收支平衡、金融安全与稳定，也是货币政策选择与实施所必须考虑的关键因素，其决定机制和影响因素一直是学术界和各国货币当局关注的焦点。在开放的经济条件下，汇率波动受到复杂的国际、国内，政治、经济等因素的影响，然而在长期和短期中，其决定机制和影响因

① 作者简介：郭维，经济学博士，广东金融学院信用管理学院副教授，研究方向为人民币汇率和信用管理；韩迪，计算机技术及其应用专业博士，广东金融学院副教授，硕士生导师，开源中国 Gitee 技术顾问，研究方向为人工智能和推荐系统；汪勃澄，广东金融学院硕士研究生，研究方向为金融科技和机器学习。

素存在差异。汇率的中长期趋势主要受到一国经济的基本面和核心宏观经济变量的影响；而汇率的短期波动的背后则有更复杂多元化的政治经济诱因，例如货币政策改变（Yosuke Kido，2016）、政治事件发生、国际关系转向（Guo 等，2021）等。近年来，学术界开始关注不同事件对人民币短期波动的影响，笔者认为原因主要有两个方面，其一，关于汇率在长期中的决定机制，相关研究已经形成较为成熟的理论体系，如购买力平价学说、利率平价学说、国际收支说、资产市场说等汇率决定理论，从不同视角研究了汇率长期波动的决定因素，而对于短期波动的诱因，却尚未形成完整的研究架构；其二，随着人民币国际化和市场化推进，人民币汇率的市场化程度和波动弹性逐步提高，使其短期波动幅度扩大，且对外部事件的敏感度大大提升。

而新闻事件作为短期事件的典型别类，成为研究人民币汇率短期波动的重要工具。汇率的资产属性使其投资者易受非理性预期影响，对汇率具有潜在影响的事件通过新闻影响外汇市场参与者的市场预期，从而影响他们的投资决策，进而引起人民币汇率的短期波动，构成了各类事件影响人民币汇率短期波动的自实现过程和传导机制。20 世纪 70 年代末，Mussa（1979）基于传统汇率决定理论，结合理性预期假说，首次提出“新闻模型”。Frenkel（1981）对预期事件和未预期事件做了明确界定，分析得出影响汇率的关键因素是“新闻”，引起了学术界的广泛关注。朱孟楠和闫帅（2018）通过构建经济不确定性指数，研究中美经济新闻对在岸和离岸人民币汇率的影响，结论表明人民币汇率主要受与中国货币因素有关的经济新闻变量的影响。丁剑平和刘璐（2020）研究中国货币政策不确定性和宏观经济新闻的人民币汇率波动效应，认为中国的宏观经济新闻是影响人民币汇率的关键变量。孙少龙等（2022）构建了外汇新闻情感挖掘的汇率预测方法，发现外汇新闻情感极性和美元兑人民币汇率之间存在格兰杰因果关系和长期的协整关系。

关于中美贸易新闻对人民币汇率短期波动的影响。2018 年 3 月 23 日，中美发生了贸易摩擦。人民币汇率在国内外压力下大幅波动，学术界开始从多个角度探讨中美贸易摩擦对人民币短期波动的影响。如从中美贸易差额、中国对美国的直接投资和投资者避险情绪分析中美贸易摩擦对人民币汇率的传导渠道（鄂志寰，2018）；从中国对美国出口量持续高位运行、在商品上产生通缩效应分析中美贸易摩擦背景下人民币贬值原因（厉启晗，2019）；

评估中美贸易摩擦与人民币汇率之间的关系，探究不同类型事件对汇率波动的影响（Guo 和 Chen，2023）。此类文献主要从国际贸易框架、大国政治经济博弈分析等理论视角分析中美贸易摩擦对人民币汇率的影响。

在研究方法上，现有文献主要用计量经济学方法和人工智能技术分别研究新闻事件对汇率的影响。在计量方法中，一部分运用事件研究法定义新闻的事件期和估计期，并根据成功事件标准将事件分为“反转”“平滑”和“放大”，以评估事件对汇率的影响是否存在、影响程度大小（刘涛和周继忠，2011；郭维，2018）；另一部分文献通过构建政治压力指数（Liu 和 Pauwels，2012）、经济新闻指数（朱孟楠和闫帅，2018）测度新闻事件对人民币汇率收益率的影响；此类研究中运用了 RS - EGARCH - M（Ho 等，2017）、ARMA 和 GARCH（Guo 等，2021）等计量模型。随着人工智能技术在经济学领域的广泛应用，自然语言处理（NLP）技术被广泛用来研究财经新闻、财经评论、社交媒体等非结构化文本数据的情感极性。新闻情感分析主要有两大类方法，基于情感词典的新闻情感分析方法（孙少龙等，2022；任仙玲和邓磊，2019；Huang 等，2022；Semiromi 等，2020）和基于机器学习算法的新闻情感分析方法（张杰等，2021）。在此类研究中，计量经济学方法的劣势是对于事件的分类、估计和情感标识，仅限于人工手段，不能达到智能化技术的准确性和高效性；而人工智能技术的不足则在于对新闻事件的处理不够细化，擅长大样本数据在预测中的应用但未关注到不同类型事件对汇率短期波动的差异性，且当涉及文本预处理、情感词典构建等复杂工作时，难以实现完全智能化。同时，以上两种情感分析方法的准确性还依赖于词库的增量更新（韩迪等，2019），即如新闻出现词典未收录（更新）的词汇，会导致情感分析的模型性能受到影响。

本文首次利用在目前大语言类模型（Large Language Model，LLM）中性能先进且稳定的 GPT - 3. 5 - turbo 模型（截至 2023 年 6 月，OpenAI 公司使用的 ChatGPT 正式发布版依然是 GPT - 3. 5 - turbo 版本，本文中涉及 ChatGPT 以及 GPT 技术均指 GPT - 3. 5 - turbo 模型），探索相关贸易新闻对人民币汇率短期波动的影响。和以往处理外汇新闻情感不同的是，本文将 ChatGPT 技术运用到人民币汇率波动的研究中，ChatGPT 除了能够实现大量准确的自动化处理（新闻爬取、事件分类以及情感识别）等工作外，关键替代了过去研究中对新闻事件的文本预处理（如中文分词、词库构建、词典维护）等操作。即在确保准度的情况下，工作量却有着天壤之别。

同时，由于 ChatGPT 创造性地在其云语料库中用标注好的人工偏好作为奖励信号，促使训练模型越来越符合自然语言的认知理解模式，经过知识输入和在使用中持续调整策略，ChatGPT 更靠近自然的语言表达方式。因此在本文研究贸易新闻的情感感知的问题上，ChatGPT 表现出了比自然人或者主流算法更强的知识储备以及上下文理解的特点。

具体来说，本文首先利用 ChatGPT 与 BeautifulSoup 爬虫模型结合，收集 2017 年 1 月至 2019 年 12 月期间中美贸易相关新闻事件；其次运用 ChatGPT 引导式 Prompt 策略并结合事件研究法，实现对事件来源和类型进行准确分类，按照事件来源分为“中国”“美国”与“中美”事件，按照事件类型分为“政策类”“会议类”事件；再次利用训练后的 ChatGPT 模型，根据新闻事件对人民币汇率短期波动可能产生的影响，为各类事件赋予“正面”或“负面”标签；最后将 ChatGPT 赋予事件的标签作为特征值输入带有时序的人工智能模型 LSTM，验证不同类型的贸易新闻事件对人民币汇率短期波动影响的显著性。

本文的边际贡献主要体现在以下几点：第一，将 ChatGPT 技术与事件研究法相结合，运用到人民币汇率波动的研究中，与过去研究中对新闻事件的文本预处理相比，实现了对新闻事件的自动化的批量处理（爬取、分类、感知等）。更重要的是该方法替代了过去研究工作中对情感数据库的维护工作，无须事先建立数据库或进行额外的数据处理。第二，通过在 ChatGPT 中构建引导式 Prompt 策略，实现了对贸易新闻情感极性的自动判断。该策略通过引入行业领域上下文，旨在修正 LLM 的学习感知偏差问题。优化后的 ChatGPT 模型，对贸易新闻的情感极性分析较未经调整的 ChatGPT 准确度大大提高，且可以通过追加 Prompt 策略适应新的情境和领域。第三，将主流的机器学习方法（LSTM 模型）与 ChatGPT 赋予的情感标签相结合，验证正面与负面、会谈类与政策类、来自中国、美国与中美双方的贸易新闻对人民币汇率短期波动影响的显著性。

二、理论分析与假说提出

2017 年 1 月，特朗普就任美国总统后开始逆全球化地奉行保护主义及单边主义，并多次启动针对中国的贸易调查，使两国经贸关系持续陷入紧张局势。2018 年 3 月，特朗普宣布对美国进口的所有钢铁和铝分别征收 25% 和 10% 的关税，中美贸易摩擦正式开始。此后，中美贸易摩擦逐渐升级，两国互相加征关税、启动贸易调查和对相关企业进行贸易制裁的事件频发。2018 年 12 月，中美双方达成协议，贸易关系有所缓和，在 2019 年两国均放宽关税加征政策，并在 2020 年 1 月签署了第一阶段经贸协议。但从同年 3 月开始，美国又开始对中国商品加征关税并对中国企业采取限制措施，中美贸易摩擦在两国间政治经济领域多维度博弈中持续加剧。与此同时，伴随着中美贸易摩擦的跌宕起伏，中美双边汇率波动幅度持续扩大。人民币对美元汇率在 2017 年累计升值近 6%，2018 年 3 月中美贸易摩擦开始至 12 月累计贬值近 10%，8 月突破了“7”元大关，2019 年全年波动率接近 4.44%。

中美贸易摩擦的演化过程为研究新闻事件对人民币汇率短期波动的影响提供了生动素材。中美贸易新闻是否会对人民币汇率短期波动构成影响，将会构成多大程度的影响，与两方面因素有关，一是人民币汇率的市场化程度，该因素决定了人民币汇率短期波动是否可能受到外部事件影响，是贸易新闻向人民币汇率波动传导的必要条件；二是中美贸易新闻事件对人民币汇率的传导机制，该因素决定了贸易新闻事件是否具备向人民币汇率波动传导的有效机制和路径。

（一）贸易新闻事件对人民币汇率波动的传导条件：人民币汇率的市场化程度

通过汇率制度改革，人民币汇率基本实现了市场化目标，人民币汇率完成了从记账核算工具到宏观经济调节工具的转变，正在实现从宏观经济金融管理自变量到因变量的转变（丁志杰，2018）。人民币的市场化程度在贸易新闻事件对人民币汇率波动的传导中有着重要意义，是其影响效应发挥的必要条件。自 2005 年 7 月汇率形成机制改革以来，中国开始实行以市场供求为基础、参考一篮子货币进行调节、有管理的浮动汇率制度，人民币市场化和国际化进程也正式开启。2010 年 6 月央行提出“进一步推进人民币汇率形成机制改革，增强人民币汇率弹性”；同年，香港离岸人民币市场正式形成并得到快速发展；2015 年“811”汇改调整中间价形成机制，充分体现市场供求对汇率形成的决定性作用；2016 年 2 月，人民币兑美元汇率中间价形成机制更加明确，提高了汇率机制的规则性、透明度和市场化水平，人民币成为与美元、欧元、英镑和日元并列的第五种 SDR 篮子货币；2020 年以来，人民币对美元汇率年化波动率为 4.5%，与国际主要货币基本相当，其弹性强度基本实现了市场化目标。汇率市场化水平的提高会产生“信号效应”（宋科等，2022），当人民币汇率具有充分的弹性时，其受到外部事件影响的可能性也相应增大。人民币汇率的市场化程度加强了贸易新闻对其短期波动产生影响的可能性。

（二）贸易新闻事件对人民币汇率波动的传导机制：非理性预期与外汇市场微观结构

汇率“新闻模型”提出，未预期到的新闻事件是引起汇率波动的重要因素。而新闻事件向汇率传导的机制与非理性预期和外汇市场微观结构有着密切联系。首先是非理性预期。汇率的资产属性使其投资者易受非理性预期影响。非理性预期打破了有效市场假说关于汇率能够完全体现宏观基本面并反映所有市场信息的设定。受信息不对称和有限关注等因素影响，投资者在构建投资决策时，无法对全部信息进行关注，只能根据自己的学识、能力、经验等，选择关注部分信息，形成非理性的、异质性的投资决定。根据选择性注意理论，受众对外界信息具有主动选择能力，投资者为了追求自身利益，主动选择与自身需求相关性强的信息。从搜索成本理论角度来看，投资者在某项资产组合所投入的内部和外部的搜索成本，追求该项资产信息中所包含的有价值的部分，并结合自身的认知和收集到的信息进行分析，最终做出相关的投资决策。其次，外汇市场微观结构变化。外汇市场微观结构主要基于市场参与者的行为和市场特征来研究（姜波克，2001）。在非理性预期的影响下，新闻事件通过向市场参与者进行信息传递，改变投资者预期从而引起外汇市场微观结构变化。具体地，外汇市场投资者对贸易新闻的认知会通过交易行为反馈到外汇市场中，引起市场微观主体行为和市场预期的变化，并由市场参与者对某种方向的交易行为达成一致，最终导致汇率短期波动。对外汇市场投资者来说，人民币作为金融资产的一种，投资者为其分配关注度后，接受信息形成判断，买入或者卖出人民币资产，引起人民币汇率的变动（Peltomäki，2018；谷宇和郭苏莹，2020）。在中美贸易摩擦阶段，相关贸易新闻通常会引起投资者的高度关注，进而从两个方面对短期汇率波动产生影响。一方面，投资者关注并解读贸易新闻事件后会改变自己的市场预期，进而调整自身的投资组合从而引起汇率的短期波动；另一方面，外汇投资者对于不同类型的事件会形成乐观关注或悲观关注的投资者情绪，进而会通过采取不同方向的调整手段影响汇率。譬如，当正面事件发生时，投资者会将其视为利好信息，预判人民币汇率对美元升值；当负面事件发生时，投资者会将其视为利空消息，预判人民币汇率对美元贬值。如果上述逻辑成立，那么正面和负面贸易新闻将会引起人民币汇率非同方向的波动，并实现预期的自我强化。

根据以上两点，本文提出两个假说。

假说1：贸易新闻事件会引起人民币汇率短期波动。

假说2：在贸易新闻中，正面事件、负面事件，会谈类事件、政策类事件，来自中国、美国、中美双方的事件分别显著引起汇率在不同程度上的短期波动。

三、基于 ChatGPT 的引导式情感感知策略

人工智能技术历经了信息技术和数字技术发展的高级阶段，随着现阶段信息数据的海量底蕴和高速增长态势，使得人工智能的算法优化和场景适配精度提升成为可能（邓云峰和张年华，2023）。但人工智能技术的发展，一直存在智能能力突出而情感能力不足的问题。不足主要体现在不具备价值判断能力以及不稳定精准情感计算输出等方面，即在算法和算力均不充分的情况下，模拟情感感知的工作显得不够精准。而 LLM 模型通过对自然语言思维方式和表达习惯的技术性模仿，逐渐具备可以识别一些接近现实生活的“特殊场景”的情感感知。但这种感知，依然不是“真的理解”。

目前，在线实时更新的 NLP 模型已越来越多地应用于金融行业的自动化处理任务中，如文本分类、情感分析和自然语言生成。随着 transformer（Vaswani 等，2017）架构的提出，NLP 正式进入大语言类模型（large language model，LLM）时代，GPT 发展历程见图 1。

ChatGPT 是当下最先进的 LLM 模型，而已有的情感判断（感知）模型工作烦琐效率较低且技术门槛较高不宜推广，因此本文尝试将其应用于金融领域的情感感知中①，在确保准度的情况下，进一步提高处理效率和降低操

① ChatGPT 具有上下文理解能力，不仅可以做出情感判断，而且在整体语境中进行情感感知，识别出更准确的情感倾向。

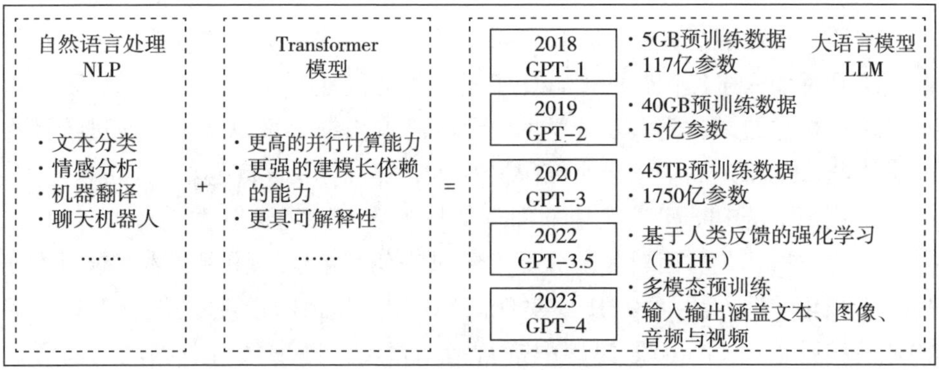

图 1　自然语言处理模型的发展历程

作难度。具体来说本文用到以下关键技术和架构：首先，本文选取 ChatGPT 而非其他模型，是因为其基于自注意力机制（Self – Attention）的深度神经网络（Transformer）的基本架构，该模型适合舆情分析与判断（Alejandro 和 Tang，2023），和过往模型相比，在提供贸易新闻时能够更准确地判断情感感知结果。其次，在爬取的贸易数据方面，本文对数据的分类整理上使用了基于人类反馈的强化学习（Reinforcement Learning from Human Feedback，RL-HF）技术，该技术结合奖励模型对文本生成模型的结果进行自动评估，并采用强化学习对文本生成模型进行优化，使其最终生成符合本文预期的文本。上述环节是 ChatGPT 内容生成能力提升的关键。再次，针对行业使用了指示调谐（Instruction Tuning）技术，基于指令描述，可以促使模型理解指令任务，从而生成预期文本。如用户输入“判断这句话的正负面情绪：中美迎来首次全面经济对话”，其中“判断这句话的对错”是指令描述，指令任务是对“中美迎来首次全面经济对话”进行情感判断，从而生成预期的答案文本“该句话正面”。最后结合思维链（Chain of Thought）技术，通过一系列前后关联的指令，可以辅助 ChatGPT 完成复杂的推理任务。本文输入的每条贸易新闻并不是孤立的数据个体，特别是前文判断的经验也可以影响后面输入的结果，而思维链技术可以有针对性地设计模型的指令输入，促使模型将整体推理任务拆解为包含多个链式步骤的任务。

虽然 ChatGPT 技术运用在贸易新闻的情感感知中相较于其他 NLP 模型性能表现优异，但在具体实施过程还存在以下问题：由于模型的训练数据来源于互联网上的文本，这些数据可能会存在一定偏差，例如文本的主题、来源和质量等，这可能会影响 ChatGPT 模型的性能。在本文研究数据中将中美贸易新闻数据输入未经调整的 ChatGPT 进行情感极性判断与分类统计，发现整体准确度欠佳，未达到人工分类的准度，且输出结果难以调用。通过统计人工分类与 ChatGPT 的输出异常结果进行研究发现，具体问题如下。

未经调整的 ChatGPT 无法准确理解任务含义、无法分类统计边界事件、输出内容非格式化、面对复杂分类问题时表现不稳定。针对上述问题，本研究基于强化学习方法（RLHF）实现循环迭代 ChatGPT 的分类统计策略。该策略的核心是在 ChatGPT 模型中进行指示调谐，即增加行业领域的引导式 Prompt 策略，从而实现 ChatGPT 对上下文情感的准确感知，提升 ChatGPT 在外汇领域的表现。以下述策略构建的分类统计算法如表 1 所示。

表 1　基于 ChatGPT 的引导式 prompt 策略伪代码

```
算法 1：ChatGPT 分类统计引导式策略
输入：新闻数据集 D，提示工程（Prompt Engineering）prompt，数据特征 d
输出：y_1 类型，y_2 事件来源，y_3 情感极性，y_4 子类型，
      X 整合分类统计结果后的数据集
提取数据集 D 中的事件标题 d_title
repeat
  for each d_title in D do
    初始化 model，temperature，message 参数
    y_1，y_2←prompt 1（d_title）//判断事件类型与来源
    X←d_title，y_1，y_2//X 为整合后的数据集
  end for
  for each d_title，y_1 in X do
    if y_1 为会谈类 then//判断情感极性并进行子类型分类
      y_3，y_4←prompt 2（d_title）
    elif y_1 为政策类 then
      y_3，y_4←prompt 3（d_title）
    X←y_3，y_4
  end for
  更新迭代 prompt//检查统计分类结果，判断边界事件类型
until 分类统计结果符合准度要求
```

第一，初始化提示，赋予 ChatGPT 角色属性。设置分隔符使 ChatGPT 准确理解任务并避免提示注入问题。

第二，检查边界事件特性，设置边界事件的处理方式。给出限制条件（如生成文本的长度、格式或特定的词语使用），可以影响模型生成的结果。

第三，设定行业领域的回答实例，要求 ChatGPT 根据实例输出内容并格式化输出以备后续调用。该操作指导模型以对问题进行回答的方式生成响应，可以帮助模型更好地理解问题的意图，并生成相关的回答。

第四，细化复杂的分类统计步骤，将分类统计任务拆分为数个子任务，令 ChatGPT 按照设定的步骤基于 RLHF 方法思考并完成任务。

四、研究设计

为了高效且准确地验证上述假说，本文首次将 ChatGPT 技术应用于金融领域的数据收集与数据挖掘中。首先，利用 ChatGPT 结合爬虫算法代替以往人工操作以及单一爬虫技术，收集 2017 年 1 月至 2019 年 12 月期间中美贸易相关新闻事件；其次，结合事件研究法，运用 ChatGPT 对事件来源和类型进行分类，按照事件来源分为“中国”“美国”与“中美”事件，按照事件类型分为“政策类”“会议类”事件；最后，通过对 ChatGPT 增加行业领域的“引导式”策略训练，使得 ChatGPT 模型能够根据新闻事件对人民币汇率短期波动可能产生的影响，为各类事件赋予“正面”或“负面”标签。

在此基础上，将 ChatGPT 感知结果与 LSTM 时序模型结合，即将 ChatGPT赋予事件的标签作为特征值输入时序模型 LSTM，验证两个假说。

（一）数据来源和样本区间

1. 数据来源。（1）汇率数据。本文使用的人民币汇率数据为美元兑人民币汇率（USD/CNY 即期汇率），从 Wind 数据库获取。（2）事件数据。本文通过 Python 的 OpenAI 库和 BeautifulSoup 库共同实现 ChatGPT 的爬虫模型，准确高效且自动化地收集中美贸易新闻事件，包括来自中美官方公开发布的政策类事件和会谈类事件。政策类事件包括两国出台的中美贸易相关政策或报告；会谈类事件包括两国之间的会晤/交涉/经济对话/磋商/访问/通话/沟通/联合声明等。事件数据来源基于美国贸易代表办公室网站、中国财政部官网、中国商务部官网、CCTV 网站、新华网、央视网、环球网、百度等渠道爬取，并调用 OpenAI 库下的 prompt 参数进行精确筛选。

2. 样本区间。本文样本区间为 2017 年 1 月 1 日至 2019 年 12 月 31 日。尽管中美贸易摩擦从 2018 年 3 月正式开启，但本文考虑到自特朗普 2017 年 1 月上台以来提出对中国展开贸易调查，中美贸易摩擦事件增加，使得中美经贸关系开始变得不稳定，同时人民币汇率也从 2017 年初开始出现较大幅度波动，因此将 2017 年 1 月 1 日作为样本期的起点。同时，为剔除疫情影响带来的干扰，将 2019 年 12 月 31 日作为样本终点。

（二）基于 ChatGPT 与事件研究法的人民币汇率短期波动研究

本文基于事件研究法研究思路，使用 ChatGPT 对中美贸易新闻进行分类统计（表 1 中 4 ~ 13 行），以此研究中美经贸关系对人民币汇率的影响，具体研究思路如下。

1. 定义事件。本文将事件定义为中美官方层面正式的、公开的经贸事件，包括来源于中方、美方和中美双方的贸易事件，事件类型进一步分为政策类和会谈类。政策类事件包括美国对中国发起贸易调查、美国或中国对另一国加征关税或减税、美国或中国对另一国企业增加贸易限制或减少贸易限制等事件；会谈类事件包括中美元首会晤、中美两国高级别贸易磋商、中美对话、签署贸易协议等。在 2017 年 1 月 1 日至 2019 年 12 月 31 日期间，收集到中美贸易新闻事件共 116 件。

2. 定义事件窗口。该做法的目的是分析事件发生前后人民币汇率的变化，因此事件窗口的长短成为研究特定事件对人民币汇率的影响的关键因素。事件窗口过短可能会由于事件影响的时滞性而忽略部分事件的影响，过长则容易出现事件叠加现象，从而难以区分开不同的独立新闻事件对汇率波动的影响。参考郭维（2017）对事件窗口的定义，使用事件前后 2 个交易日作为事件窗口长度，用来评估事件前后汇率的变化情况。

（三）基于 ChatGPT 与 LSTM 模型的人民币汇率短期波动研究

贸易新闻的发生是一个动态变化过程，投资者依据不同时点、不同类型、不同来源、不同色彩的新闻事件调整其投资行为，进而对人民币汇率产生影响。上述传导过程往往呈现为复杂的非线性关系。LSTM 模型部署到了真实金融场景中，由于相对于其他时间序列模型的优势而受到时间序列分类界的广泛关注。在分类精度方面，LSTM 都优于几种传统的时间序列分类模型，同时对数据的预处理要求最少。此外，LSTM 可以很容易地利用大量的时间序列数据进行扩展，即调整贸易新闻数据量模型无须特别更改。

因此，本研究使用能够挖掘使用变量之间的深层次关系并调用大量潜在有价值的非线性序列数据的 LSTM 模型进行短期汇率预测，同时将 ChatGPT 分类统计的中美贸易摩擦事件的标签作为特征值输入 LSTM 模型（以 2017 年 2 月 3 日的数据为例，LSTM 模型输入数据的特征信息见表 2）。为了提高模型拟合能力，进而提高汇率预测的稳定性，本文使用 Adam 优化器进行训练，采用 tune 框架对模型进行超参数调优，最终 LSTM 模型的超参数如表 3 所示。

表 2　　特征信息表

字段名称	字段类型	含义	样例
Date	string	时间	2017/2/3
USDCNY	float	人民币汇率数据	6. 8556
Trade	int	贸易事件发生与否	1
Neg	int	负面事件发生与否	1
Pos	int	正面事件发生与否	0
Policy	int	政策类事件发生与否	1
Talk	int	会谈类事件发生与否	0
CN	int	中国来源事件发生与否	0
US	int	美国来源事件发生与否	1
CN - US	int	中美双方来源事件发生与否	0

表 3　　LSTM 模型超参数设定

超参数名称	含义	参数值
Batch_size	模型每轮训练的样本数量	512
Time_step	时间步	7
Hidden_dim	隐藏层节点数	64
Num - layer	LSTM 模型的层数	1
Epochs	训练次数	500
Output_dim	输出节点的维度	1
Learn_rate	模型学习率	0. 01

五、实证结果分析

（一）事件期分类统计结果

本文对样本期间 116 个事件，实现 ChatGPT 循环迭代分类统计策略后结果如图 2 所示。116 个事件中，包括正面事件 52 个，负面事件 64 个，政策类事件 90 个，会谈类事件 26 个，中国来源事件 25 个，美国来源事件 65 个，中美双方来源事件 26 个。

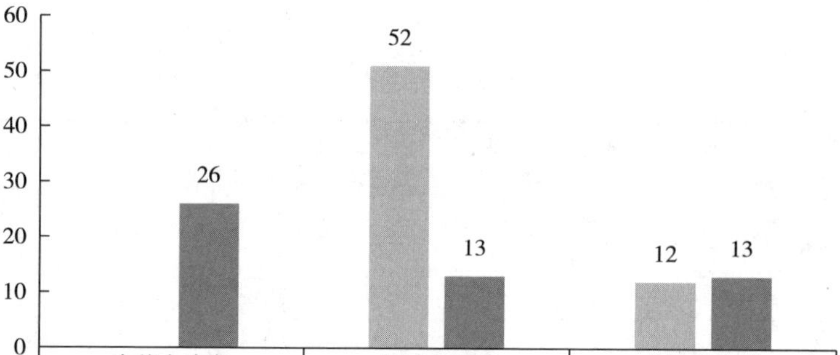

	中美会谈类	美国政策类	中国政策类
负面		52	12
正面	26	13	13

图 2　分类统计结果

同时根据事件窗口定义，本文需要对样本期间 116 个事件进行合并整理，具体做法参照以下三点。

1. 合并发生时间重合的新闻事件。新闻事件通常包括单日事件与持续数日的连续事件，如发起调查、加征关税等通常为单日事件，中美对话（会议或洽谈等）通常为连续事件，两类事件都可能发生时间上的重复，从而影响对同时期汇率波动估计的准确性。对此，本文的处理方法是，将这些事件进行合并，使之成为一个复合事件，而对于正面/负面影响的判断，则以其中最关键的事件对中美经贸关系的影响为准。如“美国公布拟对中国加征关税的商品清单”和“中国决定对美国进口价值 500 亿美元的 103 项商品加征关税”两个单日事件均发生在 2018 年 4 月 4 日，本文首先将两个事件分别命名为“美对中加征关税”和“中对美加征关税”，再将两个事件合并为一个事件期，影响为“负面”。

2. 合并发生在节假日内的多个新闻事件。节假日内发生的事件，其发生时间虽然没有重合，但是在评估时均是通过节假日前后的汇率数据来反映汇率的变化程度，评估单个事件与多个事件的效果一致，因此将节假日内发生的事件合并为一个事件期。如 2017 年 1 月 27 日到 2 月 2 日是一段春节假期，假期里发生了“美国将对从中国进口的大型洗衣机征收高额反倾销税”与“美国商务部就对华不锈钢板带材反倾销和反补贴调查作出终裁”两个不同单日的事件，则将两个事件合并为一个事件期。

3. 合并细分类型的事件。本文进一步将正面新闻分为中美对话、中加大对美采购、美对中企业暂停限制、美对中放宽关税政策、中对美放宽关税政策五类；负面新闻分为美发起调查、美将中列为汇率操纵国、美指责中、美对中企业增加限制、美对中加征关税、中对美加征关税六类。

合并后得到事件期共 110 个，统计结果如表 4 所示。

表 4　　事件子类型统计表

	事件子类	事件期数	备注
正面	中美对话	26	中美元首、中美经贸高级别官员的会谈和通话等事件
	中加大对美采购	1	
	美对中企业暂停限制	5	
	美对中放宽关税政策	7	
	中对美放宽关税政策	13	
负面	美发起调查	12	包含意图加征关税和实际加征关税两种事件
	美将中列为汇率操纵国	1	
	美指责中	6	
	美对中企业增加限制	6	
	美对中加征关税	23	
	中对美加征关税	10	

（二）LSTM 模型实证结果

1. 评价指标。本文采用在机器学习领域中针对回归问题常用的评价指标，具体包括平均绝对百分比误差（Mean Absolute Percentage Error，MAPE）、平均绝对误差（Mean Absolute Error，MAE）和百分比误差绝对值的标准差（Standard Deviation of Absolute Percentage Error，SDAPE）三个评价指标，对模型的预测精确度与稳定性进行评价，进而验证不同类型的新闻事件影响人民币汇率波动的显著性。其中，MAPE、MAE 的值越小代表模型预测精度越高，SDAPE 的值越小代表模型预测稳定性越高。公式如下：

$$MAPE = \frac{100\%}{n}\sum_{t=1}^{n}\left|\frac{\hat{y_t} - y_t}{y_t}\right| \tag{1}$$

$$MAE = \frac{1}{n}\sum_{t=1}^{n}\left|\hat{y_t} - y_t\right| \tag{2}$$

$$SDAPE = \sqrt{\frac{1}{n}\sum_{t=1}^{n}\left(\left|\frac{\hat{y_t} - y_t}{y_t}\right| - MAPE\right)^2} \tag{3}$$

其中，n 代表样本总量，y_t 代表实际值，$\hat{y_t}$ 代表预测值，t 代表数据序列编号。

2. 实证结果分析。为了验证不同类型的新闻事件影响人民币汇率波动的显著性，本文分别将人民币汇率数据（USDCNY）、人民币汇率数据结合贸易新闻事件（USDCNY_trade）、人民币汇率数据结合负面事件（USDCNY_neg）、人民币汇率数据结合正面事件（US－DCNY_pos）、人民币汇率数据结合政策类事件（USDCNY_policy）、人民币汇率数据结合会谈类事件（USDC-NY_talk）、人民币汇率数据结合中国来源事件（USDCNY_CN）、人民币汇率数据结合美国来源事件（USDCNY_US）、人民币汇率数据结合中美双方来源事件（USDCNY_CN－US）等作为特征值输入 LSTM 模型，以精确性与稳定性指标间接判断不同新闻事件影响人民币汇率波动的显著性。

对于假说 1 而言，对比 USDCNY 与 USDCNY_trade 的结果（见表 5）可知，将贸易新闻事件加入原有汇率预测模型（即第二行 USDCNY_trade）的汇率预测误差要优于仅使用汇率数据（即第一行 USDCNY）的模型，三个指标分别从 15. 851% 降低到 13. 785%、1. 109% 降低到 0. 962% 与 15. 692% 降低到 13. 648%，预测误差减小，意味着加入贸易新闻事件作为离散变量标记汇率数据后，模型预测能力得到有效提高，即贸易新闻事件确定会引起人民币汇率短期波动。

表 5　　　　基于贸易事件发生与否的 LSTM 汇率预测结果

评价指标	(1)	(2)
	USDCNY	USDCNY_trade
MAPE	15.851%	13.785%
MAE	1.109%	0.962%
SDAPE	15.692%	13.648%

对于假说 2 而言，对比 USDCNY、USDCNY_neg 与 USDCNY_pos 的结果（见表 6）可知，负面事件 USDCNY_neg 与正面事件 USDCNY_pos 的精确性与稳定性也同时均优于 USDCNY 模型，即对事件细分进一步提高模型的表现能力。值得一提的是，将负面事件 USDCNY_neg 和汇率数据作为特征值输入模型，其预测精确性与稳定性评价指标（13.022%、0.910% 与 12.893%）均优于使用正面事件 USDCNY_pos 和汇率数据输入模型（13.861%、0.969% 与 13.723%），即相较于使用正面事件标记汇率数据，使用负面事件进行标记可以更准确地捕捉到人民币汇率的短期波动，且负面事件比正面事件提升更明显，在所有输入的数据中模型表现次优。

表 6　　　　基于事件影响的 LSTM 汇率预测结果

评价指标	(1)	(2)	(3)
	USDCNY	USDCNY_neg	USDCNY_pos
MAPE	15.851%	13.022%	13.861%
MAE	1.109%	0.910%	0.969%
SDAPE	15.692%	12.893%	13.723%

对比 USDCNY_policy 与 USDCNY_talk 的结果（见表 7）可知，政策类事件 USDCNY_policy 的 MAPE、MAE 和 SDAPE 值（12.956%、0.905% 与 12.827%）显著低于会谈类事件 USDC - NY_talk（14.829%、1.037% 与 14.681%），证明政策类事件对汇率波动的影响较会谈类事件更为显著。

表 7　　　　基于事件类型的 LSTM 汇率预测结果

评价指标	(1)	(2)
	USDCNY_policy	USDCNY_talk
MAPE	12.956%	14.829%
MAE	0.905%	1.037%
SDAPE	12.827%	14.681%

对比人民币汇率数据结合中国来源 USDCNY_CN、美国来源 USDCNY_US 与中美双方来源 USDCNY_CN_US 的结果（见表 8）可知，使用美国来源事件标记汇率数据能有效提高模型的汇率预测能力，其 MAPE、MAE 和 SDAPE 值分别为（13.430%、0.938% 与 13.296%），使用中国来源事件（15.241%、1.066% 与 15.090%）与中美双方来源事件（14.846%、1.039% 与 14.698%）作为特征输入模型，对模型的预测能力影响不大。

表 8　　基于事件来源的 LSTM 汇率预测结果

评价指标	(1)	(2)	(3)
	USDCNY_CN	USDCNY_US	USDCNY_CN - US
MAPE	15.241%	13.430%	14.846%
MAE	1.066%	0.938%	1.039%
SDAPE	15.090%	13.296%	14.698%

综上所述，本文的两个假说都是成立的。对于假说 1，加入任何贸易新闻数据（除第一行外所有数据）都比没有加入新闻数据（第一行 USDCNY）时预测性能更好。对于假说 2，在假说 1 的基础上，把贸易新闻不同特征标签加入模型后，对影响汇率波动的显著性影响由高到底排序为：USDCNY_policy 政策类事件、USDCNY_neg 负面事件、USDCNY_US 美国来源事件、USDCNY_pos 正面事件、USDCNY_talk 会谈类事件、USDCNY_CN_US 中美双方来源事件、USDCNY_CN 中国来源事件。换言之，在汇率预测中加入政策类事件 USDCNY_policy 的预测性能表现最优，负面事件 USDCNY_neg 次之，正面事件、会谈类事件、中美双方来源事件与中国来源事件对汇率波动的影响并不显著。

六、结论

本文将 ChatGPT 技术应用在贸易新闻事件对人民币汇率短期波动影响的研究中。通过 ChatGPT 技术和爬虫技术、事件研究法和 LSTM 模型的结合，实现了贸易新闻事件的爬取、分类以及情感感知，并通过将 ChatGPT 赋予事件的标签作为特征值输入时序人工智能模型 LSTM 中，验证了本文提出的两个研究假说，并进一步得到了以下结论。

第一，训练后的 ChatGPT 技术应用在贸易新闻的情感感知中，与以往的人工处理或者通过新闻关键语句触发数据库提取情感判断的方法相比有以下优势：一是自动化处理。ChatGPT 可以快速处理大量的贸易新闻文章。相比人工处理，它可以在更短的时间内分析和处理大量文本数据。二是上下文理解能力。ChatGPT 可以理解上下文，并在整体语境中进行情感感知。它不仅依赖于关键语句，还可以综合考虑文章的整体内容，识别出更准确的情感倾向。三是强大的语言处理能力。ChatGPT 是一个经过大规模训练的语言模型，具有强大的语义理解和推理能力。它可以识别和理解贸易新闻中的复杂语言结构和隐含信息，从而比自然人或者主流语言处理模型更准确地判断情感。四是无须数据库提取。传统方法中，需要通过中文分词提取关键语句并与数据库进行匹配，以判断情感，技术难度和工作量都比较大，而 ChatGPT 可以直接对整个文本进行情感感知，无须事先建立数据库或进行额外的数据处理。五是适应新的情境。ChatGPT 可以通过追加训练的方式适应新的情境和领域。一旦有了新的贸易新闻数据，可以使用这些数据对 ChatGPT 进行进一步的训练，从而提高并扩展其在贸易新闻情感感知方面的准确性。此外，ChatGPT 结合引导式 Prompt 技术不只应用在贸易新闻的情感感知中，还可以应用于其他金融领域的研究中。

第二，贸易新闻事件会引起人民币汇率短期波动。随着近年来人民币汇率制度改革进程的加速与人民币国际化的逐步推进，人民币汇率的市场化水平有所提升，使人民币汇率的短期波动弹性增大，使之更易受到短期外部事件尤其是在中美贸易摩擦背景下的贸易新闻事件影响。此外，关于新闻事件对人民币汇率的潜在传导机制，投资者关注、非理性预期假说、“新闻模型”等理论已经提供了一系列解释，人民币离岸市场和在岸市场的互动性增强、贸易渠道和投资渠道的传导能力在资本项目逐步开放的背景下进一步扩大，这些因素都强化了贸易新闻事件对人民币汇率短期波动的影响效应。

第三，在贸易新闻事件中，负面新闻对人民币汇率短期波动的影响较正面新闻而言更为显著。由此可见，负面新闻大部分是导致中美贸易摩擦加剧的事件。相较而言，正面新闻中占比最大的中美会谈事件则更偏向中性色彩，为中美贸易关系带来可能的转机但也存在一定的不确定性。因此，负面新闻对人民币汇率波动的影响较正面新闻更强烈的研究结论，符合事件特征和理论预期。

第四，在贸易新闻事件中，政策类事件对人民币汇率短期波动的影响效应大大高于会谈类事件；由美国引起的事件对人民币汇率短期波动的影响效应大大高于中美双方来源事件与中国来源事件。政策类事件对汇率短期波动影响更显著的结论表明外汇市场投资者更容易受到与实际政策相关的贸易新闻影响，从而改变汇率预期，而对会谈类的贸易新闻则相对不敏感，一个可能的解释是后者通常在发生前已有市场预判且每个事件持续时间较长，因此对汇率短期波动的影响相对不显著。

参考文献

[1] 丁剑平，刘璐．中国货币政策不确定性和宏观经济新闻的人民币汇率效应［J］．财贸经济，2020（5）．

[2] 邓云峰，张年华．善用其器：人工智能技术应用与公司市场价值——基于中共二十大数字中国建设的微观识别［J］．金融经济学研究，2023（1）．

[3] 丁志杰，严灏，丁玥．人民币汇率市场化改革四十年：进程、经验与展望［J］．管理世界，2018（10）．

[4] 鄂志寰．中美贸易摩擦对人民币汇率的影响［J］．当代金融家，2018（7）．

[5] 郭维．美国对华汇率施压是否引起了人民币汇率异常报酬率［J］．财贸经济，2018（11）．

[6] 郭维．美国政治施压事件对人民币汇率的影响研究：2005—2016 年［J］．世界经济研究，2017（1）．

[7] 谷宇，郭苏莹．投资者关注会影响个体投资者的汇率预期吗？——基于银行代客结售汇数据的实证分析［J］．国际金融研究，2020（2）．

[8] 韩迪，李雯婷，王庆娟，等．增量学习的优化算法在 App 使用预测中的应用［J］．深圳大学学报（理工版），2019（1）．

[9] 姜波克．外汇市场的有效性理论述评［J］．浙江社会科学，2001（6）．

[10] 厉启晗．我国均衡汇率的再估算——基于中美两大国的 DSGE 模型［J］．世界经济与政治论坛，2019（1）．

[11] 刘涛，周继忠．外部压力是否推动了人民币升值？——基于 2005—

2010年美国施压事件效果的考察［J］．金融研究，2011（11）．

［12］任仙玲，邓磊．网络舆情对人民币汇率的冲击效应——基于中美贸易摩擦事件［J］．管理科学，2019（6）．

［13］宋科，朱斯迪，夏乐．双边货币互换能够推动人民币国际化吗？——兼论汇率市场化的影响［J］．中国工业经济，2022（7）．

［14］孙少龙，魏云捷，黎建强．基于在线外汇新闻情感挖掘的汇率预测研究［J］．计量经济学报，2022（2）．

［15］张杰，张永卿，翟东升．融合财经新闻信息的汇率波动预测［J］．系统工程，2021（3）．

［16］朱孟楠，闫帅．经济新闻的人民币汇率效应［J］．国际金融研究，2018（7）．

［17］Alejandro L., and Y. Tang. Can ChatGPT Forecast Stock Price Movements? Return Predictability and Large Language Models［EB/OL］. 2023. http://dx.doi.org/10.2139/ssrn.4412788.

［18］Frenkel J. A. Flexible Exchange Rates, Prices, and the Role of "News": Lessons from the 1970s［J］. Journal of Political Economy, 1981, 89 (4): 665-705.

［19］Guo W., Z., Chen, and A. Ševi Gombović. The Political Pressure from the US upon RMB Exchange Rate［J］. Journal of International Financial Markets, Institutions and Money, 2021, 73: 101293.

［20］Guo W., and Z. Chen. China-US Economic and Trade Relations, Trade News, and Short-term Fluctuation of the RMB Exchange Rate［J］. Review of International Economics, 2023, 31 (1): 180-203.

［21］Ho K. Y., Y. Shi, and Z. Zhang. Does News Matter in China's Foreign Exchange Market? Chinese RMB Volatility and Public Information Arrivals［J］. International Review of Economics & Finance, 2017, 52: 302-321.

［22］Huang A., Y. Zhang, J. Peng, and H. Chen. Application of Informetrics on Financial Network Text Mining Based on Affective Computing［J］. Information Processing & Management, 2022, 59 (2): 102822.

［23］Kido Y. On the Link between the US Economic Policy Uncertainty and Exchange Rates［J］. Economics Letters, 2016, 144: 49-52.

［24］Liu L., and L. L. Pauwels. Do External Political Pressures Affect the Renminbi Exchange Rate?［J］. Journal of International Money and Finance, 2012, 31 (6): 1800-1818.

[25] Mussa M. A Model of Exchange Rate Dynamics [J]. Journal of Political Economy, 1982, 90 (1): 74-104.

[26] Peltomäki J., M. Graham, and A. Hasselgren. Investor Attention to Market Categories and Market Volatility: The Case of Emerging Markets [J]. Research in International Business and Finance, 2018, 44: 532-546.

[27] Semiromi H. N., S. Lessmann, and W. Peters. News Will Tell: Forecasting Foreign Exchange Rates Based on News Story Events in the Economy Calendar [J]. The North American Journal of Economics and Finance, 2020, 52: 101181.

[28] Vaswani A., N. Shazeer, N. Parmar, J. Uszkoreit, L. Jones, A. N. Gomez, Ł. Kaiser, and I. Polosukhin. Attention Is All You Need [J]. Advances in Neural Information Processing Systems, 2017 (30).

第 3 篇
国家金融科技创新

绿色信贷政策与企业绿色创新

——基于绿色产业视角的经验证据

舒利敏　廖菁华　谢　振①

摘要： 基于绿色产业视角实证分析绿色信贷政策对企业绿色创新的影响及其作用机制，研究发现，绿色信贷政策对绿色企业的绿色创新具有显著促进作用，其主要作用机制是资源配置机制和需求拉动机制，且信贷资源配置机制效果存在一定的时滞。进一步分析发现，绿色信贷政策有效驱动了绿色产业中的小规模、公司治理水平较高企业的绿色创新；相较于无绿色信贷激励措施地区，绿色信贷政策对有绿色信贷激励措施地区企业绿色实用新型创新的促进效应更显著，对绿色发明创新的影响在两组样本中则无显著差异。因此，建议完善绿色信贷政策体系，挖掘和培育市场对绿色产品和服务的有效需求，引导实质性绿色创新，以促进绿色产业发展和发展方式绿色转型。

一、引言

绿色发展不仅是高质量发展的重要组成部分，也是解决碳排放问题和环境污染问题的根本之策。党的二十大报告指出“加快发展方式绿色转型，推动经济社会发展绿色化、低碳化是实现高质量发展的关键环节”。绿色产业是绿色低碳发展的产业支撑，发展绿色产业是构建现代化产业体系、实现发展方式绿色转型的重要路径，绿色技术创新则是绿色产业发展的核心驱动力。当前绿色发展面临的突出问题是绿色技术创新不足导致绿色产品和服务

① 作者简介：舒利敏，广东金融学院会计学院副教授，管理学博士，研究方向为绿色金融和企业环境治理；廖菁华，广东金融学院会计学院讲师，管理学博士，研究方向为企业社会责任信息披露和环境会计；谢振，中国邮政储蓄银行授信管理部，中南财经政法大学高质量发展研究中心研究员，经济学博士，研究方向为绿色金融、金融监管与风险管理。

成本过高，缺乏成本和价格优势，以致大量绿色产品和服务（如风电、光伏发电、新能源汽车、污水处理等）高度依赖财政补贴（马骏等，2020），绿色产业发展的市场化机制难以充分发挥作用。这一状况与企业绿色技术创新的特点及其面临的资金瓶颈有关。一方面，绿色技术创新具有周期长、回报慢、评估难、风险大等特征（韩国文和甘雨田，2022），导致企业绿色技术创新活动比传统创新活动融资更为困难；另一方面，绿色技术创新存在环境外部性导致的市场失灵，若没有外部政策干预，绿色创新活动通常难以从传统金融市场获得资金支持。

绿色信贷政策既是政府引导金融资源绿色配置的创新性举措，也是绿色发展资金支持体系的重要组成部分，其主要内容包括两个方面：一是严控“两高一剩”行业贷款，以限制重污染行业落后产能扩张，倒逼其转型升级；二是对绿色、低碳、循环经济提供倾斜性信贷支持，以促进绿色产业发展，实现经济发展方式转变。无论是重污染行业转型升级还是绿色产业发展壮大，绿色技术创新都是突破的关键点。那么，绿色信贷政策是否促进了上述领域的绿色技术创新？前文所述企业绿色技术创新面临的资金困境是否得到了缓解？

现有研究侧重探讨了绿色信贷政策对重污染行业企业①绿色创新的促进效应或抑制效应，对绿色信贷政策如何影响绿色产业企业绿色创新则鲜有关注。尽管基于重污染行业视角的探讨尚未形成一致结论，但现有文献基本支持绿色信贷政策促进或抑制重污染企业绿色创新的根源是“信贷限制”及其带来的环境规制成本。然而，绿色信贷政策在重污染行业和绿色产业执行的是“限制”和“扶持”两种不同的授信政策（即限制重污染行业企业贷款、支持绿色产业企业贷款），信贷供给在上述两个领域表现为信贷规模“收缩”和“扩张”两种完全不同的方向；在企业层面，绿色信贷政策可能导致重污染企业融资环境恶化、遵从成本增加，却可能改善绿色企业融资环境，并催生市场对绿色企业减污降碳技术及其产品和服务的有效需求，有助于增加其收益。因此，绿色信贷差异化的授信政策在重污染行业和绿色产业两个领域的效果及其传导机制可能存在差异，绿色信贷政策在绿色产业的绿

① 下文中“重污染行业企业”和“重污染企业”根据表达需要可能存在交替使用情况，其含义相同；同样地，下文“绿色产业企业”和“绿色企业”根据表达需要也可能存在交替使用情况，其含义相同。

色创新效应及其作用机制尚有待探讨和验证。

鉴于此，本文基于绿色产业视角，以 2012 年出台的《绿色信贷指引》作为准自然实验，采用双重差分法考察绿色信贷政策对绿色产业企业的绿色创新效应。具体地，本文侧重考察绿色信贷政策是否促进了绿色企业的绿色创新及其影响机制，并进一步考察绿色信贷政策是否驱动了绿色技术创新的薄弱环节——中小企业绿色创新，以及不同公司治理水平与不同地方政府绿色信贷配套激励措施下，绿色信贷对绿色创新影响的差异。

本文的边际贡献主要体现在：第一，将绿色信贷政策对微观企业绿色创新的影响研究从重污染行业拓展到绿色产业。现有研究侧重从重污染行业角度探讨绿色信贷政策对企业绿色创新的影响，对绿色信贷政策如何影响绿色产业企业的绿色创新鲜有关注。本文基于绿色产业视角提供了绿色信贷政策影响企业绿色创新及其作用机制的证据，为全面理解绿色信贷政策效果及其传导机制提供了微观经验支撑。第二，拓展了绿色信贷政策影响企业绿色创新的作用渠道。现有文献主要从企业创新供给层面解释了绿色信贷政策影响企业绿色创新的作用机制，本文在此基础上将需求因素纳入绿色信贷政策与企业绿色创新分析框架，为如何从需求端驱动企业绿色创新和构建市场导向的绿色技术创新体系提供了借鉴。第三，考察了不同地方政府绿色信贷配套激励措施下，绿色信贷政策对企业绿色创新影响的差异，对地方绿色信贷配套政策优化和精准实施具有一定的参考价值，有助于绿色信贷政策全方位、深层次推进。

二、文献综述

绿色信贷政策本质上是环境规制政策，与本文相关的一组文献是环境规制对微观企业绿色创新的影响研究，主要围绕波特假说（Porter 和 Van der Linde，1995）展开。一部分研究结果支持波特假说，认为环境规制通过降低环境投资价值的不确定性、产生外部创新压力、增加遵从成本等，导致企业不得不寻求环境问题的根本性解决方案（如重构产品或生产过程）以降低成本，进而触发创新（Jaffe 和 Palmer，1997；齐绍洲等，2018；李青原和肖泽华，2020）。另一部分质疑波特假说的研究则认为环境规制导致的遵从成本挤占了创新资源，对企业绿色创新或总创新产生抑制效应（Carrión - Flores 等，2013；Shen 等，2019）。绿色信贷政策对企业创新的影响研究亦在上述框架中展开，一部分基于波特假说的研究发现绿色信贷政策实施后，重污染行业企业创新投资水平更高（张媛媛等，2021），技术创新产出增加（刘强等，2020），绿色技术创新产出显著提高（Gao 等，2022），但绿色创新质量并未提升（王馨和王营，2021；Liu 等，2021）。与之相反的观点则认为，绿色信贷政策实施对重污染行业企业形成的信贷约束效应和成本遵循效应导致重污染行业企业创新投资减少（谢乔昕和张宇，2021），技术创新产出（陆菁等，2021；于波，2021）和绿色技术创新产出下降（曹廷求等，2021；杨柳勇和张泽野，2021），行业绿色技术进步率亦下降（刘传江等，2022），并未形成波特效应。少量基于环保企业技术创新视角的文献发现，绿色信贷有助于环保企业增加研发投入，因而对环保企业技术创新具有促进作用（何凌云等，2019）。

已有文献对环境规制、绿色信贷与企业绿色创新的关系进行了丰富探讨，但由于研究角度、对象和方法的不同，尚未形成一致结论，且对以下问题关注不够：第一，已有文献侧重考察绿色信贷政策对重污染行业企业总创新或绿色创新的影响，对绿色信贷政策在绿色产业的绿色创新效应关注不够；第二，作用机制方面，已有文献多从信贷约束、遵从成本、代理成本、研发投入和投资效率等企业技术创新供给的角度探讨绿色信贷政策影响企业总创新或绿色创新的作用机制，忽略了需求因素的作用；第三，绿色信贷“有保有压”的差异化授信政策可能导致绿色信贷政策对重污染行业企业和绿色产业企业的绿色创新影响存在异质性，已有文献对这种可能的异质性影响缺乏关注，因而在采用 DID（Difference - in - difference Model）方法时未能在处理组中区分重污染行业企业和绿色产业企业，两组处理组互相干扰可能对研究结论产生一定的影响，从而影响研究结论的一致性。

三、理论分析与研究假说

绿色信贷政策通过引导金融资源绿色配置将“环境外部性”内部化，从绿色创新资源和意愿两个方面影响绿色产业企业的绿色创新。

从绿色创新资源来看，绿色信贷政策通过资源配置机制为绿色企业的绿色创新提供资源支持。一方面，绿色信贷政策在资金供给环节将环境保护的正外部性内部化，通过对绿色低碳循环经济领域提供定向倾斜性信贷支持，使包括绿色技术创新项目在内的绿色项目能够获得更多、更优惠的信贷资源支持，有助于缓解绿色技术创新项目面临的融资约束。另一方面，绿色信贷政策向市场传递了政府支持经济绿色低碳循环发展的信号，有助于提高外部利益相关者向绿色企业提供资金支持的意愿，吸引更多社会资源流向绿色产业和绿色企业，缓解绿色创新活动的融资约束。

当然，绿色信贷除了可以为企业绿色创新项目提供直接的资金支持外，还可以为其提供间接的资金支持。绿色信贷政策不仅可以增强银行为绿色企业的绿色项目运营提供信贷资金的意愿，还可以传递政府支持绿色产业和绿色企业发展的信号，增加上下游供应商向绿色企业提供的商业信用，促使企业可以将更多的内部资金及其他外部融资方式获得的资金用于绿色创新项目，进而推动企业进行绿色创新活动。

从绿色创新意愿来看，绿色信贷政策通过需求拉动机制激发绿色企业的绿色创新动力。技术创新的需求拉动假说认为，技术创新具有高失败率和高研发成本特征，市场需求规模扩大有利于分摊研发成本，降低技术创新风险，提高技术创新的预期收益，进而激励企业投入资源进行研发创新（Judd，1985；范红忠，2007）。根据需求拉动假说，绿色信贷政策通过信贷环境风险控制将环境污染的外部性成本内部化，强化了市场对减污降碳技术及其装备、服务的有效需求，需求规模扩大降低了绿色技术研发的单位成本，从而激励企业进行绿色创新。具体而言，绿色信贷政策通过在授信环节设置环境准入门槛，从资金源头切断对环境污染行为的支持，将环境污染的社会成本内化为污染者的私人成本，倒逼污染企业进行环境治理。此时污染企业有两个选择：末端治理或绿色转型。污染企业进行末端治理或绿色转型均需要以绿色技术为依托，而绿色技术有两个来源：一是污染企业以现有生产流程改造为基础进行自主研发；二是从外部引进绿色技术、装备及其工艺。然而，污染企业自主研发绿色技术面临资源和时间约束。从资源层面来看，一方面，绿色信贷政策通过信贷约束减少了污染企业的信贷融资及其他债务融资（苏冬蔚和连莉莉，2018），导致污染企业面临更严重的融资约束。另一方面，绿色信贷政策通过设置环境准入门槛倒逼污染企业投入更多资源进行环境治理，挤出了企业技术创新资源，导致其被动减少技术创新（陆菁等，2021）。从时间层面来看，由于绿色技术研发周期长且不确定性强，面临严峻的市场竞争环境，污染企业要在短期内实现节能减排合规甚至绿色转型，完全依赖自主研发不具有普适性和可行性。因此，从绿色企业引进减污降碳技术、装备及服务或采取“从绿色企业引进”与“自主研发”相结合的方式实现减污降碳乃至绿色转型目标是污染企业相对现实和可行的选择。这将扩大市场对绿色企业减污降碳技术及其产品和服务的需求规模，进而驱动绿色企业进行绿色创新。市场对绿色技术及其产品或服务的有效需求是激励绿色产业企业持续进行绿色技术创新的动力。由此，提出本文的研究假说1。

假说1：绿色信贷政策实施后，相较于非绿色产业企业，绿色产业企业的绿色创新显著增加。

四、研究设计

（一）样本选择与数据来源

本文以2008—2019年A股上市公司为原始样本，在此基础上，按照双重差分模型的原理构造处理组与对照组。如引言所述，绿色信贷差异化的授信政策导致绿色信贷政策实施后，重污染行业和绿色产业都会受到政策影响，且这种“有保有压”的授信政策导致两个领域的企业受政策影响的效果可能存在差异。因此，本文将重污染行业企业和绿色产业企业均设置为绿色信贷政策效应研究的处理组。同时，考虑到两组处理组样本受影响的效果可能存在差异，为了避免两组处理组互相干扰，进一步将两组处理组分离。首先，参考沈洪涛和马正彪（2014）的方法，根据原环境保护部发布的《上市公司环保核查行业分类管理名录》关于重污染行业的界定，将火电、钢铁、水泥等16个行业界定为重污染行业，将上述行业企业界定为重污染企业，即受绿色信贷限制处理组。其次，依据国家发展改革委等7部门发布的《绿色产业指导目录（2019年版）》（以下简称“指导目录”）关于绿色产业的界定，将主营业务属于节能环保、清洁生产、清洁能源、生态环境、基础设施绿色升级和绿色服务6个方面的企业界定为绿色企业①，即绿色信贷支持处理组。再次，将上述两类企业之外的其他企业作为对照组。最后，由于本

① “指导目录”详细列示了绿色产业6个一级子目下属的33个二级子目和208个三级子目。绿色企业的判断采用文本分析法，基于Wind数据库公司资料数据，根据公司经营范围、主营业务描述，将公司主营业务属于绿色产业三级子目的企业界定为绿色企业。

文主要关注绿色信贷政策对绿色企业的效应，因此将绿色信贷限制组样本剥离，即绿色信贷支持组与对照组样本是本文的研究对象。同时，本文剔除了金融类公司、ST 类公司、数据异常以及数据缺失的公司。经过上述筛选，最终得到 12385 个观测值，其中，绿色信贷支持组观测值 2432 个，对照组观测值 9953 个。

本文的数据主要包括三部分：一是企业绿色创新数据。首先从色诺芬数据库（CCER）中的专利数据库获取所有 A 股上市公司的专利及其专利分类号信息，其次将其与世界知识产权组织（WIPO）网站公布的“国际专利分类绿色清单”（IPC Green Inventory）列示的绿色专利分类号进行匹配，由此获得企业每年绿色发明专利和绿色实用新型专利申请数量。二是公司特征数据，主要来自国泰安数据库。三是地区人均 GDP 数据，来自《中国统计年鉴》。同时，对模型中的主要连续型变量在 1% 和 99% 分位点进行缩尾处理。

（二）模型构建及变量定义

参考陆菁等（2021）、李青原和肖泽华（2020），本文构建双重差分模型检验绿色信贷政策对绿色企业绿色创新的影响，见式（1）。

$$Y_{it+1} = \alpha_0 + \alpha_1 Green_i + \alpha_2 Post_t + \alpha_3 Green_i \times Post_t + \sum \alpha_k Controls_{it} + v_t + \delta_i + \varepsilon_{it} \tag{1}$$

其中，被解释变量 Y_{it+1} 表示 i 企业第 $t+1$ 年的绿色创新表现，参考王馨和王营（2021）的方法，采用绿色专利（$Lngpat_{it+1}$）、绿色发明（$Lngpatinv_{it+1}$）、绿色实用新型（$Lngpatum_{it+1}$）申请数量加 1 后取自然对数衡量。关键解释变量是绿色信贷政策（$Post_t$）与组别属性（$Green_i$）的交乘项，即 $Green_i \times Post_t$。其中，$Green_i$ 为组别虚拟变量，若企业为绿色企业取值为 1，否则为 0；$Post_t$ 为绿色信贷政策实施虚拟变量，2012 年及以后赋值为 1，否则为 0。α_3 是本文主要关注的参数，若绿色信贷政策对绿色企业绿色创新产生促进效应，则 α_3 应显著为正；否则，α_3 显著为负或不显著。

$Controls_{it}$ 为一系列控制变量，包括企业规模（*Size*，总资产取自然对数）、财务杠杆（*Lev*，总负债与总资产之比）、企业绩效（*Roa*，净利润与总资产之比）、现金流量比（*Cfo*，经营活动现金流量净额与总资产之比）、企业成长性（*Tobinq*，市值/总资产）、市场势力［*Market*，（销售收入/营业成本）取自然对数］、资本密度［*Density*，（固定资产总额/员工数量）取自然对数]、企业年龄（*Age*，企业成立年限取自然对数）、股权集中度（*Top*，第一大股东持股比例）、产权性质（*SOE*，国有企业取值为 1，否则为 0）、各省人均 *GDP* 增长指数（*PGDP*，上年同期为 100）。v_t 为时间固定效应，δ_i 为行业固定效应，ε_{it} 为随机扰动项。

（三）描述性统计

主要变量描述性统计如表 1 所示。从表 1 中可以看出，企业绿色创新水平（Ln*gpat*）均值为 0.421，标准差为 0.864，最小值为 0，最大值为 6.441，中位数为 0，说明不同企业间绿色创新水平差异较大，且多数企业没有进行绿色创新。同时，绿色发明（Ln*gpatinv*）和绿色实用新型（Ln*gpatum*）的均值分别为 0.293 和 0.254，标准差分别为 0.705 和 0.626，说明企业绿色发明申请数量略高于绿色实用新型申请数量，且不同企业间绿色发明申请数量和绿色实用新型申请数量同样存在较大差异。

表 1　　主要变量描述性统计

变量	观测值	平均值	标准差	最小值	中位数	最大值
Ln*gpat*	12385	0.421	0.864	0	0	6.441
Ln*gpatinv*	12385	0.293	0.705	0	0	6.111
Ln*gpatum*	12385	0.254	0.626	0	0	5.347
Green	12385	0.196	0.397	0	0	1
Post	12385	0.757	0.429	0	1	1
Size	12385	21.753	1.130	19.540	21.623	25.261
Lev	12385	0.389	0.196	0.047	0.380	0.861
Roa	12385	0.012	0.016	−0.089	0.011	0.120
Cfo	12385	0.041	0.068	−0.159	0.038	0.246
Tobinq	12385	2.143	1.289	0.936	1.730	8.486
Market	12385	0.379	0.284	0.007	0.302	1.611
Density	12385	12.229	1.006	9.304	12.262	14.973
Age	12385	2.639	0.427	1.099	2.708	3.434
Top	12385	34.106	14.225	8.803	32.139	70.289
SOE	12385	0.331	0.470	0	0	1
PGDP	12385	107.777	2.295	100.700	107.360	116.300

五、实证结果分析

（一）基准回归结果：绿色信贷政策对绿色企业绿色创新的促进效应检验

表 2 报告了绿色信贷政策对绿色企业绿色创新影响的回归结果。第（1）~（3）列控制了年度和行业效应，第（4）~（6）列则进一步加入了控制变量，结果显示交互项 *Green* × *Post* 对绿色专利总量（Lng*pat*）、绿色发明（Lng*patinv*）和绿色实用新型（Lng*patum*）的回归系数均在 1% 的水平上显著为正，说明绿色信贷政策对绿色企业的绿色创新总水平、绿色发明创新和绿色实用新型创新均具有显著的促进作用，假说 1 得到验证。

表 2　　绿色信贷政策对绿色企业绿色创新的影响

Variables	(1)	(2)	(3)	(4)	(5)	(6)
	Lngpat	Lngpatinv	Lngpatum	Lngpat	Lngpatinv	Lngpatum
Green × *Post*	0.183 *** (3.676)	0.157 *** (3.987)	0.129 *** (3.452)	0.135 *** (2.816)	0.121 *** (3.217)	0.097 *** (2.651)
Green	0.418 *** (9.859)	0.289 *** (8.768)	0.302 *** (9.377)	0.336 *** (8.277)	0.225 *** (7.182)	0.247 *** (7.854)
Post	0.122 *** (3.601)	0.098 *** (3.642)	0.071 *** (2.973)	0.100 ** (2.504)	0.044 (1.361)	0.079 *** (2.761)
Size				0.230 *** (22.176)	0.192 *** (21.857)	0.133 *** (17.492)
Lev				0.219 *** (5.017)	0.134 *** (3.798)	0.178 *** (5.816)
Roa				3.121 *** (6.820)	2.063 *** (5.587)	2.374 *** (7.367)
Cfo				0.042 (0.391)	0.009 (0.103)	0.067 (0.861)
Tobinq				0.016 *** (2.783)	0.020 *** (4.127)	0.005 (1.134)
Market				−0.022 (−0.873)	0.012 (0.542)	−0.070 *** (−4.566)

续表

Variables	(1)	(2)	(3)	(4)	(5)	(6)
	Lngpat	Lngpatinv	Lngpatum	Lngpat	Lngpatinv	Lngpatum
Density				-0.067*** (-8.412)	-0.063*** (-9.647)	-0.018*** (-3.282)
Age				-0.007*** (-5.031)	-0.006*** (-4.727)	-0.004*** (-4.012)
Top				-0.002*** (-3.038)	-0.002*** (-4.062)	-0.000 (-0.864)
SOE				-0.034* (-1.933)	-0.005 (-0.349)	-0.051*** (-4.090)
PGDP				0.005 (1.300)	-0.002 (-0.546)	0.009*** (3.857)
_Cons	0.305*** (4.582)	0.161*** (3.202)	0.225*** (4.572)	-4.294*** (-9.542)	-3.010*** (-8.178)	-3.443*** (-10.846)
Year	Yes	Yes	Yes	Yes	Yes	Yes
Industry	Yes	Yes	Yes	Yes	Yes	Yes
N	13010	13010	13010	12385	12385	12385
Adj R^2	0.108	0.090	0.106	0.198	0.181	0.175

注：***、**、*分别表示在1%、5%、10%的水平上显著；括号内为t值；表3～表9同。

（二）平行趋势检验与动态效应

为检验样本是否满足平行趋势假说以及绿色信贷政策对绿色企业绿色技术创新影响的动态效应，参考苏冬蔚和连莉莉（2018）的做法，构建模型（2）进行检验。

$$Y_{it+1} = \alpha_0 + \alpha_1 Green_i + \sum \alpha_t Year_t + \sum \theta_t Green_i \times Year_t + \sum \alpha_k Controls_{it} + v_t + \delta_i + \varepsilon_{it} \quad (2)$$

其中，以《绿色信贷指引》实施前的第4年（即2008）年为基准，$Year_t$ 为2009—2018年的一系列年度虚拟变量，$Green_i \times Year_t$ 为新的双重差分变量，θ_t 为新的双重差分系数。其他变量定义同模型（1）。

图1和图2绘制了95%置信水平下 θ_t 的估计值及置信区间。从图1和图2中可以看出，$Green_i \times Year_t$ 对绿色专利（Lngpat）和绿色发明（Lngpatinv）

的回归系数 θ_t 在绿色信贷政策实施前 3 年均不显著，说明处理组和对照组的绿色专利和绿色发明产出在绿色信贷政策实施前不存在显著差异，满足平行趋势假说。同时，从绿色信贷政策实施第 3 年开始，直到 2018 年，$Green_i \times Year_t$ 对绿色专利和绿色发明的回归系数 θ_t 均显著为正①，说明绿色信贷政策对绿色企业的绿色专利和绿色发明促进作用存在一定的时滞，可能与绿色技术创新的长周期特征有关。从政策的动态效应来看，绿色信贷政策持续推进对企业绿色创新的促进作用逐年增强，直到 2016 年效应达到最大②。

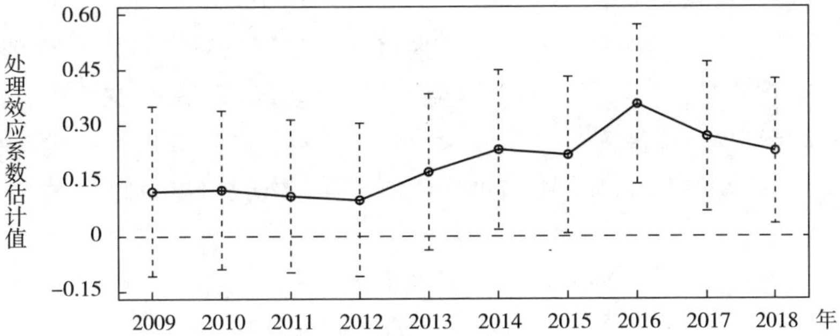

注：图 1 和图 2 中实线代表回归系数估计值，虚线代表 95% 水平的置信区间。

图 1　绿色信贷政策对 Lng*pat* 的动态效应

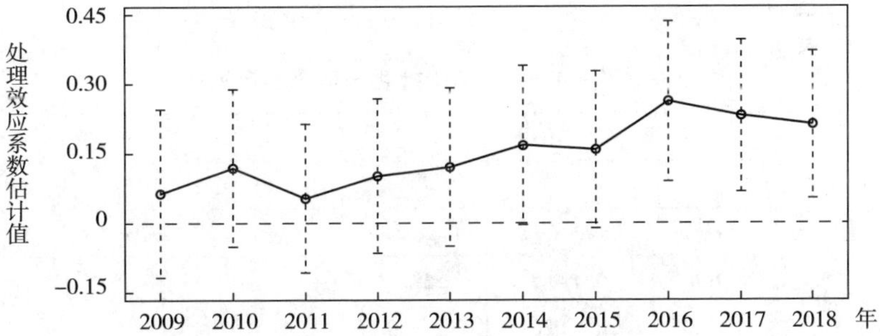

注：图 1 和图 2 中实线代表回归系数估计值，虚线代表 95% 水平的置信区间。

图 2　绿色信贷政策对 Lng*patinv* 的动态效应

---

① 图 2 中回归系数 θ_t 的估计值区间在 2014 年、2015 年略超过 0 是因为置信水平设置为 95%，未报告的结果显示，在 90% 的置信水平下，系数 θ_t 的估计值在 2014 年、2015 年均显著大于零。

② 限于篇幅，本文没有报告绿色实用新型（Lng*patum*）的动态效应检验结果，其结果满足平行趋势假说，其动态效应变化特征与绿色专利（Lng*pat*）基本一致。

（三）稳健性检验

1. 倾向得分匹配（PSM）检验。为避免由于处理组和对照组存在显著差异导致的估计偏误，采用倾向得分匹配方法进行验证。具体而言，选取模型（1）中企业层面控制变量为特征变量（斯丽娟和曹昊煜，2022），采用 *K* 近邻卡尺匹配方法（$K=3$）为处理组样本匹配对照组，并基于匹配后的样本对模型（1）重新进行回归。表 3 第（1）～（3）列的检验结果显示，经过倾向得分匹配后，*Green* × *Post* 对三类绿色创新的回归系数至少在 5% 的水平上显著为正，与表 2 结果基本一致。

2. 重新定义处理组。为避免处理组样本界定偏差对回归结果的影响，根据 Wind 数据库长江证券行业分类重新界定处理组。Wind 数据库中长江证券行业分类三级子目详细列示了与绿色产业直接相关的行业及行业内上市公司名单，包括环保行业（含大气治理、固废治理、环境监测、节能节水、水处理、土壤修复等）、新能源设备及制造、新能源车设备、环保设备、新能源发电运营、水电发电运营、园林建设、环境与可靠性实验等行业。本文将长江证券行业分类中属于上述行业的上市公司界定为处理组，其他行业公司界定为对照组，形成新的组别虚拟变量 *Greencj*，并重新对模型（1）中进行检验。表 3 第（4）～（6）列的结果显示，*Greencj* × *Post* 对三类绿色创新的回归系数均在 1% 的水平上显著为正，与前文结论一致。

表 3　稳健性检验：PSM－DID 检验＋重新界定处理组

Variables	PSM－DID 检验			重新界定处理组		
	（1）	（2）	（3）	（4）	（5）	（6）
	Lngpat	Lngpatinv	Lngpatum	Lngpat	Lngpatinv	Lngpatum
Green × *Post*	0.124** (2.450)	0.120*** (3.026)	0.087** (2.250)			
Greencj × *Post*				0.234*** (3.489)	0.175*** (3.443)	0.208*** (3.913)
Controls	Yes	Yes	Yes	Yes	Yes	Yes
Year	Yes	Yes	Yes	Yes	Yes	Yes
Industry	Yes	Yes	Yes	Yes	Yes	Yes
N	6859	6859	6859	12385	12385	12385
Adj R^2	0.212	0.199	0.184	0.173	0.161	0.150

3. 安慰剂检验。为检验估计结果是否由其他不可观测因素导致，本文参考 Cai 等（2016）的研究，通过随机分配处理组进行安慰剂检验。具体而言，从基准回归的 12385 个样本中随机分配处理组和对照组代入模型（1）进行检验，并重复上述过程 1000 次。图 3 和图 4 分别绘制了被解释变量为绿色专利（Lngpat）和绿色发明（Lng*patinv*）时，1000 次随机生成实验组和对照组的 *Green*×*Post* 估计系数核密度及对应 P 值的分布情况。从图 3 和图 4 中可以看出，*Green*×*Post* 的系数估计值集中分布在 0 附近，且大部分系数估计值的 P 值大于 0.1。同时，图 3 和图 4 竖线代表的基准回归系数在安慰剂检验中是异常值。由此可见，上述估计结果并非由其他不可观测因素驱动①。

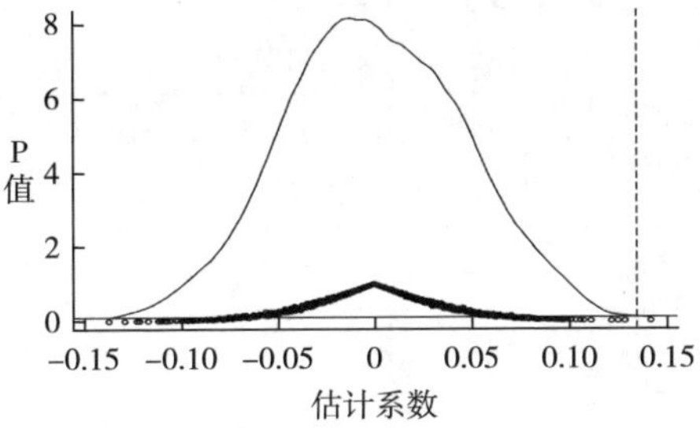

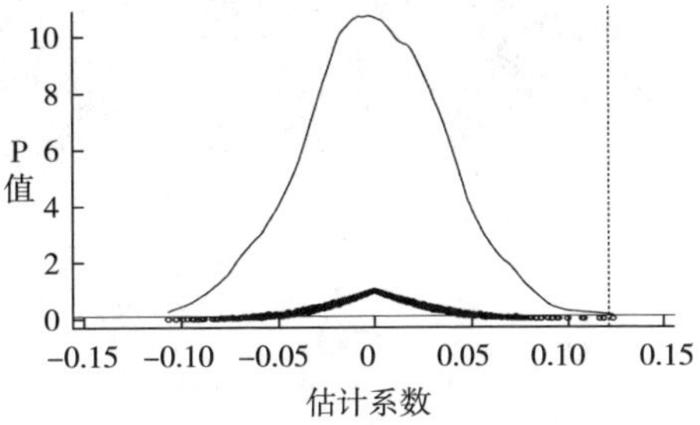

注：图 3 和图 4 中横轴表示 1000 次随机分配处理组的 *Green*×*Post* 的估计系数。曲线是估计系数的核密度分布，点是估计系数的 P 值，与横轴平行的实线是 P 值为 0.1 的标识线。图 3 右侧垂直虚线是表 2 第（4）列的基准回归估计值 0.135，图 4 右侧垂直虚线是表 2 第（5）列的基准回归估计值 0.121。

图 3　安慰剂检验（被解释变量为 Lng*pat*）　**图 4　安慰剂检验（被解释变量为 Lng*patinv*）**

4. 更换被解释变量的衡量方法。为避免变量衡量偏误对估计结果造成影响，参考于连超等（2019）的方法，采用单位研发投入的绿色专利（绿色发明、绿色实用新型）申请量作为企业绿色创新的替代变量重新进行检验。表 4 第（1）~（3）列的检验结果显示，*Green*×*Post* 的回归系数分别在 5% 和 1% 的水平上显著为正，与前文结论一致。

5. 考虑同期其他环境监管政策的影响。《绿色信贷指引》发布的同时，新修订的《环境空气质量标准》于 2012 年开始分阶段实施。为排除这一事

① 限于篇幅，本文没有报告绿色实用新型（Lng*patum*）的安慰剂检验结果，其检验结果支持本文的研究结论。

件对估计结果的干扰，参考王馨和王营（2021）的方法，按照企业所在城市第 t 年是否实施《环境空气质量标准》设置虚拟变量 *Air*（若是则 *Air* 取值为 1，否则为 0），将其作为控制变量重新估计模型（1）。表 4 第（4）～（6）列的结果表明，考虑了《环境空气质量标准》实施的影响后，本文的结论仍然成立。

表 4　　稳健性检验：替换被解释变量 + 考虑同期其他环境监管政策

Variables	替换被解释变量			考虑同期其他环境监管政策		
	(1)	(2)	(3)	(4)	(5)	(6)
	Gpatrd	*Gpatinvrd*	*Gpatumrd*	Lng*pat*	Lng*patinv*	Lng*patum*
Green × Post	0. 419 **	0. 242 ***	0. 220 **	0. 133 ***	0. 120 ***	0. 096 ***
	(2. 492)	(3. 001)	(2. 483)	(2. 781)	(3. 184)	(2. 625)
Air				0. 068 **	0. 048 **	0. 039 *
				(2. 342)	(2. 042)	(1. 822)
Controls	Yes	Yes	Yes	Yes	Yes	Yes
Year	Yes	Yes	Yes	Yes	Yes	Yes
Industry	Yes	Yes	Yes	Yes	Yes	Yes
N	12385	12385	12385	12385	12385	12385
Adj R^2	0. 082	0. 076	0. 074	0. 198	0. 181	0. 175

六、进一步分析

（一）绿色信贷政策是否具有补短板功能

由于以商业银行为主导的金融体系在配置金融资源时存在资产抵押偏好，导致信贷资源存在向大型企业、重资产行业集中的现象（刘锡良和文书洋，2019）。中小企业由于缺乏抵押品且信息不对称程度高，其绿色技术创新投资往往面临严重的资金瓶颈（马骏等，2020）。绿色信贷作为支持绿色发展的创新性融资模式，能否缓解中小企业面临的资金瓶颈，从而释放其绿色技术创新能力？为回答上述问题，本文将样本企业按规模上下三分位分为“大规模企业—小规模企业”进行分样本检验（见表 5）。

表 5　　　　　绿色信贷政策与绿色企业绿色创新：按规模分组

Variables	(1)	(2)	(3)	(4)	(5)	(6)
	Lngpat	*Lngpat*	*Lngpatinv*	*Lngpatinv*	*Lngpatum*	*Lngpatum*
	大规模企业	小规模企业	大规模企业	小规模企业	大规模企业	小规模企业
Green × Post	-0.000	0.214***	0.050	0.127**	-0.003	0.179***
	(-0.003)	(2.880)	(0.627)	(2.372)	(-0.047)	(3.055)
Controls	Yes	Yes	Yes	Yes	Yes	Yes
Year	Yes	Yes	Yes	Yes	Yes	Yes
Industry	Yes	Yes	Yes	Yes	Yes	Yes
N	4140	4123	4140	4123	4140	4123
Adj R^2	0.224	0.116	0.213	0.088	0.208	0.108
P - value	0.031**		0.065*		0.037**	

注：P - value 为费舍尔组合检验（Fisher's Permutstion Test）得到的组间系数差异的经验 P 值；表 6 和表 7 同。

从表 5 中可以看出，在小规模企业样本中，*Green × Post* 对企业整体绿色创新水平（Lng - *pat*）、绿色发明（Lng*patinv*）和绿色实用新型（Lng*patum*）的回归系数均为正值，且至少在 5% 的统计水平上显著；而在大规模企业样本中，绿色信贷对企业绿色创新的影响并不显著。同时，费舍尔组合检验得到组间系数差异的经验 P 值通过了统计检验，说明相较于大规模企业，绿色信贷对小规模企业绿色创新具有更显著的促进作用。可能的原因在于：一是大规模企业可抵押资产更多，可以有效降低信息成本，获得更多银行信贷，因而对绿色贷款的需求强度不如小规模企业突出。相较之下，小规模企业由于缺乏可抵押资产和担保，解决信息不对称问题的成本较高，获得信贷资源更为困难，当绿色信贷政策对绿色领域的定向支持增加时，其对小规模绿色企业的边际价值更大。二是绿色信贷产品和服务创新了对绿色企业（项目）的认证审核①，一定程度上缓解了银行对中小绿色企业授信面临的信息不对称问题，有助于其获得绿色

① 比如湖州市开发的“绿贷通”银企对接服务平台与政府大数据管理中心、法院、税务等近 10 个部门进行信息联通，通过绿色融资企业（项目）认定评价 IT 系统对绿色企业（项目）进行认定评价，同时将 35 家银行机构的信贷产品整合到“绿贷通”平台，为企业提供“一站式”金融服务，有效缓解了银企信息不对称，提高了授信效率。广州市的绿色金融融资对接系统将银行、非银行金融机构、第三方绿色认证机构、绿色企业（项目）纳入系统平台，打通了政府、企业与融资机构之间的信息壁垒，实现了不同渠道绿色项目及绿色融资数据整合信息共享和实时监测。资料来源：中国人民银行研究局．绿色金融改革创新案例汇编［M］．北京：中国金融出版社，2020.

信贷支持，缓解绿色创新融资约束。三是绿色产业具有“大产业小行业”（即产业整体规模大，但细分程度高）的特点，且不同细分行业技术和工艺差异性大（如水处理业务与垃圾焚烧业务在技术、工艺等方面的差异较大），小规模企业捕捉和把握细分行业创新需求和机会更敏锐、灵活性更强（孙忠娟等，2022），更契合绿色产业特点，绿色创新效率更高。

（二）考虑公司治理水平的影响

公司治理水平可能影响企业绿色创新资源可得性和绿色创新效率。一方面，良好的公司治理不仅可以降低企业经营风险，还能够提高企业信息披露质量（姜军等，2017），提升信息透明度，缓解企业与银行及其他外部利益相关者之间的信息不对称，有助于企业获得更多银行信贷、商业信用等外部支持，缓解企业绿色创新面临的融资约束。另一方面，良好的公司治理有助于缓解企业绿色技术创新中存在的代理问题，提高绿色创新效率。因此，相较于治理水平较低的企业，绿色信贷政策对治理水平较高企业的绿色创新促进效应可能更显著。基于此，参考周宏等（2018）的做法，选择董事长与总经理职务分离、独立董事比例、高管持股比例与高管薪酬等8个公司治理指标，运用主成分分析法构建衡量公司治理水平的综合性指标。在此基础上，按照公司治理水平均值将样本分为两组对模型（1）进行检验，检验结果如表6所示。

表6　绿色信贷政策与绿色企业绿色创新：按公司治理水平分组

Variables	(1)	(2)	(3)	(4)	(5)	(6)
	Lngpat	*Lngpat*	*Lngpatinv*	*Lngpatinv*	*Lngpatum*	*Lngpatum*
	公司治理水平较高组	公司治理水平较低组	公司治理水平较高组	公司治理水平较低组	公司治理水平较高组	公司治理水平较低组
Green × Post	0.233*** (3.134)	0.062 (0.892)	0.182*** (3.251)	0.071 (1.261)	0.168*** (2.888)	0.037 (0.708)
Controls	Yes	Yes	Yes	Yes	Yes	Yes
Year	Yes	Yes	Yes	Yes	Yes	Yes
Industry	Yes	Yes	Yes	Yes	Yes	Yes
N	4705	7680	4705	7680	4705	7680
Adj R^2	0.200	0.208	0.181	0.193	0.184	0.186
P - value	0.024**		0.039**		0.033**	

从表 6 中可以看出，在公司治理水平较高样本中，*Green* × *Post* 对企业整体绿色创新水平（Lng*pat*）、绿色发明（Lng*patinv*）和绿色实用新型（Lng-*patum*）的回归系数均在 1% 的水平上显著为正；而在公司治理水平较低样本中，绿色信贷对企业整体绿色创新水平、绿色发明和绿色实用新型的影响并不显著。同时，费舍尔组合检验得到组间系数差异的经验 P 值均在 5% 的水平上显著，说明相较于治理水平较低的企业，绿色信贷对治理水平较高企业的绿色创新促进作用更大。

（三）考虑地方政府绿色信贷激励措施的影响

绿色信贷政策与政府配套支持政策的匹配度是影响绿色信贷推进广度、深度和持续性的关键。随着绿色信贷政策持续推进，部分地方政府出台了绿色信贷相关激励措施，包括绿色贷款贴息、绿色贷款风险担保或风险补偿等。在有激励措施的地区，一方面金融机构提供绿色贷款的动力更足，绿色企业信贷可得性更高，融资成本更低；另一方面地方政府对绿色项目的贴息、担保及风险补偿等措施强化了地方政府支持绿色产业发展的信号，社会资本进入绿色领域的意愿更强，绿色创新面临的融资约束能够得到更大程度的缓解。因此，相较于无激励措施地区，绿色信贷政策对绿色企业的绿色创新促进效应在有激励措施地区可能更显著。基于此，根据各省（市）是否出台绿色信贷激励措施，将样本分为两组对模型（1）进行检验，检验结果如表 7 所示。

表 7　绿色信贷政策与绿色企业绿色创新：考虑地方政府激励措施的影响

Variables	(1)	(2)	(3)	(4)	(5)	(6)
	Lng*pat*	Lng*pat*	Lng*patinv*	Lng*patinv*	Lng*patum*	Lng*patum*
	有激励措施地区	无激励措施地区	有激励措施地区	无激励措施地区	有激励措施地区	无激励措施地区
Green × *Post*	0.179*** (2.744)	0.094 (1.358)	0.137*** (2.707)	0.108** (1.967)	0.171*** (3.434)	0.021 (0.405)
Controls	Yes	Yes	Yes	Yes	Yes	Yes
Year	Yes	Yes	Yes	Yes	Yes	Yes
Industry	Yes	Yes	Yes	Yes	Yes	Yes
N	6592	5793	6592	5793	6592	5793
Adj R^2	0.183	0.228	0.165	0.213	0.168	0.197
P - value	0.231		0.363		0.026**	

从表7第（1）、（2）列可以看出，*Green*×*Post* 与企业整体绿色创新水平（Ln*gpat*）的显著正相关关系主要体现在有激励措施地区样本组，但是组间系数差异检验的经验 P 值为 0.231，表明组间系数差异没有通过统计检验。即绿色信贷政策对企业整体绿色创新水平的影响在两组样本中无显著差异。进一步将绿色创新细分为绿色发明和绿色实用新型进行分组回归可以看出，在第（3）、（4）列中，*Green*×*Post* 对企业绿色发明（Ln*gpatinv*）的回归系数在两组样本中均显著为正，组间系数差异的经验 P 值为 0.363，说明绿色信贷对绿色发明的驱动效应在两组样本中无显著差异。在第（5）、（6）列中，*Green*×*Post* 对绿色实用新型（Ln*gpatum*）的回归系数在两组样本中差异明显，在有激励措施地区样本中 *Green*×*Post* 回归系数为 0.171，且在1%的水平上显著；在无激励措施地区样本中，*Green*×*Post* 对绿色实用新型的回归系数为 0.021，但不显著。同时，组间系数差异检验的经验 P 值为 0.026，在5%的水平上显著。上述结果表明，地方政府层面激励措施的影响主要体现为对绿色实用新型的促进效应，对绿色发明的影响不显著。可能的原因在于，一是地方政府对绿色企业贷款的贴息、风险补偿等以绿色企业认定为基础，由于专业知识的局限或甄别成本限制，政府在认定绿色企业时可能存在偏差或精细程度不够，难以精准识别出更具绿色创新能力的企业。二是与绿色实用新型相比，绿色发明研发难度更大、周期更长，在政府对绿色企业认定标准不够精细的情况下，企业为了尽快达到绿色企业入库认定标准，更倾向于进行绿色实用新型创新。

（四）绿色信贷政策驱动绿色企业绿色创新的作用机制

基于前文理论分析，本文从资源配置机制和需求拉动机制两个渠道检验绿色信贷政策影响绿色企业绿色创新的作用机制，资源配置机制主要体现在银行信贷和其他外部资金两个方面，需求拉动机制主要体现在绿色产品和服务需求规模方面。为此，选择企业获得的银行借款（*Loan*）和商业信用（*TCP*）[①] 作为信贷资源和社会资源配置效应的中介传导变量，选择

---

① 选择企业获得的商业信用作为资源配置效应的另一代理变量，是因为商业信用随市场交易而发生，由市场自发配置，是一种对市场信号反应最及时的外部融资方式。如果绿色信贷政策通过信号传递引导市场预期的机制存在，那么商业信用作为可以对市场信号快速做出反应的外部融资方式，会因为接收到绿色信贷政策传递出的有利于绿色产业发展的积极信号，改善对绿色产业和绿色企业的市场预期，提升上下游供应商对绿色企业提供商业信用的意愿，缓解绿色创新活动面临的融资约束。

绿色产品和服务需求规模（*Gsales*）作为环境治理需求拉动效应的中介传导变量。其中，银行借款（*Loan*）参考蔡海静等（2019）的方法，采用当年银行借款增加额占总资产之比度量。企业获得的商业信用（*TCP*）参考于波（2021）的方法，采用应付账款、应付票据与预收账款之和占总资产之比衡量。绿色产品和服务需求规模（*Gsales*）借鉴王俊（2009）的方法，采用企业绿色产品和服务营业收入占总营业收入比重度量①。在此基础上，参考温忠麟和叶宝娟（2014）提出的中介效应检验程序，构建中介效应检验进行分析。

表8列示了 $t+1$ 期至 $t+3$ 期银行信贷渠道的中介效应检验结果，从中可以看出在 $t+3$ 期绿色信贷政策通过银行信贷渠道影响绿色企业绿色创新的中介效应得以显现。具体地，第（1）、（2）列为 $t+1$ 期银行信贷中介效应的检验结果，*Green*×*Post* 对中介变量 *Loan* 的回归系数以及中介变量 *Loan* 对 Ln*gpat* 的回归系数均不显著，Sobel 检验结果也不显著，表明绿色信贷政策通过银行信贷渠道影响绿色企业绿色创新的中介效应在 $t+1$ 期不成立。第（3）～（5）列是 $t+2$ 期银行信贷中介效应检验结果，尽管 Sobel 检验结果表明中介效应仍不显著（Z 值为 1.261），但是 *Green*×*Post* 对 *Loan* 的回归系数在 $t+2$ 期开始变得显著，说明绿色信贷政策对绿色企业银行信贷的影响具有滞后性。第（6）～（8）列是 $t+3$ 期银行信贷中介效应检验结果，可以看出 *Green*×*Post* 和中介变量 *Loan* 的回归系数均显著为正，也通过了 Sobel 检验，说明绿色信贷政策通过银行信贷渠道影响绿色企业绿色创新的中介效应在 $t+3$ 期成立。上述结果表明，由于绿色信贷政策对绿色企业银行信贷的影响具有滞后性，导致绿色信贷政策影响绿色企业绿色创新的银行信贷渠道效应存在滞后性。其原因可能是，绿色信贷供给达到一定程度绿色信贷政策效果才显现，但“指引”实施之初，绿色信贷余额偏低，且在绿色信贷投向结构方面，有限的绿色贷款主要投向传统产业的节能环保项目及服务，节能环

---

① 绿色产品和服务营业收入数据来自 Wind 数据库，将财务报表附注主营业务收入的明细项目中，属于国家发展改革委、工业和信息化部等7部门发布的《绿色产业指导目录（2019年版）》中列示项目的营业收入作为绿色产品和服务营业收入，主要包括节能环保装备、节能环保工程及服务、合同能源管理、污水处理、脱硫脱硝、废弃资源综合利用、新能源与清洁能源等相关产品和服务营业收入。

保产业、新能源产业等绿色产业的贷款比例偏低①，影响了绿色信贷政策的效果。随着绿色信贷余额逐年增加，银行信贷渠道的统计显著性逐渐增强，因而产生时滞。

表8　　绿色信贷政策影响绿色企业绿色创新的渠道：银行信贷

Variables	t+1 期		t+2 期			t+3 期		
	(1)	(2)	(3)	(4)	(5)	(6)	(7)	(8)
	F. Loan	*F. Lngpat*	*F2. Lngpat*	*F2. Loan*	*F2. Lngpat*	*F3. Lngpat*	*F3. Loan*	*F3. Lngpat*
Green × Post	0.024 (1.564)	0.135 *** (2.814)	0.138 *** (2.666)	0.013 * (1.657)	0.137 *** (2.646)	0.134 ** (2.407)	0.039 * (1.833)	0.132 ** (2.362)
F. Loan		0.003 (0.119)						
F2. Loan					0.080 * (1.790)			
F3. Loan								0.061 ** (2.178)
Controls	Yes	Yes	Yes	Yes	Yes	Yes	Yes	Yes
Year	Yes	Yes	Yes	Yes	Yes	Yes	Yes	Yes
Industry	Yes	Yes	Yes	Yes	Yes	Yes	Yes	Yes
N	12385	12385	10472	10472	10472	8715	8715	8715
Adj R^2	0.021	0.198	0.203	0.021	0.203	0.208	0.021	0.208
Sobel 检验 Z 值	0.342		1.261			1.651 *		

注：由于 t+1 期模型（1）的回归结果与表 2 基准回归结果相同，故此表未列示；表 9 同。

商业信用渠道和需求规模渠道的回归结果如表 9 所示。从表 9 第（1）、（2）列可以看出，*Green × Post* 和中介变量 TCP 的回归系数均显著为正，Sobel 检验的 Z 值为 2.825，表明商业信用（*TCP*）是绿色信贷政策影响绿色企业绿色创新的部分中介，绿色信贷政策通过引导市场预期提升了供应商向绿

① 根据原银保监会公布的历年“21 家主要银行绿色信贷情况统计表”，截至 2013 年 12 月 31 日，绿色信贷余额为 5.20 万亿元，其中投向传统产业节能环保项目及服务的贷款余额为 3.69 万亿元，占比为 70.96%，投向节能环保产业和新能源产业等绿色产业的贷款余额为 1.51 万亿元，占比为 29.04%，远低于节能环保项目及服务贷款占比。数据来源：银保监会网站。

色企业提供商业信用的意愿，绿色企业获得的商业信用增加，有助于缓解其面临的融资约束，使企业有更充裕的资金用于绿色技术创新活动。

表 9 第（3）、（4）列是需求规模渠道的回归结果，可以看出，*Green* × *Post* 和中介变量 *Gsales* 的回归系数均显著为正，且 Sobel 检验的 Z 值在 1% 的水平上显著，说明绿色产品和服务需求规模是绿色信贷政策影响绿色企业绿色创新的部分中介，绿色信贷政策通过设置环境准入门槛倒逼污染企业进行环境治理，扩大了市场对绿色技术及其产品和服务的需求规模，提高了绿色创新活动的预期收益，进而驱动绿色企业进行绿色技术创新。

表 9　绿色信贷政策影响绿色企业绿色创新的渠道：商业信用 + 需求规模

Variables	商业信用		需求规模	
	(1)	(2)	(3)	(4)
	TCP	Lngpat	*Gsales*	Lngpat
Green × *Post*	0.015 *** (2.660)	0.122 *** (2.585)	12.694 *** (9.069)	0.105 ** (2.172)
TCP		0.864 *** (11.348)		
Gsales				0.002 *** (3.992)
Controls	Yes	Yes	Yes	Yes
Year	Yes	Yes	Yes	Yes
Industry	Yes	Yes	Yes	Yes
N	12385	12385	12385	12385
Adj R^2	0.387	0.208	0.268	0.200
Sobel 检验 Z 值	2.825 ***		4.065 ***	

七、研究结论与政策建议

本文基于绿色产业视角探讨了绿色信贷政策对绿色企业绿色创新的影响，研究发现绿色信贷政策对绿色企业的绿色创新具有显著促进作用，其主要通过资源配置机制和需求拉动机制发挥作用，即绿色信贷政策一方面通过引导银行信贷、商业信用等金融资源向绿色领域配置，另一方面通过强化市场对绿色技术及其产品或服务的有效需求，从绿色创新资源和意愿两个方面引导和激励绿色企业进行绿色技术创新。同时，受绿色信贷供给总量及投向结构的影响，信贷资源配置机制效果存在一定的滞后性。异质性分析发现，绿色信贷政策有效驱动了绿色产业小规模企业、公司治理水平较高企业的绿色创新。相较于无绿色信贷配套激励措施地区，绿色信贷政策对有绿色信贷配套激励措施地区企业绿色实用新型的促进效应更显著，对绿色发明的影响在两组样本中无显著差异。

本文的研究结论具有三点政策启示。第一，完善绿色信贷政策体系。信贷资源配置机制效果的滞后性表明，绿色信贷政策顶层设计应继续增加绿色信贷供给总量，以保证政策效果的持续性。同时，绿色贷款投放应优化其投向结构，加大对节能环保、清洁生产、新能源和清洁能源等绿色产业的绿色信贷供给，以充分发挥绿色信贷政策的信贷资源配置功能。第二，挖掘和培育市场对绿色产品和服务的有效需求。从绿色信贷政策的需求拉动效应来看，绿色产业政策制定应重视需求规模引致的绿色创新效应，不仅要进一步挖掘传统产业绿色化改造蕴含的市场需求，更要重视绿色消费领域的需求潜力，激发和释放市场对绿色产品和服务的有效需求，以促进绿色产业发展和发展方式绿色转型。第三，引导实质性绿色创新。从不同地方政府绿色信贷配套激励措施下绿色信贷政策效果的异质性来看，对绿色企业的精准识别是绿色信贷配套激励措施有效推行的基础。政府对绿色企业的认定应重视对企业实质性绿色技术创新能力的评估，并细化对不同类别绿色技术创新成果的甄别和评价权重，以精准识别出更具绿色创新能力的企业，引导企业形成真正的核心竞争力。

参考文献

[1] 蔡海静，汪祥耀，谭超．绿色信贷政策、企业新增银行借款与环保效应［J］．会计研究，2019（3）．

[2] 曹廷求，张翠燕，杨雪．绿色信贷政策的绿色效果及影响机制——基于中国上市公司绿色专利数据的证据［J］．金融论坛，2021（5）．

[3] 范红忠．有效需求规模假说、研发投入与国家自主创新能力［J］．经济研究，2007（3）．

[4] 韩国文，甘雨田．投资者关注能否促进企业绿色创新绩效提升——融资

约束的中介效应与环境规制的调节作用［J］．科技进步与对策，2022－05－18．

［5］何凌云，梁宵，杨晓蕾，等．绿色信贷能促进环保企业技术创新吗？［J］．金融经济学研究，2019（5）．

［6］姜军，申丹琳，江轩宇，等．债权人保护与企业创新［J］．金融研究，2017（11）．

［7］李青原，肖泽华．异质性环境规制工具与企业绿色创新激励——来自上市企业绿色专利的证据［J］．经济研究，2020（9）．

［8］刘传江，张劭辉，李雪．绿色信贷政策提升了中国重污染行业的绿色全要素生产率吗？［J］．国际金融研究，2022（4）．

［9］刘强，王伟楠，陈恒宇．《绿色信贷指引》实施对重污染企业创新绩效的影响研究［J］．科研管理，2020（11）．

［10］刘锡良，文书洋．中国的金融机构应当承担环境责任吗？——基本事实、理论模型与实证检验［J］．经济研究，2019（3）．

［11］陆菁，鄢云，王韬璇．绿色信贷政策的微观效应研究——基于技术创新与资源再配置的视角［J］．中国工业经济，2021（1）．

［12］马骏，安国俊，等．构建支持绿色技术创新的金融服务体系［M］．北京：中国金融出版社，2020．

［13］齐绍洲，林屾，崔静波．环境权益交易市场能否诱发绿色创新？——基于我国上市公司绿色专利数据的证据［J］．经济研究，2018（12）．

［14］沈洪涛，马正彪．地区经济发展压力、企业环境表现与债务融资［J］．金融研究，2014（2）．

［15］斯丽娟，曹昊煜．绿色信贷政策能够改善企业环境社会责任吗？——基于外部约束和内部关注的视角［J］．中国工业经济，2022（4）．

［16］苏冬蔚，连莉莉．绿色信贷是否影响重污染企业的投融资行为？［J］．金融研究，2018（12）．

［17］孙忠娟，范合君，李纪珍．何种创新政策更有效？——基于企业规模的异质性分析［J］．经济管理，2022（2）．

［18］王俊．需求规模、市场竞争与自主创新的实证研究［J］．科研管理，2009（6）．

［19］王馨，王营．绿色信贷政策增进绿色创新研究［J］．管理世界，2021（6）．

［20］温忠麟，叶宝娟．中介效应分析：方法和模型发展［J］．心理科学进展，2014（5）．

［21］谢乔昕，张宇．绿色信贷政策、扶持之手与企业创新转型［J］．科研管理，2021（1）．

［22］杨柳勇，张泽野．绿色信贷政策对企业绿色创新的影响［J］．科学学研究，2022（2）．

［23］于波．绿色信贷政策如何影响重污染企业技术创新？［J］．经济管理，2021（11）．

［24］于连超，张卫国，毕茜．环境税会倒逼企业绿色创新吗？［J］．审计与经济研究，2019（2）．

［25］张媛媛，袁奋强，陈利馥．区域产业依存度能改变绿色信贷政策对企业创新投资的影响吗？——来自准自然实验的证据［J］．宏观经济研究，2021（3）．

［26］周宏，周畅，林晚发，等．公司治理与企业债券信用利差——基于中国公司债券2008—2016年的经验证据［J］．会计研究，2018（5）．

［27］Cai X.，Y. Lu，M. Wu，and L. Yu. Does Environmental Regulation Drive away Inbound Foreign Direct Investment? Evidence from a Quasi－natural Experiment in China［J］. Journal of Development Economics，2016，123（1）：73－85.

［28］Carrión－Flores C. E.，R. Innes，and A. G. Sam. Do Voluntary Pollution Reduction Programs（VPRS）Spur or Deter Environmental Innovation［J］. Journal of Environmental Economics and Management，2013，66（3）：444－459.

［29］Gao D.，X. Mo，K. Duan，and Y. Li. Can Green Credit Policy Promote Firms' Green Green Innovation? Evidence from China［J］. Sustainability，2022，14（7）：1－15.

［30］Jaffe A. B.，and K. Palmer. Environmental Regulation and Innovation：An Panel Data Study［J］. Review of Economics and Statistics，1997，79（4）：610－619.

［31］Judd K. L. On the Performance of Patents［J］. Econometrica，1985，53（3）：567－586.

［32］Liu S.，R. Xu，and X. Chen. Does Green Credit Affect the Green Innovation Performance of High－Polluting and Energy－Intensive Enterprises? Evidence from A Quasi－Natural Experiment［J］. Environmental Science and Pollution Research，2021，28：65265－65277.

［33］Porter M. E.，and C. Van der Linde. Toward a New Conception of the Environment Competitiveness Relationship［J］. Journal of Economic Perspective，2021，9（4）：97－118.

[34] Shen N., H. Liao, R. Deng, and Q. Wang. Different Types of Environmental Regulations and the Heterogeneous Influence on the Environmental Total Factor Productivity: Empirical Analysis of China's Industry [J]. Journal of Cleaner Production, 2019, 211 (11): 171-184.

粤港澳大湾区科技金融生态系统三维评价研究

潘　捷　曾春燕①

摘要：国家金融学视角下，现代金融体系理论不断健全，对科技金融生态系统的认识与评价逐步深化。基于生态系统视角并结合粤港澳大湾区科技金融独有特征，构建适用于三维评价的指标体系，分别采用熵值赋权法、耦合协调度模型和共生度评价模型，对大湾区 11 个城市 2012—2020 年科技金融生态系统成熟度、耦合协调度、共生模式和共生程度进行综合评价。研究发现，香港、深圳和广州的科技金融发展成熟度位于第一梯队；核心城市金融发展对本市科技金融的贡献度均相对较高；各城市科技金融生态系统耦合度不断提升，其中深圳已接近深度耦合阶段；协调度评价表明，深圳和广州已实现良好协调；大湾区科技金融生态系统仍处于非对称互惠共生阶段。因此，建议大湾区各城市共同构建区域科技金融生态系统、建立多层次直接融资市场、打造高度开放与高协同性的科技金融生态系统等。

一、引言

粤港澳大湾区是中国金融发展最成熟、科技创新最活跃、经济发展水平最高的区域之一，目前已进入新的发展阶段，面临着更多的新挑战与新机遇。2017 年 7 月，《深化粤港澳合作推进大湾区建设框架协议》在香港签署，此后，国家高度重视粤港澳大湾区建设。2019 年发布的《粤港澳大湾区发展规划纲要》明确将具有全球影响力的国际科技创新中心列为重大战略定位之一。2021 年，粤港澳大湾区经济总量约 12. 6 万亿元，进入世界 500 强企业达 25 家，广东省现有高新技术企业超 6 万家，其中绝大部分在粤港

① 作者简介：潘捷，经济学博士，广东金融学院经济贸易学院讲师，北京大学经济学院、广东金融高新技术服务区博士后，研究方向为科技金融与产业经济；曾春燕，广东金融学院金融数学与统计学院助理研究员，研究方向为经济统计。

澳大湾区，上述指标相比 2017 年均出现大幅提升。

大湾区进入新的发展阶段，面临新一轮全球科技创新激烈竞争局面，亟须采用多种有效手段加快科技创新、提高科技创新水平。根据《广东省科技创新“十四五”规划》，到 2025 年，广东省将推动粤港澳大湾区初步建成具有全球影响力的科技和产业创新高地，成为国家重要创新动力源。粤港澳大湾区自身拥有丰富金融资源，因此大力发展科技金融、构建科技金融生态系统，从而有效发挥金融促进科技创新的重要作用成为题中之义。2022 年 4 月，中央全面深化改革委员会第二十五次会议同样强调加快推进金融支持创新体系建设，强化开发性、政策性金融机构在职责范围内服务科技创新作用，提升多层次资本市场直接融资功能。因此，大力发展科技金融是大湾区的内外多重要求。近年来，大湾区科技金融发展取得诸多成效，科技金融作为全过程创新生态链中的重要一环，有力推动了大湾区制造业的智能化转型，未来将对大湾区科技创新与经济高质量发展起到重要影响。同时，科技金融作为国家金融学中层级发展的重要部分，其发展呈现诸多新特征。随着现代金融体系理论不断健全，以及科技金融市场要素、市场环境等均发生变化，进一步结合“六要素论”、演化理论等对科技金融生态系统进行研究和评价十分必要（陈云贤，2021；王彩萍和李建平，2022）。

粤港澳大湾区科技金融的发展，不仅体现为科技金融发展成熟度和有效性，也表现为科技创新与金融发展之间的耦合协调与共生演化。科技金融的发展阶段主要分为初步耦合阶段、中间结合体阶段和完全融合阶段。首先，研究应从生态学视角和系统理论出发，将科技金融体系视为具有一定结构和功能的“科技金融生态系统”，从而对大湾区科技金融的发展进行准确、全面评价；其次，研究应紧密结合大湾区发展的独有特征进行分析，因为大湾区科技金融生态系统既是在创新成果转化下推动发展而来，也具有高度市场化、国际化和高度开放的特征，在“两种制度、三个关税区”的背景下，更有其自身特殊性。因此，如何立足其发展的现实特征及独特性，对大湾区科技金融生态系统进行准确评价，进而为其构建和优化提出对策建议，具有重要的理论及实践意义。

本文拟在建立科技金融综合评价指标体系的基础上，构建城市科技金融耦合协调度评价模型和区域科技金融共生度评价模型，收集并处理所需数据，对大湾区科技金融生态系统进行科学、客观、全面评价，从而为大湾区科技金融生态系统构建与优化提出相关建议。

二、科技金融发展评价及影响研究综述

国外尚未有关于科技金融概念的定义，但国外学者最早关注了金融发展的影响，并验证各类金融的发展对科技创新、企业发展（Audretsch 等，2016）、经济增长（Khan 和 Senhadji，2003）等的促进作用。相关领域学者首先研究了科技与金融之间的关系，如 Perez（2002）从技术—经济范式研究的视角对金融资本与科技创新的相互制约关系进行分析。学者们通常采用实证方法探讨科技金融的影响，发现意大利设立地方性银行可显著提升区域内科技企业创新活动成功概率（Benfratello 和 Sembenelli，2008），而且金融发展可以有效促进科技创新（Vasilescu 和 Popa，2011）。Chowdhury 和 Maung（2012）则指出大多数研究与试验活动具有较强正外部性，但其溢出效应常引发市场失灵，而政府的科技财政投入在为科技创新提供资金支持的同时可缓解上述问题。

国内学术界不仅关注金融对科技创新和经济发展的影响（张林，2016；钱晶晶等，2021），而且侧重于从科技金融效率及其影响、发展评价和共生性耦合性三个方面进行研究。

一是构建科技金融评价指标体系，进行科技金融效率测度和绩效测度，主要采用三阶段 DEA 模型（杜金岷等，2016）、PLS－SEM 模型（张俊芳和苏牧，2022）、引力熵模型（卢亚娟和刘骅，2019）、投影寻踪模型（杨建辉等，2020）等方法。科技金融的综合评价指标体系主要包括科技金融的结构、发展程度、效果和环境等要素。张玉喜和张倩（2018）基于生态学理论构建评价体系，分析科技金融生态系统的层次结构，并分别运用突变级数法和动态综合评价模型开展综合评价。

二是研究金融发展或科技金融对技术创新（汤子隆，2018）、经济增长（毛茜和赵喜仓，2014）等的影响。芦锋和韩尚容（2015）将科技创新分为三个阶段以及公共和市场科技金融两种类型，并指出科技金融对科技创新的影响存在区域和时间双重异质性效果。张玉喜和刘栾云娇（2021）则建立投影寻踪模型和面板数据模型，对共生视角下科技金融生态系统对科技创新的影响进行研究。研究大多指出科技金融投入与科技创新之间存在一定正相关关系，但短期与长期、不同区域的表现可能不同（张玉喜和赵丽丽，2015）。

三是基于生态学、系统理论等视角对区域科技金融生态系统的耦合性（徐玉莲等，2011）和共生性（武翠和谭清美，2021）开展研究。其中，粤港澳大湾区日渐成为学术界研究重点。吕屹云和方凯（2020）分别对香港、澳门、珠三角区域三个系统间发展水平和耦合协调关系进行了分析；冯锐等（2020）通过测度粤港澳大湾区科技金融耦合协调度并分析其影响因素及空间溢出效应，指出粤港澳大湾区的公共和市场科技金融均呈现较快发展态势；陈杰英（2020）、彭念姣等（2021）分别从产业生态圈和科技金融生态体系的角度对粤港澳大湾区科技金融发展提出建议，认为需协调生态系统中主体间、主体与环境关系，形成科技金融合作的新格局。

综上所述，国内外学者对于科技金融发展的相关研究较为丰富，但已有研究仍存在诸多不足。首先，从生态系统视角关注区域科技金融发展的研究仍较少，且未能提出如何结合区域发展独有特征进行评价；其次，以往研究通常只对科技金融的单一维度如共生度、耦合协调度等进行评价，缺乏综合的科技金融发展评价方法；最后，已有文献往往聚焦于国家或省级层面，针对具体区域尤其是粤港澳大湾区开展的深入研究仍较少。

与其他研究相比，本文主要边际贡献有三点。一是基于科技金融生态系统视角对粤港澳大湾区科技金融发展进行三维评价，增加了城市层面的评价分析并拓展了评价维度。二是丰富了评价模型构建的理论框架，明确了各评价方法之间的联系、优劣势与系统层次性，尤其是创新性地将耦合协调度与共生度置于同一分析框架下，通过针对后者的分析，一方面弥补了耦合协调度分析的不足，从而实现分析层面的扩展，另一方面也可作为耦合协调度分析结果的检验。三是采用历史数据进行量化分析，从多个维度揭示大湾区科技金融发展路径，及时总结了大湾区科技金融发展的经验和不足，并为其发展提供了有针对性的政策建议。本文不仅从理论上丰富了区域科技金融评价研究范式，也因综合考虑大湾区发展特殊性而使结论和建议更具针对性和实践指导意义。

三、模型构建

（一）指标选取与评价体系

1. 指标选取。基于生态学和演化经济学理论，并借鉴张玉喜和张倩

(2018)、武翠和谭清美（2021）的相关研究结论，本文以科技金融主系统、科技创新子系统、金融发展子系统三部分划分为基础，选取具有粤港澳大湾区特色的科技金融生态系统评价指标。

2. 评价体系构建。构建三级评价指标体系，为综合评价奠定基础。考虑成熟度、耦合协调度以及共生度评价所需指标，本文构建适用于三维评价的综合评价体系（见表1）。

表1　　　　基于生态系统视角的科技金融综合评价体系

系统	一级指标	二级指标
科技金融主系统（A）	公共科技金融 A_1	地方财政科技拨款 A_{11}
	市场科技金融 A_2	科技型上市公司总市值 A_{21}
		科技型上市公司数量 A_{22}
		银行科技信贷总额 A_{23}
		风险投资资本总额 A_{24}
科技创新子系统（S）	科技投入 S_1	R&D 人员全时当量 S_{11}
		研究与试验发展经费 S_{12}
	科技产出 S_2	高新技术产品产值 S_{21}
		发明专利授权数 S_{22}
		国外主要检索工具收录科技论文数 S_{23}
		PCT 国际专利申请量 S_{24}
金融发展子系统（F）	金融发展规模 F_1	金融产业产值 F_{11}
		资金存量规模 F_{12}
	金融发展结构 F_2	存贷款总额占金融总资产之比 F_{21}
		股票市值占金融总资产之比 F_{22}
	金融发展效率 F_3	金融机构贷存比 F_{31}

表1中科技金融主要分为公共科技金融和市场科技金融，前者使用地方财政科技拨款来代表，后者主要通过科技型上市公司数量、总市值以及银行科技信贷总额和风险投资资本总额等指标代表（芦锋和韩尚容，2015）。科技创新是科技金融生态系统的子系统之一，由科技投入和科技产出两部分进行衡量，其中科技产出主要由高新技术产品产值、发明专利授权数和国外检索工具收录论文数反映，科技投入主要是指 R&D 领域的投入，包括基础研究、应用研究、试验发展三类活动，国际上也通常采用 R&D 活动的规模和

强度指标反映国家/区域/城市的科技实力和核心竞争力；金融发展子系统是科技金融生态系统的另一子系统，包括金融发展规模、发展结构、发展效率等部分，其中金融发展规模贡献度较高，主要包括金融产业产值和地区资金存量规模。

（二）三维评价模型构建思路

以往研究往往只针对区域科技金融的单一维度进行评价，评价全面性、客观性和解释力尚不足。本文通过构建全新理论框架，从城市和区域两个层面，将区域科技金融发展的成熟度、耦合协调度和共生度纳入同一分析框架，进行全面评价，并展现各个维度评价的系统层次性。

各个评价模型方法之间既存在较强关联性，又有各自的优劣势。成熟度评价模型基于熵权法进行构建，本文创新性地将其应用于城市科技金融生态系统的发展评价，相比以往研究进一步细化了研究样本，不仅有利于直观展示大湾区各个城市的科技金融发展成熟度，同时有利于进行城市之间的横向比较与时间维度的纵向比较；耦合协调度评价模型在成熟度模型的基础上深入探讨科技创新子系统和金融发展子系统之间的耦合协调关系，优势在于进一步将研究深入生态系统视角下的各个子系统，一定程度上解释了成熟度提升的动力来源和发展质量；共生模式判断和共生度评价模型则将研究视角聚焦于区域层面，进行区域内的科技金融“种群关系”与“种群增长”评价。进行区域层面评价的主要原因在于，大湾区各个城市之间科技金融发展存在明显分工和各自优势，各城市可能拥有自己的“主要种群”，基于区域层面进行分析将有助于突出整体优势避免个体偏误，展现大湾区科技金融子系统间的互惠共生程度，同时基于种群增长的共生度评价可对大湾区科技金融发展潜力进行评估。各评价方法和模型之间的关系与系统层次性见图 1。

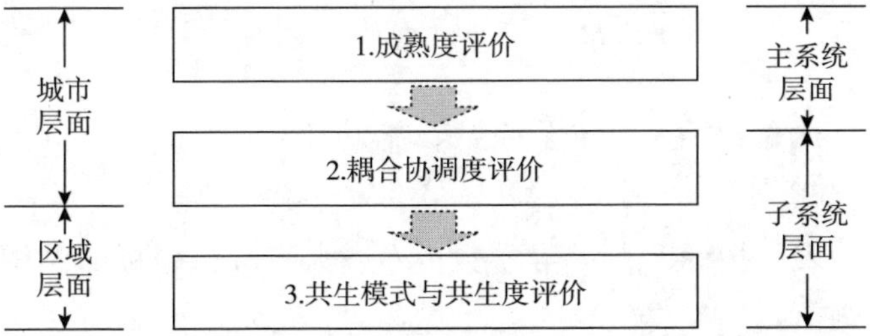

图 1　粤港澳大湾区科技金融生态系统三维评价模型

（三）科技金融发展成熟度评价模型

本文采用熵值赋权法对各级评价指标数据进行处理，对粤港澳大湾区 11 个城市科技金融生态系统发展成熟度进行评价。作为一种客观赋权法，熵权法基于真实的原始数据，更为客观、科学地确定指标的权重，不仅考察各指标之间关联程度，也分析了各指标所提供的信息量，因此在一定程度上避免了主观因素带来的偏差。熵值赋权法确定指标权重的步骤如下：

设表示子系统 i 的第 j 个指标的数值（$i=1, 2, \cdots, n$；$j=1, 2, \cdots, m$），其中 n 和 m 分别为子系统个数与对应的指标个数。

第一步，采用极值法将原始数据进行无量纲化，见式（1）：

$$S_{ij} = \frac{X_{ij}}{\mathrm{Max}(X_{ij})} \tag{1}$$

其中，S_{ij}为无量纲化后的数据；X_{ij}为第 i 个子系统（$i=1$ 表示金融发展子系统；$i=2$ 表示科技创新子系统）中的第 j 个指标观测值；$\mathrm{Max}(X_{ij})$ 为指标观测值中的最大值。

第二步，对指标做比重变换，见式（2）：

$$P_{ij} = \frac{S_{ij}}{\sum_{i=1}^{n} S_{ij}} (0 \leqslant S_{ij} \leqslant 1) \tag{2}$$

其中，P_{ij}表示第 i 个子系统中第 j 个指标占该指标的比例；S_{ij}表示无量纲处理后的数据。

第三步，计算指标的熵值，见式（3）：

$$e_j = -k \sum_{i=1}^{n} P_{ij} \ln P_{ij} \tag{3}$$

其中，e_j 表示各指标熵值；$\ln P_{ij}$表示指标比例的自然对数，且有 $0 \leqslant e_j \leqslant 1$，$k = \frac{1}{\ln n}$。

第四步，计算指标 S_{ij}的差异系数，见式（4）：

$$d_j = 1 - e_j \tag{4}$$

其中，d_j 表示指标 S_{ij}的差异系数；d_j 越大表示该指标的作用越大；e_j 表示各指标的熵值。

第五步，计算指标 S_{ij}的权重，见式（5）：

$$\overline{\omega_{ij}} = \frac{d_j}{\sum_{j=1}^{m} d_j} \tag{5}$$

其中，ω_{ij}表示指标S_{ij}的权重；d_j表示指标S_{ij}的差异系数。

第六步，得分计算。最后计算得到科技创新子系统、金融发展子系统、科技金融主系统的综合得分，本文运用线性加权法来实现，见式（6）：

$$Z_{ij} = \sum_{j}^{n} \omega_{ij} S_{ij}, \text{其中} \sum_{j}^{n} \omega_{ij} = 1 \tag{6}$$

其中，Z_{ij}表示主系统或子系统的综合得分；ω_{ij}表示各指标权重；S_{ij}表示无量纲化后的数据。

（四）科技金融耦合协调度评价模型

科技金融发展的主要目的是发挥金融促进科技创新的重要作用，科技金融发展和创新意味着金融发展与科技创新的深度耦合，二者之间的耦合协调程度是衡量大湾区科技金融生态系统的主要指标。以粤港澳大湾区整体为分析对象，考察其2012—2020年区域科技金融生态系统的耦合协调度发展情况，并通过纵向对比明确动态发展趋势。本文在徐玉莲等（2011）、Cheng等（2017）、Song等（2018）所提出的耦合协调度模型上加以改进和创新，构建人湾区科技金融耦合协调度评价模型。

1. 确定子系统贡献和综合序参量。不同于熵值赋权法的无量纲处理方式，此处采用式（7）进行处理，以消除量纲的影响：

$$S_{ij} = \begin{cases} \dfrac{X_{ij} \quad \min(X_{ij})}{\max(X_j) - \min(X_j)} \\ \dfrac{\max(X_{ij}) - X_{ij}}{\max(X_j) - \min(X_j)} \end{cases} \tag{7}$$

其中，上、下部分别为负指标和正指标情况。标准化数据$S_{ij} \in [0,1]$，其值决定对系统的贡献。$\max(X_j)$、$\min(X_j)$分别为i系统中j指标的最大值与最小值。通过计算子系统内所有分指标对主系统的“总贡献”得到子系统的综合贡献得分，具体可以通过集成法如线性加权法即式（6）来实现。

2. 耦合度评价。借鉴容量耦合系数模型，金融发展与科技创新的系统耦合度模型可设定为：

$$C = \frac{2\sqrt{U_1 \times U_2}}{U_1 + U_2} \tag{8}$$

其中，C 为系统耦合度；U_1 表示科技创新子系统的综合序参量；U_2 表示金融发展子系统的综合序参量。当 $C=1$ 时，耦合度极大，表示两个子系统之间达到良性共振耦合，复合系统不断向有序结构演进发展；当 $C=0$ 时，耦合度极低，表示两个子系统之间处于无序状态，复合系统将向无序发展。耦合演变主要分为低水平耦合、耦合提升、深度耦合 3 个阶段。

3. 协调度评价。协调一般是指在系统演变过程中，各个子系统及子系统构成要素各种质的差异部分在组成一个统一整体时所表现出的相互配合与协调一致的属性。协调度分析可弥补耦合度难以反映金融发展与科技创新互动的整体功效和协同效应，准确评价金融发展与科技创新之间交错耦合的协调程度。协调度的计算基于耦合度，因此也有研究将耦合度和协调度统称为耦合协调度。本文构建系统协调度模型（9）：

$$\begin{cases} D = \sqrt{C \times T} \\ T = \alpha U_1 + \beta U_2 \end{cases} \tag{9}$$

其中，D 为协调度；C 为耦合度；T 表示系统综合协调指数，反映系统整体协同效应。α 和 β 均为待定参数，根据各子系统的重要性来加以确定。根据粤港澳大湾区实际情况，在计算过程中将科技创新子系统视为比金融发展子系统更为重要，因此取 $\alpha=0.6$，$\beta=0.4$。根据协同度 D 的大小可以将耦合协调过程分为 6 个阶段（见表 2）。

表 2　　科技金融生态系统耦合协调度判断

D 取值	耦合协调程度
$D<0.2$	严重失调
$0.2\leqslant D<0.4$	轻度失调
$0.4\leqslant D<0.5$	濒临失调
$0.5\leqslant D<0.6$	勉强协调
$0.6\leqslant D<0.8$	中度协调
$D\geqslant 0.8$	良好协调

（五）科技金融发展共生模式与共生度评价模型

科技金融的发展是科技创新与金融创新共生演化的内涵体现，在本文中，可通过科技创新子系统和金融创新子系统之间的共生程度来直观展现。由于耦合协调度与共生度、共生模式之间存在若干异同，因此对共生度的评价既可以弥补耦合协调度的未解释之处，同时也在一定程度上可检验耦合协调度的研究结论。首先，本文基于演化经济学思想，在 Nelson 和 Winter（1982）的基础上，同时将技术创新和金融创新纳入协同演化分析的框架中。其次，本文借鉴并改进吴勇民等（2014）的相关研究，构建描述两个子系统相互影响时的共生演化程度的 Logistic 模型：一方面，通过判断共生系数符号以探讨两个系统之间的共生关系；另一方面，计算种群和共生演化系统的理论最大规模，将其与当前规模相比较，以得到系统演化的共生程度。

1. 子系统或种群相互影响时的共生模式判断模型。当两个种群相互作用相互影响时，每一个种群的增长率会受到两个因素的影响，一是自身演化发展在特定阶段的种群数；二是另一个种群的数量。基于 Logistic 方程，本文构建金融创新子系统与科技创新子系统相互作用时的共生模式判断模型，即：

$$\begin{cases} \dfrac{\mathrm{d}N_f(t)}{\mathrm{d}t} = r_f\left[1 - \dfrac{N_f(t)}{N_{mf}} + \alpha_{sf} \cdot N_s(t)\right]N_f(t) \\ \dfrac{\mathrm{d}N_s(t)}{\mathrm{d}t} = r_s\left[1 - \dfrac{N_s(t)}{N_{ms}} + \alpha_{fs} \cdot N_f(t)\right]N_s(t) \end{cases} \tag{10}$$

其中，金融创新子系统、科技创新产业的种群密度分别为 N_f 和 N_s；共生自然增长率分别为 r_f 和 r_s；N_{mf}和 N_{ms}分别为金融创新子系统和科技创新子系统共生体种群在给定的原材料、资本存量、劳动力、技术条件以及市场规模等外在环境资源的制约下所能够承载的最大环境容量；α_{sf}和 α_{fs}分别为科技创新子系统对金融创新子系统种群的共生作用系数和金融创新子系统种群对科技创新子系统的共生作用系数，通过它们的取值范围就可以判断二者之间共生的强弱关系。符号含义如表 3 所示。

表 3　　共生系数符号及关系判断

符号情况	共生关系判断
$\alpha_{sf}=0$，$\alpha_{fs}=0$	金融创新子系统与科技创新子系统之间互不影响，不存在共生关系
$\alpha_{sf}<0$，$\alpha_{fs}<0$	两系统之间存在竞争模式，不存在共生关系
$\alpha_{sf}>0$，$\alpha_{fs}<0$ 或 $\alpha_{sf}<0$，$\alpha_{fs}>0$	共生系数为正数的一方受益，为负数的一方受害，共生模式为寄生共生模式

续表

符号情况	共生关系判断
$\alpha_{sf}=0$，$\alpha_{fs}>0$ 或 $\alpha_{sf}>0$，$\alpha_{fs}=0$	受益（系数为正）的共生单元对另一方无任何影响，属于偏利共生模式
$\alpha_{sf}>0$，$\alpha_{fs}>0$	为互惠共生模式，若系数相等则为对称互惠共生，否则为非对称互惠共生

2. 系统间共生程度。金融创新子系统与科技创新子系统两个种群构成一个以科技金融为核心的共生演化系统，其演化过程遵循着生态种群演化的基本规律，并具有典型的 Logistic 曲线变化特征。将时间按年份分成区段，取任意相邻两个年度作为区间 $[t_i,t_{i+1}]$，区间长度 $\Delta t=1$，由于在较小的区间 $[t_i,t_{i+1}]$ 内，产业的种群密度曲线曲率变化不大，因此本文采用近似替代方法，用区间端点连线斜率来代替区间上各点的斜率，将式（10）进行处理和转化，可以得到：

$$\frac{\Delta N_f(t)}{\mathrm{d}t}=\lambda_f^{i+1}\left[1-\frac{\overline{N}_f(t_{i+1})}{M_f^{i+1}}\right]\overline{N}_f(t_{i+1})$$

$$\frac{\Delta N_s(t)}{\mathrm{d}t}=\lambda_s^{i+1}\left[1-\frac{\overline{N}_s(t_{i+1})}{M_s^{i+1}}\right]\overline{N}_s(t_{i+1}) \tag{11}$$

然后，本文使用 Matlab R2016b 软件，并借鉴吴勇民等（2014）的计算方法，获得自然增长率 λ_f^{i+1} 和 λ_s^{i+1} 的值以及每一年对应的最大环境容量 M_f^{i+1} 和 M_s^{i+1} 的值，从而实现对共生程度判断模型［式（11）］的参数估计。最后，模拟得到未来环境容量增长情况，由于受到多种环境因素以及承载量的限制，预期增长率将逐步放缓，本文取 2035 年数值作为理论上的粤港澳大湾区科技金融最大种群承载数量及系统规模，并将其与 2020 年的种群数量和规模进行比较，通过比值得到大湾区科技金融发展的共生程度。

四、评价分析

（一）数据来源及处理

上述指标数据中，科技创新领域数据主要来自香港特区政府统计处网站①、澳门特区政府统计暨普查局网站②、广东科技统计网③、广东统计信息网④，有关公司创新投入与产出数据主要来自Wind数据库，金融领域和科技金融相关数据主要来自《广东统计年鉴》金融和财政部分，数据均根据相关指标手工收集，汇率按照2020年度均值计算，部分缺失数据采用线性插值法补充，最终获得粤港澳大湾区各城市2012—2020年的历史数据。

在以往的研究中，通常关注港澳地区的金融发展情况，科技创新在分析中占比较低。而本文进行数据收集和处理时，为有效体现大湾区科技金融发展情况以及对科技创新的促进作用情况，着重考察了香港和澳门的科技创新发展情况，从而准确、全面地体现了各地区发展优势和特征。

（二）粤港澳大湾区科技金融生态系统成熟度评价

本文基于熵值赋权法计算子系统的权重，并计算得到大湾区内各城市的科技金融生态系统发展成熟度（见表4），进行横向与纵向比较。

表4　　大湾区城市科技金融生态系统成熟度评价

年份	香港	澳门	深圳	广州	佛山	东莞	珠海	中山	惠州	江门	肇庆
2012	0.689	0.454	0.629	0.569	0.527	0.540	0.493	0.424	0.430	0.421	0.421
2013	0.680	0.443	0.647	0.608	0.520	0.569	0.487	0.471	0.405	0.419	0.420
2014	0.696	0.502	0.641	0.609	0.549	0.582	0.480	0.463	0.450	0.465	0.415
2015	0.724	0.573	0.680	0.642	0.585	0.599	0.512	0.494	0.477	0.459	0.425
2016	0.762	0.566	0.709	0.650	0.570	0.631	0.584	0.512	0.445	0.460	0.451
2017	0.790	0.591	0.735	0.659	0.600	0.654	0.580	0.539	0.452	0.491	0.440
2018	0.813	0.630	0.773	0.731	0.639	0.670	0.583	0.566	0.501	0.514	0.475
2019	0.845	0.629	0.810	0.776	0.641	0.692	0.613	0.560	0.490	0.532	0.469
2020	0.833	0.631	0.851	0.812	0.673	0.716	0.660	0.603	0.516	0.540	0.503

分析上述计算结果可以得出，澳门在四个核心城市中成熟度较低且提升较缓慢，可能是因为澳门经济虽发达，但产业主要集中于旅游、会展、博彩等第三产业，同时因地域和经济体量相对较小，因此科技创新和金融发展规模小且外溢程度不高。纵向比较，各城市成熟度呈现不同的增长趋势，港澳总体边际递减，佛山、深圳等边际递增，珠海、惠州等则呈现波动上升趋

① https：//www.censtatd.gov.hk/sc/.

② https：//www.dsec.gov.mo/zh-MO/.

③ http：//www.sts.gd.cn/.

④ http：//stats.gd.gov.cn/tjgb/index.html.

势。横向比较，香港、深圳和广州的科技金融发展成熟度位于第一梯队，2020 年成熟度均为 0.8 以上，与城市发展水平和定位相符。各城市成熟度差异明显，较少出现城市相对位次变动。香港科技金融成熟度最高，主要是由于高度开放和发达的金融产业，以及依托大量顶尖高校资源所获得的科技创新能力。但核心城市成熟度较高的原因即子系统的贡献还需进一步详细探讨。佛山、东莞、珠海等城市 2020 年评价结果均提升至 0.65 以上，表明城市科技金融发展成效显著。佛山近年来以广东金融高新区建设为抓手，实现金融业错位、互补发展，不断融入大湾区科技金融生态系统建设；并且瞄准南海区氢能产业等战略性新兴产业的发展需求，加快建立科技金融生态体系，有力支持了新兴产业和先进制造业的技术创新发展。东莞市多措并举，一是有效解决市内中小微企业，尤其是高新技术企业的初期发展阶段融资问题，鼓励加大各类金融主体对企业信贷力度，体现了普惠型科技金融的重要力量；二是通过为科技创新企业设置风险隔离措施，提高企业信用水平，有力拓宽融资渠道，从而为有关科创企业成长保驾护航。珠海市同样加快融入区域科技金融生态系统建设步伐，不断加大金融方面与港澳和内地的协同发展力度，推动银行、证券、基金等领域的合作，加快金融基础设施与科技创新基础设施互联互通。此外，表 4 显示中山、惠州、江门、肇庆等城市的科技金融成熟度较低，成熟度位于 0.4 ~ 0.6，但是仍保持不断提升的发展态势，科技金融成熟度提升可能主要受益于周边城市的资源溢出。

为进一步探讨影响成熟度变化的主要影响因素，本文基于 2020 年数据，分解科技创新子系统和金融发展子系统对系统成熟度的贡献（见表 5）。计算结果较符合实际，香港的金融发展子系统贡献度高达 76.42%，约为科技创新贡献的 3 倍。深圳、广州等的金融发展的贡献度也超过 60%，但深圳的金融发展子系统占比更高。与核心城市情况不同，佛山、珠海等城市科技创新占比均为 40% 以上，可能的原因是此类城市制造业转型迫切带来较高的科技创新需求，而金融资源可较便利地从周边核心城市获得。

表 5　2020 年各城市两个子系统对科技金融生态系统成熟度的贡献　单位：%

城市	科技创新子系统	金融发展子系统
香港	23.58	76.42
澳门	18.60	81.40
深圳	31.46	68.54

续表

城市	科技创新子系统	金融发展子系统
广州	39.98	60.02
佛山	44.60	55.40
东莞	42.34	57.66
珠海	56.10	43.90
中山	50.68	49.32
惠州	59.55	40.45
江门	47.66	52.34
肇庆	57.02	42.98

本文对比“十三五”时期大湾区各城市科技金融发展成熟度变化，有利于进行城市之间的横向对比与时间维度的纵向对比，分析对比表 4 中 2016 年和 2020 年的相关情况可知，“十三五”时期各城市科技金融发展成熟度均有至少一个等级的提升，且核心城市表现出更高的提升速度。从区域发展理论来讲，大湾区科技金融发展在研究期内可能仍主要处于集聚阶段而不是扩散阶段，科技创新和金融发展不断向核心城市集聚，区域一体化建设有待进一步深化。

（三）粤港澳大湾区科技金融生态系统耦合协调度评价

1. 耦合度评价。科技创新与金融资本的耦合互动是实现创新驱动发展的重要载体。基于数据统计分析以及上文结论，由于澳门城市规模过小、产业较单一、科技创新领域投入产出小，且其可能尚未形成科技金融生态系统，因此与其他城市可比性不足，可参考性不高，因此本文在进行耦合协调度分析时舍弃澳门相关样本。此外，为更好地展现科技金融生态系统协调度和耦合度变化差异，本文在表 6 中以 2 年为变化单位报告了 2012 年、2014 年、2016 年、2018 年、2020 年大湾区各城市科技金融生态系统的耦合度评价结果。耦合度越大，表示金融发展与科技创新子系统之间良性共振耦合以及系统有序程度越高。

表 6　　　　大湾区城市科技金融生态系统耦合度评价

年份	香港	澳门	深圳	广州	佛山	东莞	珠海	中山	惠州	江门	肇庆
2012	0.575	—	0.610	0.550	0.558	0.600	0.531	0.529	0.435	0.424	0.530
2014	0.580	—	0.631	0.559	0.560	0.643	0.520	0.570	0.430	0.532	0.527
2016	0.622	—	0.650	0.616	0.603	0.659	0.525	0.623	0.505	0.549	0.532
2018	0.618	—	0.712	0.669	0.675	0.696	0.592	0.631	0.571	0.543	0.588
2020	0.656	—	0.769	0.701	0.693	0.710	0.613	0.670	0.608	0.565	0.627

表6结果显示，总体而言，各城市科技金融生态系统耦合度呈波动上升态势，但边际增长呈现不同趋势。深圳提升幅度最大，从2012年的0.610提升至2020年的0.769，按照低水平耦合、耦合提升和深度耦合3个阶段划分，深圳已接近深度耦合阶段。香港、广州、佛山、东莞和中山仍处于耦合提升阶段。其中，佛山和东莞进步明显，现实解释是，佛山近年来依托广东金融高新区建设，打造国际知名的金融后台基地，并大力发展双创引导基金、私募股权基金等，初步形成了科技金融生态系统格局；东莞则创新金融资源投入方式，精准发挥财政资金的扶持引导作用，推进商业银行加大科技信贷投入，支持企业利用多层次资本市场，逐步为高新技术企业建立完善、多样、多元的融资渠道，建立了较为健全的科技金融供给体系，金融发展与科技创新逐步实现共振。此外，珠海、中山、惠州、江门、肇庆等城市耦合程度均有一定提升，但在大湾区中处于第二梯队，未来耦合度有较大提升空间。

2. 协调度评价。本文通过式（9）计算协调度D，并对照表2，得出各城市的协调度。表7同样以两年的时间跨度报告了协调度的计算结果。协调度衡量了两个子系统之间交错耦合的协调程度，协调度越高，代表两系统间相互影响和促进的关系更加良好，这一点也可从共生模式（如寄生共生、互惠共生等）中进一步得到体现。表7结果显示，核心城市中深圳、广州在2020年均实现了良好协调，而香港目前仍处于中度协调，在金融集聚空间溢出效应下，香港金融发展更多地对周边城市科技创新和经济发展产生促进作用，因为这些地区拥有更多的科研成果转化和产业化需求，也会带来更丰富的科技创新成果（甘星和刘成昆，2021）；另外，香港本地的科技创新可能更多地与其高校科研资源有关而非与金融资源相关，因此有必要超越城市范围从整个区域的角度进行考察。非核心城市中，只有佛山实现了良好协调，东莞和中山为中度协调，珠海、惠州、江门、肇庆均为勉强协调。结合耦合度分析可知，佛山科技金融发展耦合度和协调度均具有较突出的表现，这与佛山市近年来大力发展科技金融密不可分，佛山市近年来通过构建科技金融服务工作站网络、发力知识产权质押融资、持续推进科技保险发展、加大直接融资支持力度等措施，推进金融机构加强对高新技术企业的科技金融服务，科技金融生态系统的运行机制更加完善。

表 7　　大湾区城市科技金融生态系统协调度评价

年份	香港	澳门	深圳	广州	佛山	东莞	珠海	中山	惠州	江门	肇庆
2012	勉强协调	—	中度协调	勉强协调	勉强协调	濒临失调	濒临失调	勉强协调	轻度失调	轻度失调	轻度失调
2014	勉强协调	—	中度协调	中度协调	勉强协调	勉强协调	濒临失调	勉强协调	轻度失调	濒临失调	轻度失调
2016	中度协调	—	中度协调	中度协调	中度协调	勉强协调	勉强协调	勉强协调	濒临失调	濒临失调	濒临失调
2018	中度协调	—	良好协调	中度协调	中度协调	中度协调	勉强协调	中度协调	濒临失调	勉强协调	濒临失调
2020	中度协调	—	良好协调	良好协调	良好协调	中度协调	勉强协调	中度协调	勉强协调	勉强协调	勉强协调

对比分析“十三五”期初和期末即 2016 年和 2020 年各城市科技金融耦合协调度，结果显示，深圳和广州均由中度协调提升至良好协调，香港保持中度协调，佛山、东莞、中山等城市协调度也均有提升，但总体并未出现核心城市与其他城市差距扩大现象。

（四）粤港澳大湾区科技金融生态系统共生模式与共生度评价

本文从整个大湾区的视角分析大湾区科技金融生态系统的共生模式和共生度，根据年份逐渐增加样本数量，通过式（10）计算得到 α_{sf} 与 α_{fs}，通过判断二者的符号得到共生模式发展变化情况（见表 8）。

表 8　　粤港澳大湾区科技金融生态系统共生度发展趋势

年份	共生符号	共生模式	共生程度（%）
2012	$\alpha_{sf}<0$，$\alpha_{fs}<0$	竞争关系	72. 12
2013	$\alpha_{sf}<0$，$\alpha_{fs}>0$	寄生共生	73. 49
2014	$\alpha_{sf}<0$，$\alpha_{fs}>0$	寄生共生	75. 15
2015	$\alpha_{sf}=0$，$\alpha_{fs}>0$	偏利共生	76. 33
2016	$\alpha_{sf}=0$，$\alpha_{fs}>0$	偏利共生	77. 18
2017	$\alpha_{sf}>0$，$\alpha_{fs}>0$	非对称互惠共生	79. 23
2018	$\alpha_{sf}>0$，$\alpha_{fs}>0$	非对称互惠共生	80. 10
2019	$\alpha_{sf}>0$，$\alpha_{fs}>0$	非对称互惠共生	81. 18
2020	$\alpha_{sf}>0$，$\alpha_{fs}>0$	非对称互惠共生	83. 01

分析共生符号与共生模式及其变化可知，粤港澳大湾区金融发展与科技创新子系统之间由寄生共生模式逐步转变为非对称互惠共生模式，共生程度逐步提高，但仍有提升空间。其中，由于科技创新子系统受益于金融发展子系统符号（$\alpha_{fs}>0$）出现更早，而科技创新子系统促进金融发展子系统符号（$\alpha_{sf}>0$）出现相对较晚，一定程度上说明科技创新子系统受益于金融发展子系统的时间更早，科技金融的发展更早产生对科技创新的影响。然而，大湾区科技创新对金融发展的共生模式分析显示，偏利共生模式出现并持续一段时间，可能原因是科技创新对金融发展的促进作用存在一定滞后，科技创新需经技术转化、科研成果产业化方能形成生产力并带来价值，进而通过公司融资、上市等为金融创新子系统发展带来动力。经过多年深入发展，粤港澳大湾区科技金融发展日渐成熟，创新创业引导基金等直接融资方式规模不断扩大，一定程度上同样支撑了区域金融产业的发展。

从共生程度发展情况来看，相对于 2035 年预测数据，粤港澳大湾区科技金融生态系统的规模占比从 2012 年的 72.12% 提升至 2020 年的 83.01% 。根据 Logistic 模型所揭示的种群演变规律，大湾区仍处于类“S”形增长曲线的中部偏上区间，科技金融生态系统规模提升处于较快阶段，未来应注意边际增长放缓问题甚至拐点的出现，进一步加深科技创新与金融发展的耦合协调和共生演化，以科技金融发展为突破口，推动科技金融生态系统规模提升和高质量发展。

事实上，科技金融生态系统着重强调了系统主体间、主体与环境间的交流、共生和协同，这恰恰是大湾区科技金融发展应首要考虑的问题。与一般的区域科技金融生态系统相比，大湾区科技金融生态系统跨越了三个行政区域、三个关税区，涉及两种制度以及多种法系，制度环境更加复杂，因此亟须探索多种方式促进区域间资金、技术、人才等的自由流动。

五、结论与建议

基于国家金融学与共生演化等研究视角，本文选取粤港澳大湾区科技金融生态系统为研究对象，通过构建适用于三维评价的综合评价模型，对粤港澳大湾区“9 +2”城市科技金融生态系统的成熟度、耦合协调度、共生模式和共生度进行综合评价。

粤港澳大湾区科技金融总体实现了跨越式发展，科技金融有效支持区域科技创新发展，并呈现明显的错位与互补发展特征。成熟度评价结果显示，各城市科技金融生态系统成熟度总体呈上升趋势，但边际增长情况不一致。香港科技金融成熟度最高，深圳、广州次之，澳门成熟度水平较低且提升缓慢。佛山、东莞、珠海等城市 2020 年评价结果均提升至 0.65 以上，城市科技金融发展成效显著。中山、惠州、江门、肇庆等城市的科技金融成熟度较低，但仍保持着不断提升的发展态势。耦合协调度评价结果显示，深圳已接近深度耦合阶段，香港、广州、佛山、东莞和中山仍处于耦合提升阶段，其中佛山和东莞进步明显。协调度评价结果表明，核心城市中深圳和广州在 2020 年均实现了良好协调，而香港目前仍处于中度协调。非核心城市中，只有佛山实现了良好协调，东莞和中山为中度协调，珠海、惠州、江门、肇庆均为勉强协调。结合耦合度分析可知，佛山科技金融发展耦合度和协调度均具有较突出的表现，可能与金融高新区的蓬勃发展有关。共生模式和共生度评价结果表明，粤港澳大湾区金融发展子系统与科技创新子系统之间由竞争模式逐步转变为非对称互惠共生模式，共生程度逐步提高。其中，科技创新子系统受益于金融发展子系统的时间更早、程度更深，但科技创新对金融发展的促进存在滞后现象。粤港澳大湾区科技金融共生程度从 2012 年的 72.12% 提升至 83.01%，科技金融生态系统规模扩张仍处于较快阶段。未来可能面临边际增长放缓问题，需探索科技金融发展新模式和新动力，促进科技创新实现快速发展。

基于上述研究结论，本文为粤港澳大湾区科技金融生态系统构建和优化提出三点建议。

第一，坚持大湾区城市间互补发展、错位发展，共同构建区域科技金融生态系统。共生度评价表明区域科技金融子系统间已进入相对良性的发展状态，但仍需向对称互惠共生模式努力，具体而言，应充分发挥港澳高水平国际化资本市场作用、内地城市科技成果转化和产业化作用，形成“港深科技金融支持—区域科技创新多点开花—珠三角产业化”的科技、金融创新子系统协同发展模式。香港重在发挥其国际金融中心地位及开放辐射作用，提升湾区科技金融创新的跨境合作水平及国际影响力，打造为湾区科技金融生态系统中的国际合作创新极。澳门依托自由港优势发展特色科技金融，可关注融资租赁、资产管理等领域。广州用活丰富的高校创新资源，着力实现科技创新引领。深圳则应发挥其在风投创投、科技创新和多层次资本市场等领域的突出优势，重点打造深港风投创投及科技创新合作中心。佛山和东莞可通过建立金融后台基地、大力发展战略性新兴产业等，为科技金融提供良好的应用发展场景。以港澳广深为核心科技金融圈，创建“湾区金融联盟”等常态化合作机制，全面提升湾区的合作层次及科技金融创新的国际影响力。

第二，有效扩大直接融资比重，构建多层次直接融资市场。粤港澳大湾区亟须建立涵盖湾区私募股权场外交易中心及四板科创市场、深圳中小板、深港创业板、深港主板等跨区域互联互通机制的多层次科技股权直接融资市场；着重发展并用好创新创业投资引导基金，充分发挥其引导撬动作用，通过财政资金、金融资本、国有资本和社会资本协同发力，助力科技企业发展和产业转型升级；按照市场化方式运作，通过投资股权投资基金、并购基金或跟进投资，支持创业投资企业发展并引导其投资方向，重点投资于小微型创新企业和中小型创新企业；完善私募股权行业营商环境，引导各类资本投向湾区内优质科技创新企业和高新技术企业，为处于不同发展阶段的创新型企业提供全生命周期直接股权融资等资金支持。

第三，打造高度开放与高协同性的科技金融生态系统。在“打造具有全球影响力的国际科技创新中心”战略目标引导下，推动粤港澳大湾区内金融、技术、人才等关键要素加速流转，推动粤港澳大湾区金融市场双向开放与联通，实现金融产品互认、资金互通、市场互联，推动实现产业链、创新链与资金链的“三链融合”；同时也要注重克服“两种制度、三个关税区”带来的阻碍，减小内地与港澳金融市场在金融基础设施、监管理念、监管方式等方面的差异带来的影响；进一步完善深港通、沪港通、新股通等资本市场联通机制，让更多海外资金进入内地市场支持企业技术创新，提升科技金融发展开放水平和国际化水平；依托广东金融高新区等打造湾区科技金融枢纽重要节点和特色示范点，共同打造和完善大湾区科技—金融—产业生态圈；构建耦合协调、协同演化的大湾区科技金融生态系统，全力推动湾区科技金融的创新合作，引领湾区前沿科技创新及战略性新兴产业的创新发展，建设国际一流湾区及世界级城市群。

参考文献

[1] 陈杰英. 粤港澳大湾区科技金融创新的逻辑——基于产业生态圈协同发展的思考 [J]. 科技管理研究，2020 (24).

[2] 陈云贤. 关于创设"国家金融学"的几点思考 [J]. 中山大学学报(社会科学版)，2021 (2).

[3] 杜金岷，梁岭，吕寒. 中国区域科技金融效率研究——基于三阶段DEA模型分析 [J]. 金融经济学研究，2016 (6).

[4] 冯锐，高菠阳，陈钰淳，等. 粤港澳大湾区科技金融耦合度及其影响因素研究 [J]. 地理研究，2020 (9).

[5] 甘星，刘成昆. 粤港澳大湾区金融集聚空间溢出效应及异质性研究 [J]. 金融经济学研究，2021 (1).

[6] 李颖，凌江怀，王春超. 金融发展对国内科技创新影响的理论与实证研究——基于对广东省面板数据的分析 [J]. 科技进步与对策，2009 (23).

[7] 卢亚娟，刘骅. 基于引力熵模型的科技金融区域协同发展研究——以长三角地区为例 [J]. 上海经济研究，2019 (1).

[8] 芦锋，韩尚容. 我国科技金融对科技创新的影响研究——基于面板模型的分析 [J]. 中国软科学，2015 (6).

[9] 吕屹云，方凯. 中国区域经济　科技—金融耦合关系研究——基于粤港澳大湾区的对比分析 [J]. 科技管理研究，2020 (13).

[10] 毛茜，赵喜仓. 科技金融创新与我国经济增长效应研究——基于科技型中小企业发展视角 [J]. 科技进步与对策，2014 (12).

[11] 彭念姣，白潇，杨广立. 粤港澳大湾区科技金融生态体系的构建与对策分析 [J]. 现代商业，2021 (33).

[12] 钱晶晶，钟韵，张横峰. 金融集聚与经济高质量发展——基于技术创新的中介效应分析 [J]. 金融经济学研究，2021 (6).

[13] 汤子隆，祝佳，赖晓冰. 科技金融生态系统影响科技金融产出的空间结构研究 [J]. 经济体制改革，2018 (6).

[14] 吴勇民，纪玉山，吕永刚. 金融创新子系统与科技创新子系统的共生演化研究——来自中国的经验证据 [J]. 经济学家，2014 (7).

［15］王彩萍，李建平．国家金融视角下现代金融体系理论的衍化和创新——基于“六要素论”体系的新思考［J］．金融经济学研究，2022（2）．

［16］武翠，谭清美．长三角一体化区域创新生态系统动态演化研究——基于创新种群异质性与共生性视角［J］．科技进步与对策，2021（5）．

［17］徐玉莲，王玉冬，林艳．区域科技创新与科技金融耦合协调度评价研究［J］．科学学与科学技术管理，2011（12）．

［18］杨建辉，黎绮熳，谢洁仪．区域科技金融发展评价指标体系——基于投影寻踪模型分析［J］．科技管理研究，2020（6）．

［19］张俊芳，苏牧．科技金融生态系统指标构建与国际比较研究［J］．中国软科学，2022（7）．

［20］张林．金融发展、科技创新与实体经济增长——基于空间计量的实证研究［J］．金融经济学研究，2016（1）．

［21］张玉喜，刘栾云娇．共生视角下科技金融生态系统对科技创新的影响［J］．系统工程，2021（39）．

［22］张玉喜，张倩．区域科技金融生态系统的动态综合评价［J］．科学学研究，2018（11）．

［23］张玉喜，赵丽丽．中国科技金融投入对科技创新的作用效果——基于静态和动态面板数据模型的实证研究［J］．科学学研究，2015（33）．

［24］Audretsch D. B.，E. Lehmann，S. Paleari，and S. Vismara. Entrepreneurial Finance and TechnologyTransfer［J］. Journal of Technology Transfer，2016，41（1）：1－9.

［25］Benfratello L.，and A. Sembenelli. Banks and Innovation：Macroeconomic Evidence on Italian Firms［J］. Journal of Financial Economics，2008，90（2）：197－217.

［26］Cheng X.，J. Wu，and S. S. Liao. A Study of Contagion in the Financial System from the Perspective of Network Analytics［J］. Neurocomputing，2017，264（6）：42－49.

［27］Chowdhury R. H.，and M. Maung. Financial Market Development and the Effectiveness of R&D Investment：Evidence from Developed and Emerging Countries［J］. Research in International Business and Finance，2012，26（2）：258－272.

［28］Khan M. S.，and A. S. Senhadji. Financial Development and Economic Growth：A Review and New Evidence［J］. Journal of African Economics，2003，12（2）：89－110.

［29］Nelson R.，and S. Winter. An Evolutionary Theory of Economic Change［M］. Cambridge，Mass：The Belknap Press of Harvard University Press，1982.

［30］Perez C. Technology Revolution and Finance Capital［M］. London：Edward

Elgar, 2002.

[31] Song Q. , N. Zhou, T. Liu, S. Siehr and Y. Qi. Investigation of a "Coupling model" of Coordination between Low-carbon Development and Urbanization in China [J]. Energy Policy, 2018, 121: 346 - 354.

[32] Vasilescu L. G. , and A. Popa. Venture Capital Funding - Path to Growth and Innovation for Firm [J]. Constatin Brancusi University of Targu Jiu Annals - Economy Series, 2011 (1): 204 - 213.

第 4 篇
国家金融风险防范

金融风险与部门传染

——基于资金流量核算的 CCA 模型和宏观金融网络分析

高慧颖　周　潮　刘　安　全恩有[①]

摘要：从资金存量表视角分析中国实体经济部门的债务负担和资产负债情况，并运用未定权益分析方法（CCA 模型）分析 2004—2020 年住户、非金融企业、广义政府、金融机构和国外五大经济部门的隐含资产负债率及债务违约风险变化趋势。同时，结合中国 2020 年末资金存量表明细数据，构建部门间关联矩阵，运用宏观金融网络分析方法，模拟测算上述五大经济部门违约风险的传染效应。研究结果表明，住户部门的隐含资产负债率平稳较快上升，但总体债务违约概率较低；企业部门的隐含资产负债率波动较大，部分时点违约概率较高；政府部门的隐含资产负债率小幅稳定增长，整体违约概率较低；金融部门始终处于风险的最前端，在部门间金融资产负债关联网络处于中枢地位，受其他部门的风险冲击影响最大。建议充分发挥金融账户在系统性金融风险评估中的作用，保持宏观调控政策稳健有效，政策发力适当靠前。

一、引言

2023 年 3 月，美国硅谷银行“光速”倒闭与瑞士信贷巨亏共振，蔓延风险引爆市场情绪，甚至引发是否发生新一轮国际金融危机的担忧。国际金融危机的教训充分说明，单个金融机构的安全稳定并不能确保金融体系的安

---

① 作者简介：高慧颖，东北财经大学博士研究生，供职于中国人民银行调查统计司，研究方向为宏观金融；周潮，供职于中国人民银行张掖分行，研究方向为动态宏观与经济政策模拟；刘安，供职于中国人民银行兰州分行，研究方向为金融统计分析；全恩有，供职于中国人民银行武汉分行，研究方向为资金流量核算分析。

全稳定，在国民经济各部门债权债务关系构成的相互连接的宏观金融网络中，其他部门的局部风险冲击可通过宏观金融网络不断传染蔓延，并最终酿成系统性风险。在中国乃至世界，还没有国家金融学这门学科，但是从理论与实践方面都应积极探索创设国家金融学，把整个国家作为金融学的研究对象（陈云贤，2021，王彩萍和李建平，2022）。近年来，中国经济运行中困难不少，在金融改革持续深化的同时，全社会杠杆率增长较快，根据国际清算银行（BIS）数据，2020 年末中国非金融企业部门债务总额与 GDP 之比（即“宏观杠杆率”）达到 162.3%，高于全球其他主要经济体，非金融部门整体宏观杠杆率攀升至 289.5%，较 2008 年末提高 150.5 个百分点。一旦单一部门出现债务违约，则很有可能传染至金融部门和其他部门，进而产生系统性金融风险。

国际金融危机之后，越来越多的国家把资金存流量核算，尤其是金融账户分析，作为宏观审慎和金融稳定分析的重要工具和方法，特别是分析反映各类金融工具的部门交易对手信息和部门之间资金相互联系的明细数据信息，在分析金融风险传染性方面极具优势。在参考国内外学者相关研究成果的基础上，本文从资金存量表视角分析中国实体经济部门债务负担和资产负债情况，并运用未定权益分析方法（CCA 模型），深入分析住户、非金融企业、广义政府、金融机构和国外五大经济部门近年来的隐含资产负债率及债务违约风险变化趋势，同时构建部门间关联矩阵进行宏观金融网络分析，模拟测算五大经济部门违约风险的传染效应。

本文的基本研究思路是：首先利用中国人民银行的资金存量表（金融账户）数据[①]，使用债务负担率、金融资产负债率等作为非金融部门债务水平的衡量指标，与美国、日本和澳大利亚等进行国际比较，分析近年中国非金融部门债务风险变化情况。其次，采用未定权益分析方法（CCA 模型）将基于核算的资金存量表构建为基于风险的资金存量关联矩阵，计算出各部门经风险调整后的隐含金融资产负债率、财务违约概率等指标，进一步分析中国各部门的债务风险。最后，基于中国资金存量表五大部门之间“谁对谁”

---

① 中国资金存流量核算金融交易表由中国人民银行调查统计司编制，目前资金流量表已按季度公布，资金存量表已按年度公布，数据表见中国人民银行官网。网址：http://www.pbc.gov.cn/diaochatongjisi/116219/116319/3750274/4137554/index.html。

关联矩阵数据，构造五大部门间金融资产负债关联网络，利用宏观金融网络分析方法进一步模拟计算各部门发生债务违约后对其他部门的冲击影响。

本文的边际贡献主要有三点。一是运用来自中国人民银行的资金存量表金融账户明细数据，以及中国人民银行最新公布的资金存量表（金融账户）样式，编制了国民经济五大部门之间的“从谁到谁”的资金关联矩阵，在遵循 SNA 体系和 IMF 金融货币统计手册中的金融存量核算原则基础上完整地涵盖国民经济各部门①，使风险传染渠道展现更加真实完整，有助于提升研究结论的有效性。二是同时使用未定权益分析（CCA 模型）方法和宏观金融网络分析方法，既分析各经济部门违约风险，又展示部门间金融资产负债关联网络结构、分析各部门违约风险对其他部门的冲击和影响，比较全面阐释了各部门的金融风险和部门间的风险传染。三是动态模拟了国外部门与中国住户部门增加直接网络连接后金融风险的冲击后果，进一步证实完整的部门间金融资产负债关联网络可以有效分散金融风险、降低社会损失。

二、文献综述

国民经济五大部门之间的金融相互连接是一个非常重要的机制，存款、贷款和证券产品的资金循环通过这个机制在金融系统内部传递。一个整合良好的金融体系也是提高金融效率的重要因素，因为它有利于金融风险的分担，促进信贷的获得，降低居民、企业和金融中介机构的成本（Castrén 和 Rancan，2014）。为了与全文的基本研究思路对应，本文相应从基于资金流量和存量的金融风险分析、基于未定权益分析方法（CCA 模型）的债务风险研究，以及基于宏观金融网络模型的系统性金融风险研究三个层面进行文献梳理。

（一）基于资金流量和存量的金融风险分析

美国经济学者 Copeland（1947，1952）对其受 NBER 委托开展的货币循环统计框架研究进行了总结，首次明确提出了资金流量统计的概念及定义，1952 年出版专著《美国货币流量研究》，用资金流量的方法对美国主要经济

① 中国的资金存量表金融账户的核算原则，可参考中国人民银行调查统计司近几年出版的金融统计核算专著。

部门的金融活动做了全面的研究，构造了资金流量表的最初表式，从此资金流量核算成为一个崭新的宏观经济核算分析工具，为后续资金流量核算在世界范围内的推广和发展奠定了基础。中国资金流量核算分析起步较晚，王传纶（1980）最早引入资金流量分析方法，从宏观分析、中观分析和微观分析三个层面总结了资金流量分析方法的应用情况。中国的资金流量相关研究工作进展及其在金融风险方面的应用研究情况，可参考贝多广和骆峰（2006）、刘晓欣和熊丽（2021）以及高慧颖（2022）等。总体上，资金流量核算及其在分析金融风险方面的研究已经被政策层和学术界广为关注，但是限于数据可得性、时效性以及对矩阵式报表核算框架理解等因素，目前国内在资金流量核算理论实务方面尚缺乏权威、系统和全面的梳理，对相关核算账户和报表、各部门与金融工具统计之间的关系，以及相应的核算统计方法等缺乏系统的论述，特别是对中国资金存量表（金融账户）方面的研究更是非常稀少。鉴于本文研究采用的中国央行的官方数据，因此本文将资金存量表的相关研究作为文献梳理的重点。

资金流量可以看作一个观察期内从期初到期末两个连续时间点之间的头寸差额，而资金存量则是观察期的期末或某个特定时间点上资产和负债的价值水平。与资金流量表的相关研究类似，基于资金存量表考察金融风险面临的最大困难，是实体交易和金融交易的资产负债表数据缺乏（刘晓欣和熊丽，2021）。1997 年和 2007 年国家统计局均出版了《中国资产负债表编制方法》，并根据中共十八届三中全会的精神在 2013 年提出编制国家和地方资产负债表，但是目前官方的中国国家资产负债表数据尚未公布。因此学者在尝试编制中国的国家资产负债表方面进行了很多探索，李杨等（2012a，2012b）初步编制了 2000 年开始的年度中国主权资产负债表，后来又加入了金融部门资产负债表，构建了相对完整的中国国家资产负债表。杜金富（2015）、刘磊和张晓晶（2020）等也在国家资产负债表方面进行了很多探索性研究。

上述流量表文献研究的重点在于整个国家资产负债表，对于资金存量表金融账户的研究长期处于非主流的地位，并且对中国金融账户存量表的研究可谓少之又少，其中以殷剑峰（2018）对中国资金存量表的估算研究比较具有代表性。殷剑峰（2018）基于存款和信用两类金融工具，采用较为合理的推算技术，构建了中国自 2007 年以来七个部门的部门对部门季度资金存量表，分析资金存量的部门分布和交易关系，揭示在相互联系的多部门经济中货币和信用的创造机制。学者们的估算研究囿于数据可得性、假设脱离现实和分析工具匮乏等原因，存在诸多不足之处，因此本文采用中国人民银行的资金存量表金融交易“谁对谁”账户数据开展研究①。

（二）基于未定权益分析方法（CCA 模型）的债务风险研究

基于资金流量和存量账户的研究，优点在于可以运用国民间各部门、各账户的关系和数据，对宏观经济风险进行模拟及分析。当前研究金融风险运用较多的宏观经济模型当属 CCA 模型，Merton（1973）首次提出采用未定权益分析方法（CCA 模型）对金融风险进行测度分析。Castrén 和 Kavonius（2009）使用 CCA 模型测算分析了欧元区各经济部门的违约风险，在利用金融账户数据分析金融风险方面作出了开创性贡献。Antunes 等（2011）采用 CCA 模型分析了葡萄牙住户、企业等部门的金融风险，并且在模型中考虑了主权债务危机和银行部门信用危机的关系，最终基于网络分析和 CCA 模型提出了新的系统性风险指标。Tiwari（2013）在实物期权框架下运用 CCA 模型探讨债券持有人和股东在研发投资方面的代理冲突，认为与研发活动相关的风险来自资产的无形化程度、研发项目的成功率以及资产的特殊性，发现用于研发的资产如果具有很高的无形化程度和特殊性，并且成功率很低，那么股东就会减少研发方面的投资，将风险负担转嫁给债券持有人，从而降低未偿债务的价值。

国内方面，宫晓琳（2012）根据中国公开发布的资金流量表（金融交易部分）、人民币信贷收支表等数据测算编制了 2000 年至 2008 年的资金存量表，利用 CCA 模型分析了中国 2000 年至 2008 年的金融风险演变情况。荀文均等（2016）根据美国和欧元区金融账户，以及测算编制的中国资金存量表，使用 CCA 模型对宏观杠杆率杆与系统性风险传染之间的内在联系进行了理论和实证分析。刘磊等（2019）运用 CCA 模型分析基于 SNA 体系的中国各部门资产负债表，借鉴谷歌网页排名算法，重新构建了各部门的金融风

① 在中国人民银行官网“统计数据”中“金融账户”只发布了 2017 年至 2020 年四个年度的资金存量表（金融账户），网址：http：//www. pbc. gov. cn/diaochatongjisi/116219/116319/3750274/4137554/index. html。本文研究部分采用了官方内部数据，考虑到官方公布的逐年资金流量表（金融交易）采用的是五部门结构，因此本文也采用了对应的五部门资金存量表（金融交易）的官方数据来尝试研究。

险指数。袁金建和刘海龙（2019）基于非对称 GARCH 模型捕捉银行资产波动率的时变特性，并运用 GARCH 期权定价模型测度系统性风险，发现银行业系统性风险分别在 2012 年和 2015 年“股灾”之后小幅上升，并且在 2016 年大幅上升，基于时变波动率 CCA 方法的系统性风险指标对宏观经济动态的预测能力，要明显优于基于传统 CCA 方法的指标。

CCA 方法最大的优势在于能够测度各部门经风险调整后的资产价值，真实反映各部门的风险情况，这也是 CCA 方法受到众多学者重视的原因。陈华等（2020）将外汇储备置于主权国家资产负债表管理（SALM）框架，基于 CCA 方法对外汇储备的资产配置策略和合意规模进行测算，发现外汇储备资产配置策略与主权国家资产负债表的隐含杠杆比例有关，外汇储备资产规模对主权国家违约风险具有门槛效应，新兴市场国家的合意外汇储备/GDP 比例为高于 11.49%。郑立君和黄友逵（2020）基于中观经济部门视角运用 CCA 模型量化国内各经济部门的风险，并在构建部门间资产负债关联矩阵的基础上，模拟债务杠杆风险冲击的风险情景。王兆成（2021）基于 CCA 模型分析杠杆率对系统性风险传染机制的影响，发现杠杆率走高导致国民经济各部门的风险水平上升，通过股权与债权渠道助推系统性风险在各部门之间传导。

（三）基于宏观金融网络模型的系统性金融风险研究

现有文献通过宏观和微观两方面对系统性金融风险进行定义，一种是从宏观角度分析系统性金融风险，原欧洲央行行长定义系统性金融风险为“金融系统中普遍存在的不稳定性转化为对整个经济增长和福利产生不利影响的风险”。另一种则从微观角度入手，利用单家机构交易数据测算系统性风险以及单家机构对整个金融系统的影响程度。目前的系统性金融风险度量方法主要有尾部度量、前瞻性风险度量、宏观经济模型等，本文主要关注宏观金融网络模型的研究。网络关联法中矩阵法和网络分析法是网络关联分析的代表性方法，这类方法通过部门间交易数据建立分析网络。Mueller（2006）利用瑞士银行数据，根据不同的银行结构建立不同的网络结构识别系统性风险。国内学者的研究中，宫小琳和卞江（2010）以中国公开发布的资金流量表（金融交易部分）数据为基础编制了 2007 年资金存量数据，利用最大熵法测算编制了“谁对谁”数据，通过网络分析方法构造中国部门间资产—负债网络结构，模拟企业部门和住户部门的风险冲击效应。范小云等（2012）

利用国内银行间的交易数据建立借贷关联矩阵，模拟金融系统中一家银行出现危机时导致银行破产的数量以及银行部门的资本损失。刘冲和盘宇章（2013）通过构建银行间市场网络模型，分析得出在异质性流动冲击下，银行间市场的风险分担机制能够使银行避免清算长期资产带来的损失，从而有效降低金融传染风险的可能性。李绍芳和刘晓星（2018）基于溢出效应和尾部风险的视角，运用动态尾部事件驱动网络模型构建了中国金融机构体系的关联网络，发现中国金融系统总体关联度呈现了周期性的变化，银行部门溢出效应的影响输出强度最高，个别金融机构虽然规模较小，但是与其他金融机构的高度关联性，也可能成为系统性金融风险的诱发因素。

刘磊和张晓晶（2020）阐述了债权债务关系下的风险传染机制，根据李扬团队编制公布的中国国家资产负债表数据，将投入产出分析方法和金融网络分析方法有机结合构建违约风险和流动性风险的传导模型，提出了宏观金融风险指数量化标准。蒋海等（2021）构建银行间尾部风险关联网络的拓扑结构，分析经济政策不确定性和网络关联对银行业系统性风险的影响，发现政策不确定性的上升与银行间网络关联性的提高均会增加银行业系统性风险。杨子晖等（2020）构建全球金融市场与经济政策不确定性的非线性关联网络，发现风险传染沿着“股票市场→经济政策不确定性→外汇市场”这一路径扩散开来，并且境外金融市场会对中国大陆金融市场产生显著的风险传染。王辉等（2021）将政府控股银行的议价能力量化为溢价倍数，并运用资产负债数据和股权结构数据构建了中国银行间市场内生均衡交易网络，量化分析银行关联度限制最优区间及各类政府救助政策效果。

傅强和石泽龙（2022）以金融类股票的高频数据为对象建立了高维度局部平稳的非参数时变 VHAR 模型，运用拟贝叶斯局部似然（QBLL）估计方法，提出联合网络关联度的频率成分指标分析中国系统性金融风险，发现中国金融系统风险的联合网络关联度比较高且持续性波动。张伟平和曹廷求（2022）基于 SIM 单指数分位数回归技术提出测量系统性风险的新指标 SIM－CoVaR，结合前沿的 TENET 网络模型构建跨房地产企业风险动态传染的尾部风险网络，发现在市场动荡时期房地产部门是金融风险溢出的放大器。梁琪和常姝雅（2022）把全球股票市场波动率划分低波动和高波动而构建高低波动风险溢出网络，发现全球股市系统性风险具有顺周期性，在金融危机期间，跨区域、跨组织的股市间风险溢出水平明显上升，发达经济体股市主要为风险输出方，新兴市场股市主要为风险输入方。基于对上述研究的分析以及参考唐文进等（2020）对网络结构模型的系统性风险研究总结，本文认为网络关联很好刻画了部门之间的联系，将这种关联数量化，可以模拟风险冲击，是研究系统性金融风险的有效方法。

（四）文献评论

上述文献为本文的研究提供了重要参考和启示，但是目前限于资料可得性，学术界和机构部门在不同金融工具上的编制方法和思路，尚缺乏深入研究和提炼。资金流量核算作为国民经济核算体系SNA的重要组成部分，为宏观经济金融研究提供了独特的观察视角、翔实的基础数据和科学的分析工具。2008年国际金融危机后，加强宏观审慎管理、防范系统性风险成为主要国际组织和经济体金融改革的共同政策主张，越来越多的国家把资金流量核算作为宏观审慎和金融稳定分析的重要工具和方法，并认为资金流量核算报表是金融风险识别的关键起点。本文将从数据、指标和核算方法等方面进一步完善，深入分析中国的系统性金融风险情况，本文研究的主要突破点有：一是以部门债务负担率和金融资产负债率等指标的变化趋势，揭示中国部门的金融风险情况；二是采用未定权益分析法（CCA模型），定量分析各部门隐含的金融风险及特点；三是利用中国资金存量表明细数据，构造了五部门金融资产负债关联网络，利用宏观金融网络分析方法模拟计算了各部门债务违约对其他部门造成的损失。

三、中国非金融部门债务水平的国际比较分析

从国际经验看，非金融部门债务水平衡量指标主要包括债务负担率、金融资产负债率①等。基于中国、美国、日本和澳大利亚四国资金存量表数据②，本文使用上述指标，比较分析了近年中国非金融部门债务风险变化情况。

① 债务负担率=负债/可支配收入，各部门负债=贷款+债券+未贴现银行承兑汇票，各部门可支配收入数据来源于资金流量表（非金融交易）中的各部门可支配收入；金融资产负债率=负债/金融资产。

② 中国资金存量表数据由人民银行提供，为内部资料；美国、日本和澳大利亚资金存量表数据来自各国央行或统计部门官网发布的金融账户。

（一）中国住户部门债务水平较快上升，2020 年末已明显高于美国和日本，但低于澳大利亚

利用中国 2004 年至 2020 年资金存量表及其他相关数据，本文计算了同期中国非金融部门债务负担率。如图 1 所示，随着中国住户部门贷款特别是住房贷款快速增长，中国住户部门的债务负担率从 2008 年末的 31.4% 快速上升至 2020 年末的 108.6%。从中、美、日、澳四国住户部门 2004 年至 2020 年金融资产负债率（见图 2）看，从 2007 年开始，中国住户部门金融资产负债率持续快速上升，至 2020 年达到 38%，比美国和日本同期高 20 个百分点以上，比澳大利亚同期低 4 个百分点。

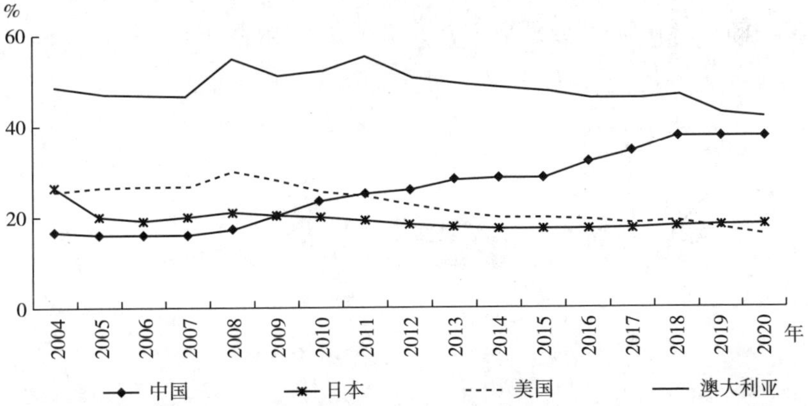

图 1　国内非金融部门债务负担率的四国对比情况

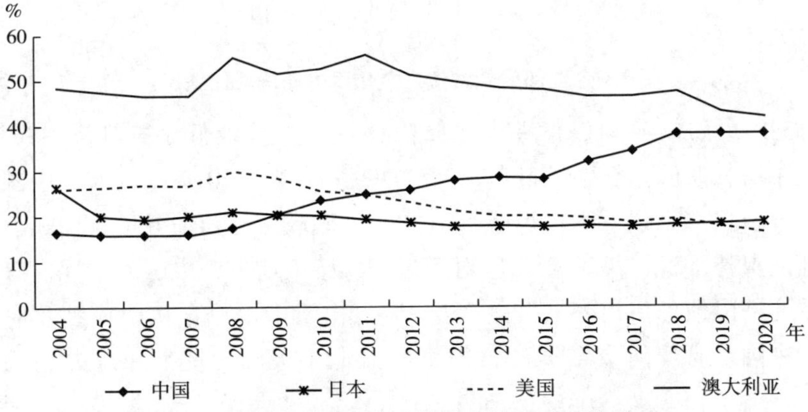

图 2　住户部门金融资产负债率的四国对比情况

（二）中国企业部门债务水平先升后降，2020 年仍高于美国、日本和澳大利亚

如图 1 所示，2009 年开始，受中国“一揽子经济刺激计划”影响，中国企业部门债务负担率快速上升，至 2012 年达到历史高点；此后，中国经济发展进入“三期叠加”阶段，经济下行压力加大，各项“逆周期”调控政策不断出台，中国企业债务负担率呈波动上升走势，于 2015 年再次上升至阶段性高点；2016 年以后随着“去杠杆”政策的逐步实施，债务负担率开始下降，2020 年末为 670.9%，较 2012 年末降低 252 个百分点。从中美日澳四国企业部门 2004 年至 2020 年金融资产负债率（见图 3）看，中国企业部门金融资产负债率从 2005 年的历史高点（164.6%）逐步下降至 2020 年的 113%，但仍比美国、日本和澳大利亚同期分别高 5 个、41 个和 13 个百分点。

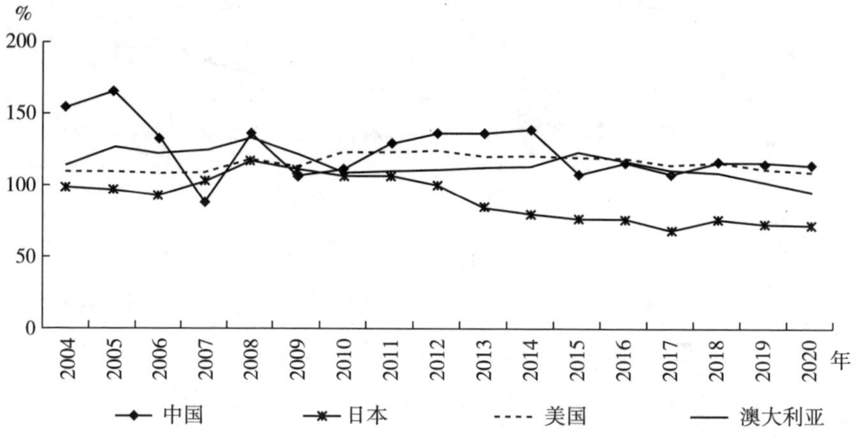

图 3　企业部门金融资产负债率的四国对比情况

（三）中国政府部门债务水平呈阶梯走势，长期低于美日澳水平

从中美日澳四国金融资产负债率（见图 4）看，2014 年以前，中国政府部门债务负担率小幅下降；2015 年开始，中国政府部门债务呈阶梯式上升走势，随后保持平稳；2020 年为应对新冠病毒感染冲击，中国赤字规模有所扩大，政府部门债务负担率上升至 280.2%。由于中国一直从严控制政府债务规模，中国政府部门金融资产负债率明显低于美国、日本和澳大利亚同期水平。

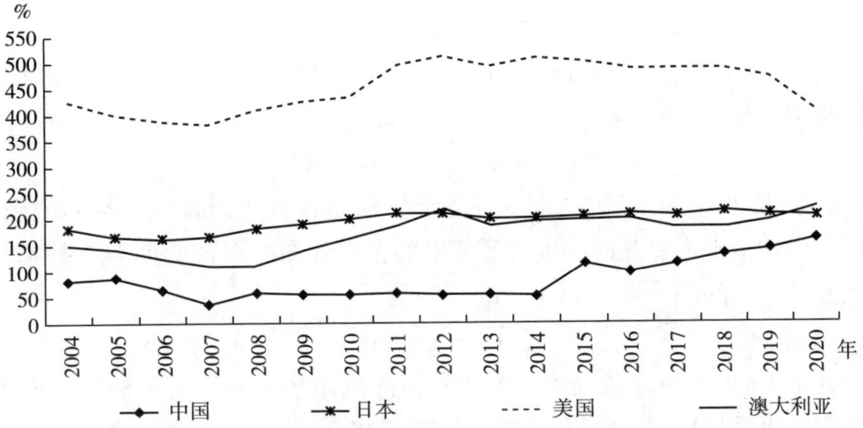

图 4　政府部门金融资产负债率的四国对比情况

以上基于资金存量表数据分析债务风险的一个不足是，它建立在一个完全确定的、基于核算的框架上，无法反映市场波动对债务风险的影响。为此，本文采用未定权益分析方法（CCA 模型）将基于核算的资金存量表转向基于风险的资金存量表，计算出各部门经风险调整后的隐含金融资产负债率、财务违约概率等指标，进一步分析中国各部门债务风险。

四、基于资金存量表构建 CCA 模型分析各部门债务风险

（一）CCA 模型理论简介

CCA（contingent claims analysis）模型即未定权益分析法，又称为或有权益法、不定权益法，起源于 Black 和 Scholes（1973）及 Merton（1973）对期权定价模型的开创性研究，Gray 等（2007）将模型的使用范围从微观的金融产品、公司的信用风险拓展到宏观经济部门的整体性风险实证研究方面。

该模型的运用基于以下三个假设前提：一是负债的市场价值基于资产的市场价值；二是资产市场价值的变化是一个随机过程，遵循几何布朗运动，在到期日，资产价值可能高于当期应偿付的债务，也有可能低于当期应付债务，当资产价值低于应付债务时，该经济部门就会发生违约风险；三是对于不确定的资产索取权，其索取权具有优先次序之分，债权是优先索取权，股

权是剩余索取权，每个经济部门资产的市场价值 A 是低等索取权（股权 E）和高等索取权（风险债务 D）的价值总和。

根据 CCA 模型，资产的市场价值受多种因素的影响，其变动轨迹类似布朗运动，如式（1）：

$$dA = \mu\_AAdt + \sigma\_AAdz \tag{1}$$

σ_A 是资产 A 的波动率，μ_A 为资产的期望收益率，dz 是 t 的一个函数，且服从零均值，方差是时间 t 的平方根的正态分布。资产的期望收益率与无风险收益率之间的关系，如式（2）所示：

$$\mu_A = r + \lambda\sigma_A \tag{2}$$

其中，r 为无风险收益率，λ 表示风险的市场价格，表示的是投资者对于风险的厌恶程度，Gray 等（2007）建议将 λ 的值固定为全球的长期平均水平 0.45。

股权市场价值 E 可以看成一个以资产市场价值 A 为标的资产、到期日为 T、执行价格为债务账面价值 B 的欧式看涨期权，定义 $x = T - t$，由伊藤引理可得：

$$E = AN(d_1) - Be^{-rx}N(d_2) \tag{3}$$

$$d_1 = \frac{\ln\frac{A}{B} + \left(\mu_A + \frac{\alpha_A^2}{2}\right)x}{\sigma_A\sqrt{x}} \tag{4}$$

$$d_2 = \frac{\ln\frac{A}{B} + \left(\mu_A + \frac{\alpha_A^2}{2}\right)x}{\sigma_A\sqrt{x}} = d_1 - \sigma_A\sqrt{x} \tag{5}$$

$$\sigma_E = \frac{N(d_1)A}{E}\sigma_A \tag{6}$$

其中，$N(d_1)$ 和 $N(d_2)$ 表示标准正态分布的累积分布概率，$x = T - t$ 表示的债务期限，多数文献中按照一年计算，本文计算时的到期债务时间也视为一年，σ_E 为股权市场价值的波动率。

风险债务 D 可以看成一个隐性看跌期权，为债务账面价值 B 与债务预期损失 P 的差值。

$$D = Be^{-x} - P \tag{7}$$

$$P = Be^{-rx}N(-d_2) - AN(-d_1) \tag{8}$$

当资产小于负债、资不抵债时，则会出现财务违约，因此，可通过债务

账面价值 B（财务危机临界点）和资产市场价值 A 之间的关系，构造出反映经济部门债务风险的指标，包括财务违约概率（PD）、财务违约距离（DD）和风险调整后的隐含资产负债率（Lvg）。其中，财务违约概率（PD）是度量财务违约风险的重要指标，当财务违约概率上升时，财务违约风险相应上升。而财务违约距离（DD）是资产市场价值与财务危机临界点之间的距离，财务违约距离缩短，说明部门总资产的市场价值与债务违约临界值距离越近，财务违约风险则会上升。相关指标计算公式如下：

$$PD = P(A \leqslant B) = N\left\{\frac{\ln \frac{A}{B}\left(\mu_A - \frac{\sigma_A^2}{2}\right)x}{\sigma_A \sqrt{x}}\right\} = N(-d_2, \mu_A) \tag{9}$$

$$DD = d_2 = d_1 - \sigma_A \sqrt{x} \tag{10}$$

$$Lvg = \frac{B}{A} \tag{11}$$

在已知宏观经济部门的股权市场价值 E 及其波动率 σ_E、债务账面价值 B（财务危机临界点）、无风险利率 r 的条件下，构造出如下函数：

$$f(A, \sigma_A) = \min\{[AN(d_1) - Be^{-rx}N(d_2) - E]^2 + [A\sigma_A N(d_1) - E\sigma_E]^2\} \tag{12}$$

运用迭代算法求出函数 $f(A, \sigma_A)$ 的最优解，以得出函数中的两个未知变量资产市场价值 A 及其波动率 σ_A。

（二）数据来源及指标选取

本文以中国编制的资金存量表为基础，以住户、企业、金融机构、广义政府和国外五大部门为测算主体，分别选取 CCA 模型中的财务危机临界点 B、股权市场价值 E、股权市场价值波动率 σ_E 和无风险收益率 r 四个已知变量（见表 1）。其中，财务危机临界点 B 和股权市场价值 E 数据来源于资金存量表，股权市场价值波动率 σ_E 和无风险收益率 r 数据来源于 Wind 数据库。

表 1　　经济部门 CCA 模型指标变量

部门	财务危机临界值 B	股权市场价值 E	股权市场价值波动率 σ_E	无风险收益率 r
住户	来源方资金合计	净金融投资	10 年期国债收益波动率	
企业	来源方的非股票部分	来源方股票	上证综指（非金融）波动率	

续表

部门	财务危机临界值 B	股权市场价值 E	股权市场价值波动率 σ_E	无风险收益率 r
金融机构	来源方非股票部分－证券投资基金/2	来源方股票＋证券投资基金/2	上证金融指数波动率	1年期国债收益率
广义政府	来源方非国债部分	来源方国债	10年期国债收益波动率	
国外	来源方非直接投资和股票部分	来源方直接投资中股权和股票之和	标普500指数波动率	

1. 股权市场价值。由于住户部门不发行股票，参考 Castrén 和 Kavonius（2009）将净金融资产作为住户部门的股权市场价值，可由资金存量表的资金运用方减资金来源方计算所得。企业部门直接以其来源方股票价值作为股权市场价值。金融部门参考刘磊等（2019）以其来源方股票价值和一半的证券投资基金作为股权市场价值。在广义政府部门股权市场价值的认定上，为避免政府部门净金融资产为负数对计算结果的影响，本文参考宫晓琳（2012）的做法，采用来源方国债价值作为广义政府部门的股权市场价值。国外部门的股权市场价值以直接投资中的股权与股票投资之和来衡量。

2. 财务危机临界点。基于 CCA 模型的假设前提和股权市场价值的认定，从资金存量表看，财务危机临界点取各部门的债务账面价值。即将住户部门来源方资金合计作为财务危机临界点。对于企业、金融部门、广义政府和国外部门而言，将企业部门来源方中的股票剔除、将金融部门来源方中的股票和一半的证券投资基金剔除、将广义政府部门来源方中的国债剔除、将国外部门来源方中的直接投资中的股权和股票剔除后分别作为四个部门的财务危机临界点。

3. 股权市场价值波动率。住户部门和广义政府部门不存在股权市场价值的波动率，仍参考 Castrén 和 Kavonius（2009）将股权市场价值波动率采用10年期国债收益率的波动率来计算。企业部门、金融部门和国外部门的股权市场价值波动率分别采用 Wind 上证全 A（非金融）指数波动率、上证金融指数波动率、标普500指数波动率来计算，波动率以对应时段的指数收益率的标准差代替。

4. 无风险收益率。参考苟文均等（2016），选取 1 年期国债收益率作为五大部门的无风险收益率。

（三）各部门金融风险的演变

按照上述模型和数据，本文计算了各个经济部门的资产市场价值及其波动率、违约距离和违约概率，然后分别从隐含资产负债率、违约距离来分析各部门金融风险的演变，得到如下结果。

1. 各部门隐含资产负债率变化趋势。隐含资产负债率等于各部门债务账面价值除以资产市场价值，反映风险调整后的各部门真实资产负债情况，数值越高，表明债务风险越高。从各部门隐含的资产负债率变化趋势（见图 5）来看，金融部门的隐含资产负债率最高，企业部门次之，住户部门和政府部门较低。由于金融部门的净金融资产在总资产中的占比偏小，隐含资产负债率偏高，与实体经济部门可比性不强，因此本文主要研究实体经济三大部门的隐含资产负债率变化趋势。

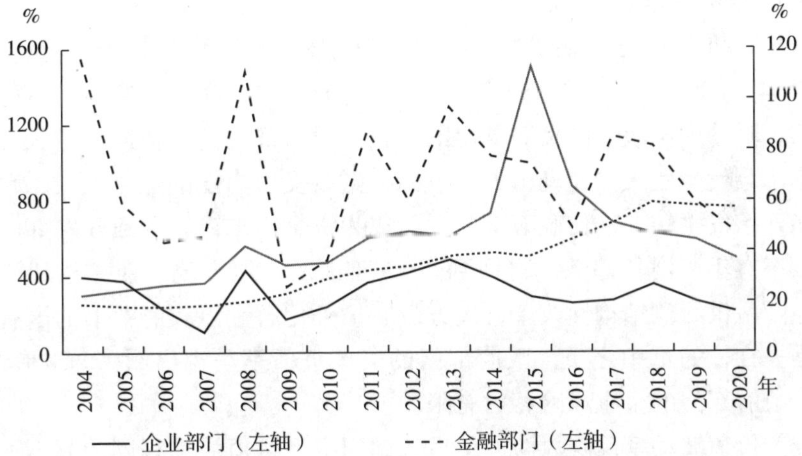

图 5　各部门隐含的资产负债率变化趋势

住户部门的隐含资产负债率呈现平稳较快的上升趋势，尤其是在 2008 年和 2015 年两个时点，上升速度有所加快。2008 年以前，住户部门的债务和资产保持基本相当的增长速度，资产负债率相对稳定。金融危机之后，金融资产价格缩水，居民债务增速显著高于金融资产增速，住户部门隐含资产负债率从2008年的20%提高到2014年的40%。2015年以后，房地产价格迅速上涨，对于住户部门而言，无论是住房刚性需求还是投资需求都比较旺盛，住房贷款增长速度加快，导致住户部门的隐含资产负债率快速攀升。近年来，随着房地产信贷政策逐步收紧，住户部门的隐含资产负债率保持相对稳定，风险可控。

2004—2020年企业部门的隐含资产负债率平均达311.7%，在三部门中处于较高水平，且波动较大。2004—2006年为抑制房价、物价过快增长，市场流动性收紧，企业部门隐含资产负债率持续下跌，2007年股市的暴涨又推动了隐含资产负债率的迅速下降。但随之而来的国际金融危机和中国推出的大规模经济刺激计划，使得企业部门的隐含资产负债率经历了“V”形反转。此后全球经济不景气，中国经济逐步下行，在2015年推出供给侧结构性改革，针对产能过剩、楼市库存大、债务高企等问题，实行“三去一降一补”的政策，企业部门的隐含资产负债率大幅下降，并呈现持续下降的态势，2020年末降至214.1%。

从剔除2015年数据看，政府部门的隐含资产负债率保持小幅稳定增长，从2004年的23%上升到2020年的37%，17年的时间仅上升14个百分点。一方面，随着中国政府的债务支出的增长，政府部门的资产同步增长，资产负债率不会发生较大的变动；另一方面，财政支出力度的逐年加大，政府部门职能开始发生转变，使政府部门逐渐成为资金需求者，导致政府部门的资产负债率有小幅增长趋势。再回到2015年前后，地方政府债务达到一个小高峰，随后供给侧结构性改革，地方政府债务化解和以政府背书的国有企业债务是去杠杆的重中之重，政府部门的资产负债率呈现出倒“V”形形态，总体上政府部门的金融风险相对有限。

资产价值波动率反映风险调整后各部门资产价值波动程度的大小，从各部门资产价值波动率（见图6）来看（住户部门与政府部门波动率趋势基本重合），2008年的国际金融危机，使中国金融市场的波动性显著增强，各部门的资产价值波动率迅速冲高，此后回归到稳定水平。2015年资本市场的波动再度引起各部门的资产价值波动率快速上升，表明金融资产价格的变动对中国各部门的债务风险有显著影响。

需要注意的是，本文的计算结果与殷剑峰（2018）、刘磊等（2019）、

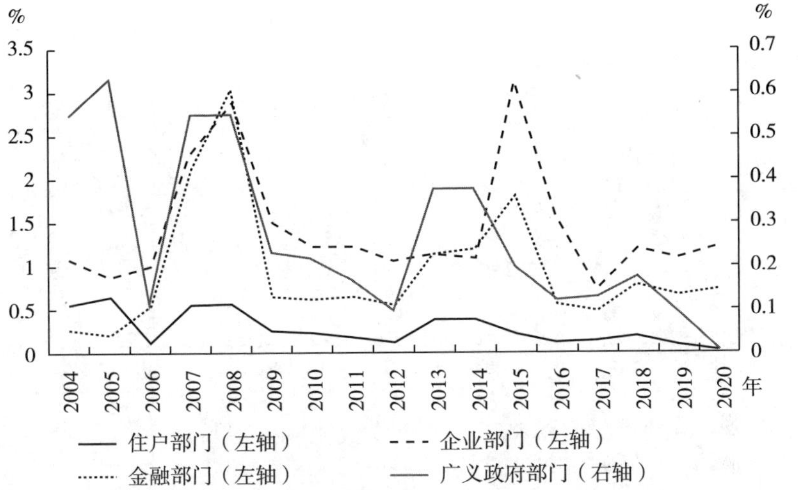

图 6　各部门资产价值波动率趋势

刘磊和张晓晶（2020）等研究结果存在着一定的差别，这主要有三个原因。一是数据源不同。刘磊等（2019）研究采用的是社科院李杨等（2018）估算的国家资产负债表数据，而国家统计局核算的该官方统计数据目前尚未发布，本文采用的是中央银行的金融存量统计数据。二是样本期不同。刘磊等（2019）采用的是 2000—2016 年国家资产负债表数据，而本文采用的是 2004—2020 年央行资金存量金融账户表数据。三是指标口径不同。刘磊等（2019）发现在三个实体经济部门中，非金融企业的隐含资产负债率最高，政府次之，居民最低；而本文的计算结果显示在三个实体经济部门中，广义政府部门的隐含资产负债率最高，居民次之，非金融企业最低（见图 5）。这是因为本文采用的央行金融资产存量表数据，并不包括非金融资产，而刘磊等（2019）则包含了非金融资产。

2. 财务违约距离（*DD*）变化趋势。财务违约距离和违约概率都是刻画债务风险的指标，*DD* 数值越大代表风险越小。从各部门财务违约距离变动趋势（见图 7）看，金融部门和企业部门的财务违约距离最小，风险发生概率相对较高；住户部门和政府部门的财务违约距离较大，风险发生概率相对较小。上述测算结果与各部门的隐含资产负债率反映出的各部门债务风险基本一致，从财务违约距离的具体走势看，可以发掘进一步的信息。

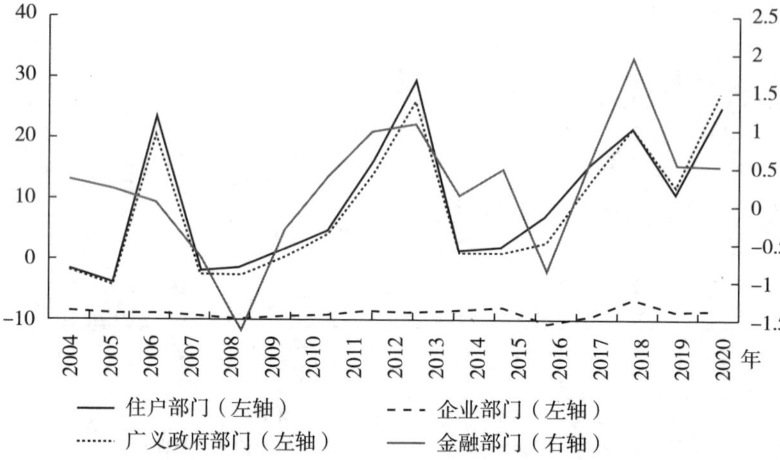

图 7　各部门财务违约距离（*DD*）变动趋势

住户部门和政府部门的财务违约距离对金融风险的刻画具有较好的预警作用。2007 年住户部门和政府部门的财务违约距离下降到相对低点，此时企业部门和金融部门的财务违约距离处于下降的趋势，2008 年国际金融危机发生后达到最低点。同样，2013—2014 年住户部门和政府部门的财务违约距离再次跌落到低点，企业部门和金融部门的财务违约距离还处于波动中，2015 年才迅速下降。另外，各部门的隐含资产负债率也只是在危机发生时呈现出大幅变动的情况，因此在现有数据时段内，一定程度上可认为住户部门和政府部门的财务违约距离指标能在金融风险事故发生前发出预警。

从 2004—2020 年违约距离的整体数据（见图 8）来看，企业部门和金融部门的财务违约距离呈下降趋势，违约距离由 1. 3 下降到 1，表明企业部门的违约风险有加大趋势。金融部门作为金融中介，本身就是负债经营，财务违约距离由 0. 7 下降到 0. 6，始终处于风险的最前端。住户部门和政府部门的情况基本相似，财务违约距离由 8 左右提高到 12 以上，这与住户部门历来的高储蓄率和政府部门家底殷实息息相关，金融风险相对可控。

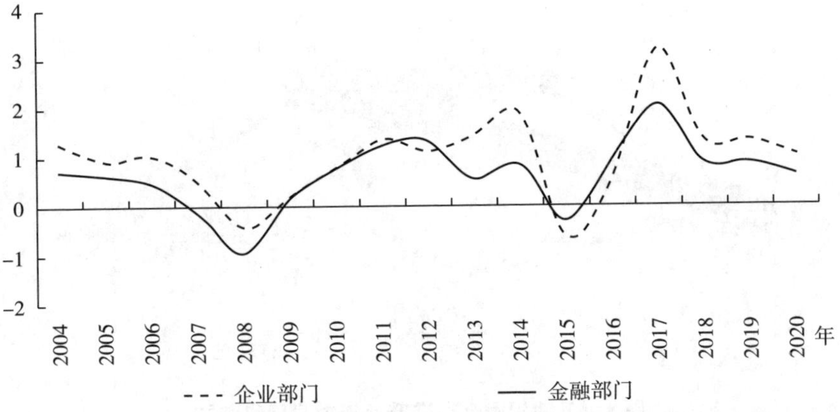

图 8　企业部门和金融部门财务违约距离（*DD*）变动趋势

五、宏观金融网络及风险传染效应分析

（一）部门间金融资产负债关联网络结构

本文根据 2020 年末资金存量表明细数据，构建了部门间金融资产负债关联网络结构图（见图 9）。HH 表示住户部门，NFC 表示企业部门，GOVT 表示广义政府部门，FC 表示金融部门，RoW 表示国外部门；圆点表示网络节点，圆点的大小代表部门内部金融资产负债规模，圆点越大表明部门内部金融资产负债规模越大①；连线表示网络的边，边的宽度代表部门间金融资产和负债规模的大小，边越宽表明部门间金融资产负债规模越大。

从部门内金融资产负债规模看，金融部门内部金融资产负债规模最大，主要是金融部门内部各子部门同业交易形成的资产负债；企业部门内部金融资产负债规模位居第二，主要是企业相互持有的股票和债券；广义政府部门内部金融资产负债规模最小。从部门间金融资产负债规模看，金融部门和企业之间金融资产负债规模最大，金融部门和住户部门之间金融

① 根据实际核算数据，住户部门内部和国外部门内部没有金融交易，基于图形效果考虑，用一个很小的圆点表示；中国住户部门和国外部门之间实际存在金融交易但因缺少核算数据支持，图中住户部门和国外部门之间的连接（边）暂用虚线表示。

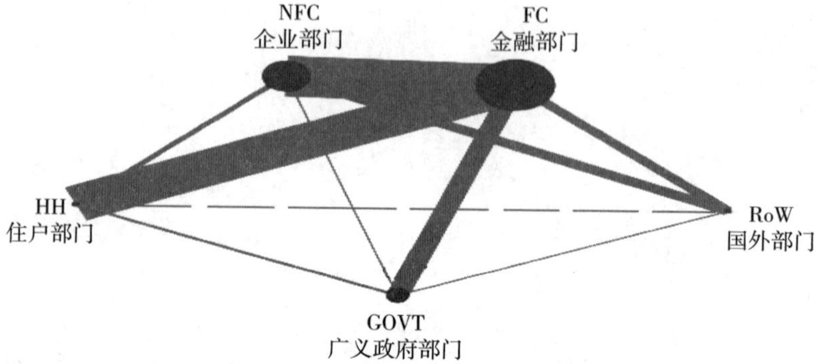

图9 五部门间金融资产负债关联网络结构

资产负债规模次之，金融部门和政府部门之间的金融资产负债规模位居第三，国外部门与中国企业、金融部门之间的资产负债规模均较小且基本相当，政府部门与住户、企业和国外部门之间的资产负债规模最小。从网络稳定性看，因数据源限制，国外部门和中国住户部门之间的网络连接展现不全，中国的金融资产负债部门网络无法显示成完整的网络，对后续风险传染效应分析将产生一定影响。网络结构图中金融部门和其他部门均有连接，且资产负债规模最大，表明金融部门在部门间金融资产负债关联网络中承担着中枢作用。一方面，金融部门的稳定状况将直接关系着国民经济其他部门乃至全社会的金融稳定情况；另一方面，国民经济其他部门的负面冲击也将更加容易传导至金融部门，由此导致全社会的金融风险更易于向金融部门集中（见图9）。

（二）金融风险传染效应分析模型

1. 编制资金存量全体矩阵表。由于资金存量表部门间关联矩阵中各部门的资金来源和资金运用不相等，使得资金循环难以闭合（张云等，2018），不利于金融风险传染效应分析。为此，本文参考张南（2013）的做法，在资金存量表部门间关联矩阵数据的基础上，先将各部门资金运用合计和资金来源合计二者的较大值作为行和、列和，置于矩阵最后一行（一列）；然后在行和（列和）前插入各部门行和（列和）与资金运用合计（资金来源合计）的差额，以此得到资金存量全体矩阵表（见表2）。

表 2　　　　　　　　　　　　　资金存量全体矩阵表

部门	住户	企业	广义政府	金融机构	国外	资金运用合计	ε（净负债）	行和
住户	F_{11}	F_{12}	F_{13}	F_{14}	F_{15}	F_1	ε_1	T_1
非金融企业	F_{21}							
广义政府	F_{31}							
金融机构	F_{41}							
国外	F_{51}							
资金来源合计	F_1							
ρ（净资产）	ρ_1							
列和	T_1							

表中数据及含义具体如下：

（1）粗框线区域部分为资金存量表部门间关联矩阵，F_{ij}表示 i（$i=1$，…，5）部门持有的、由 j（$j=1$，…，5）部门发行的全部金融工具之和，行部门合计（F_i）表示行部门资金运用合计，列部门合计（F_j）表示列部门资金来源合计。

（2）对于同一部门，行和（T_i）、列和（T_j）为部门资金运用合计、资金来源合计两者较大值，本文称为部门资金总规模，即：

$$T_i = T_j = \max(F_i, F_j)(i = j) \tag{13}$$

（3）净负债 ε 等于行和减资金运用合计，即：$\varepsilon_i = T_i - F_i$，表示资金短缺规模；净资产 ρ 等于列和减资金来源合计，即：$\rho_j = T_j - F_j$，表示资金盈余规模，具体原理如下：

资金存量表中净金融投资 = 资金运用合计 - 资金来源合计 = $F_i - F_j$，净金融投资大于 0（即资金盈余），表明资金运用合计大于资金来源合计（$F_i > F_j$），则有 $T_i = T_j = \max(F_i, F_j) = F_i$。对于资金盈余部门，有 $\varepsilon_i = T_i - F_i = F_i - F_i = 0$，$\rho_j = T_j - F_j = F_i - F_j$ = 净金融投资 >0，列部门净资产（ρ_j）即为资金盈余规模。净金融投资小于 0（即资金短缺），表明资金运用合计小于资金来源合计（$F_i < F_j$），则有 $T_i = T_j = \max(F_i, F_j) = F_j$。对于资金短缺部门，有 $\varepsilon_i = F_j - F_i = -(F_i - F_j)$ = - 净金融投资 >0，$\rho_j = T_j - F_j = F_j - F_j = 0$，行部门净负债（$\varepsilon_i$）即为资金短缺规模。

（4）根据上述公式，以下公式成立：

$$F_i + \varepsilon_i = T_i = T_j = F_j + \rho_j(i = j) \tag{14}$$

$$\sum_{i=1}^{5} T_i = \sum_{j=1}^{5} T_j \tag{15}$$

即各部门资金运用合计加上净负债等于各部门资金来源合计加净资产，全社会金融资产总量等于负债总量。

2. 构建金融风险传染效应分析模型。资金存量全体矩阵在形式上与价值型投入产出表①相同，且每一个元素都大于等于0、各行和各列数据满足投入产出表平衡关系［式（14）、式（15）］，因此，可以根据资金存量全体矩阵表数据，利用投入产出分析方法建立金融风险传染效应模型。

（1）直接损失效应分析模型。国民经济部门中，某一部门发生债务违约，对该部门债务提供直接资金支持的其他部门的资产会产生损失，如企业部门贷款违约，对企业贷款提供资金支持的金融部门的贷款资产会产生损失，此类损失为直接损失。为测算各部门债务违约造成的直接损失，本文借鉴投入产出分析中直接消耗系数概念和张南（2013）的研究，根据资金存量全体矩阵表计算得出资金投入系数，公式如下：

$$C_{ij} = F_{ij}/T_j \tag{16}$$

从公式可以看出，C_{ij}等于i部门持有的j部门发行的金融工具总额（F_{ij}）占j部门资金总规模（T_j）的比例，其值位于0~1，表示j部门每形成1单位资金需要i部门投入的资金量；由C_{ij}元素组成的矩阵C，本文称为资金投入系数矩阵。

参考刘磊和张晓晶（2020）阐述的金融风险传染机制，当j部门由于外部冲击出现资金总规模（T_j）下降时，会导致该部门因资金不足、无法偿还债务而发生债务违约，由此导致该部门负债的交易对手方（即持有该负债的部门）遭受损失，此即为j部门债务违约产生的直接损失。假定j部门违约比例与资金总规模（T_j）减少比例相同，由式（16）可知，持有j部门负债的机构（i部门）的金融资产（F_{ij}）受到的直接损失可根据C_{ij}计

① 投入产出表根据不同编制方法可分为价值型投入产出表和实物型投入产出表。其中，价值型投入产出表按经济部门编制，表中数据计量单位是价值量单位；实物型投入产出表按产品（或劳务）编制，表中数据计量单位是实物量单位。

算得出。令 j 部门资金规模降幅为 s，用向量 S 表示为 $S=(0\cdots s\cdots 0)'$，向量中 j 部门对应的数据为 s，其他部门对应的数据为 0，则 j 部门因资金规模下降导致债务违约、进而对持有该负债的部门金融资产造成的直接损失 Z_1 计算公式如下：

$$Z_1 = Cs \tag{17}$$

（2）间接损失效应分析模型。各部门资金形成除了资金直接使用（直接联系）外，还存在各种间接使用（间接联系）。如企业部门资金形成中需要使用金融部门资金，而金融部门资金形成需要使用住户部门资金，因此企业部门资金形成除了直接使用金融部门资金外，还要间接使用住户部门的资金。从而 j 部门债务违约造成的直接损失 Z_1 在金融网络中并没有消失，而是按照部门之间的资金投入系数矩阵继续传播，其在第 2 轮造成的损失 Z_2 计算公式如下：

$$Z_2 = CZ_1 = C(Cs) = C^2 s \tag{18}$$

同理，其在第 3 轮造成的损失为 $C^3 s$。以此类推，在第 n 轮造成的损失为 $C^n s$。于是 j 部门资金规模减少 s，其在前 n 轮中对各部门金融资产造成的全部损失为：

$$\begin{aligned} Z &= Z_1 + Z_2 + Z_3 + \cdots + Z_n = Cs + C^2 s + C^3 s + \cdots + C^n s \\ &= (C + C^2 + C^3 + \cdots + C^n)s \end{aligned} \tag{19}$$

由于 $0 < C_{ij} < 10 < C$，当 $n \to \infty$ n 时，$C^n \to 0 \to$，可得出：

$$Z = (I - C)^{-1} Cs \tag{20}$$

3. 金融风险传染效应测算分析。按照上述金融风险传染效应分析模型，本文编制了 2020 年中国资金存量全体矩阵表。分别假定住户、企业、广义政府、金融部门和国外五个部门资金规模减少量 $s=1$，计算了金融风险传染的直接损失效应和全部损失效应。

（1）直接损失效应分析

表 3 中各部门所在列对应数据，即为该部门资金规模损失 1 单位对其他部门金融资产造成的直接损失。以企业部门为例，若该部门资金规模损失 1 单位，则金融部门金融资产直接损失 0.67 个单位、国外部门直接损失 0.12 个单位、企业部门自身直接损失 0.12 个单位、住户部门直接损失 0.08 个单位。

表3　　直接损失测算结果

部门	住户	企业	广义政府	金融机构	国外
住户		0.08	0.17	0.35	
非金融企业		0.12		0.23	0.42
广义政府		0.01		0.09	
金融部门	0.38	0.67	0.79	0.29	0.58
国外		0.12	0.04	0.02	
合计	0.38	1	1	0.98	1

从表3中可以看出，各部门资金规模损失均对金融部门金融资产造成了直接损失，且规模较大，其中广义政府、企业和国外资金规模损失对金融部门造成的直接损失最大，分别为0.79个、0.67个和0.58个单位。此外，金融部门资金规模损失，除了对金融部门自身金融资产直接损失较大外，对住户和企业部门金融资产造成的直接损失也较大，分别达到了0.35个和0.23个单位。

（2）全部损失效应分析

表4中各部门所在列对应数据，即为该部门资金规模损失1单位对其他部门金融资产造成的总损失。以企业部门为例，若该部门资金规模损失1个单位，则住户部门金融资产损失1.52个单位，企业部门自身损失1.26个单位，广义政府损失0.32个单位，金融部门损失3.59个单位，国外部门损失0.37个单位，全社会资金损失合计7.07个单位。

表4　　全部损失测算结果

部门	住户	非金融企业	广义政府	金融部门	国外
住户	0.57	1.52	1.52	1.51	1.52
非金融企业	0.43	1.26	1.04	1.14	1.61
广义政府	0.13	0.32	0.30	0.34	0.33
金融部门	1.46	3.59	3.45	2.85	3.74
国外	0.09	0.37	0.26	0.24	0.30
合计	2.69	7.07	6.58	6.09	7.50

从表4中的数据可以看出：从损失分布结构看，各部门遭受风险冲击后造成的总资产损失风险均明显向金融机构部门集中。金融部门由于在部门间金融资产负债关联网络中处于中枢地位，受各部门冲击最大，其中国外部门

资金损失导致金融部门金融资产损失的规模最大（3.74），其次为企业（3.59）、广义政府（3.45）和金融部门自身（2.85），住户部门资金损失导致的金融部门金融资产损失规模最小（1.46）。

从各部门资金损失对全社会造成的损失看，国外部门对全社会金融资产造成的损失最大（7.5），主要原因是上述分析在国外部门与中国住户部门缺少直接连接的不完整网络中进行，风险分散能力较弱。本文运用反事实分析法，将住户部门持有但原本核算至非金融企业部门的国外存款、股权和证券投资基金、债券资产，按照一定比例将住户部门实际持有的部分分离出来①，使部门间金融资产负债关联网络成为完整的网络。经计算，原核算结果显示的中国非金融企业部门对国外部门的资金投入系数（0.42）中，实际应由中国住户部门提供的为 0.02，其余 0.4 由中国非金融企业部门提供。根据模拟数据重新测算了全部损失，结果见表 5。模拟结果显示，增加国外部门与住户部门网络连接规模后，不仅国外部门对全社会的损失降低了 0.16，而且其他部门对全社会的损失也都有所降低，降低了金融风险造成的损失。

表 5　　　　增加国外部门与住户部门连接后全部损失测算结果

部门	住户	非金融企业	广义政府合计	金融部门	国外
住户	0.57	1.51	1.52	1.51	1.51
非金融企业	0.42	1.24	1.02	1.12	1.55
广义政府合计	0.13	0.32	0.30	0.34	0.33
金融部门	1.44	3.56	3.42	2.82	3.66
国外	0.09	0.37	0.26	0.24	0.29
合计	2.65	7.01	6.52	6.03	7.34

① 因缺少基础明细数据，住户部门和非金融企业部门持有的国外存款、股权和证券投资基金、债券资产均核算在非金融企业部门的资金运用中。为利用反事实分析法，本文用 2020 年末中国金融机构外汇信贷收支表中住户存款和非金融企业存款之比对核算至非金融企业部门的国外存款进行分批，用 2020 年末住户部门和非金融企业部门持有的 A 股流动股市值之比对核算至非金融企业部门的国外股权和证券投资基金进行分批，用 2020 年末住户部门和非金融企业部门持有的中国债券面值之比对核算至非金融企业部门的国外债券进行分批。

六、研究结论及政策建议

（一）研究结论

一是从三大实体经济部门的隐含资产负债率来看，住户部门的隐含资产负债率呈现平稳较快的上升趋势，近三年来在政府加大去杠杆的进程中，住户部门的隐含资产负债率保持相对稳定，风险可控。企业部门的隐含资产负债率在2007—2013年波动较大，表明企业部门的风险相对较高，在2015年推出供给侧结构性改革后，企业部门的隐含资产负债率大幅下降，并呈现持续下降的态势。政府部门的隐含资产负债率虽有保持小幅稳定增长，但在国内各部门中水平最低，金融风险有限。二是从各部门财务违约距离变动趋势来看，企业部门和金融部门的财务违约距离是下降的，潜在的金融风险不可忽视。住户部门和政府部门的财务违约距离较大，风险发生概率相对较小，且一定程度上住户部门和政府部门的财务违约距离指标能在金融风险事故发生前发出预警。三是金融部门是五部门金融资产负债关联网络的中枢。金融部门与其他经济部门都有金融资产负债连接且规模较大，受其他部门金融风险冲击影响最大，在五部门金融资产负债关联网络中处于中枢地位。四是金融风险会沿着金融资产负债关联网络不断传染蔓延，初始的部门风险冲击有可能对全社会造成成倍的损失。从风险传染效应实证分析看，初始的部门风险沿着金融资产负债关联网络对其他部门及全社会造成的首轮冲击即直接效应虽然不大，但如果任由风险沿着网络不断传染蔓延，对全社会最终将造成数倍于初始冲击的损失。五是完整的部门间金融资产负债关联网络有利于分散金融风险。从金融风险传染效应实证分析看，由于国外部门与中国住户部门直接资产负债关联较弱，国外部门金融风险冲击会对中国社会造成较大损失；增加中国住户部门和国外部门网络连接、使中国的部门间金融资产负债关联网络形成完整网络后，不仅降低了国外部门金融风险冲击对全社会造成的损失，而且降低了中国其他部门金融风险冲击对全社会造成的损失。

（二）政策建议

一是充分发挥金融账户在系统性金融风险评估中的作用。借鉴国内外先进经验和做法，加强金融账户数据在系统性金融风险研究方面的挖掘利用。二是进一步发展和完善多层次资本市场。深化资本市场改革，发展多层次股权融资市场，为支持实体经济直接融资提供更多便利，降低金融部门的风险承担比例。三是积极推进金融业对外开放。构建双向自由流动的金融开放新格局，增强中国各部门与国外部门的资产负债关联关系，进一步强化中国宏观金融网络的风险缓释作用。四是保持宏观调控政策稳健有效，政策发力适当靠前。保持宏观调控政策的连续性和稳定性，防范系统性金融风险的大幅波动；保持宏观调控政策的灵活性和前瞻性，适时适度预调微调，促进防范金融风险相关政策适度走在市场曲线之前。五是要从国家金融视角出发，做好国家顶层设计，更好地推动金融稳定与发展。

参考文献

[1] 贝多广，骆峰. 资金流量分析方法的发展和应用[J]. 经济研究，2006(2).

[2] 陈华，郑晓亚，陈荣. 外汇储备的资产配置策略与合意规模——基于国家资产负债管理框架与或有债权分析方法的研究 [J]. 国际金融研究，2020 (5).

[3] 陈云贤. 关于创设“国家金融学”的几点思考 [J]. 中山大学学报(社会科学版)，2021 (2).

[4] 杜金富. 政府资产负债表：基本原理及中国应用 [M]. 北京：中国金融出版社，2015.

[5] 傅强，石泽龙. 系统性金融风险的联合网络关联度测量及频率研究——基于局部平稳的非参数时变 VHAR 模型 [J]. 中国管理科学，2022.

[6] 范小云，王道平，刘澜飚. 规模、关联性与中国系统重要性银行的衡量 [J]. 金融研究，2012 (11).

[7] 高慧颖. 资金流量金融交易核算简介 [J]. 中国统计，2022 (6).

[8] 苟文均，袁鹰，漆鑫. 债务杠杆与系统性风险传染机制——基于 CCA 模型的分析 [J]. 金融研究，2016 (3).

[9] 宫晓琳. 未定权益分析方法与中国宏观金融风险的测度分析 [J]. 经济研究，2012 (3).

[10] 宫小琳，卞江. 中国宏观金融中的国民经济部门间传染机制 [J]. 经济研究，2010 (7).

[11] 蒋海，王溢凡，吴文洋. 经济政策不确定性、网络关联性与银行业系统性风险——基于中国上市银行的实证检验 [J]. 金融经济学研究，2021 (6).

［12］刘冲，盘宇章．银行间市场与金融稳定——理论与证据［J］．金融研究，2013（12）．

［13］刘磊，刘健，郭晓旭．金融风险与风险传染——基于CCA方法的宏观金融网络分析［J］．金融监管研究，2019（9）．

［14］刘磊，张晓晶．中国宏观金融网络与风险：基于国家资产负债表数据的分析［J］．世界经济，2020（12）．

［15］梁琪，常姝雅．全球股票市场系统性风险的预警与防范——基于高低波动风险溢出网络的分析［J］．国际金融研究，2022（9）．

［16］李绍芳，刘晓星．中国金融机构关联网络与系统性金融风险［J］．金融经济学研究，2018（5）．

［17］刘晓欣，熊丽．资金流量存量核算与金融风险的文献综述——基于虚拟经济的视角［J］．政治经济学评论，2021（2）．

［18］李扬，张晓晶，常欣，汤铎铎，等．中国主权资产负债表及其风险评估（上）［J］．经济研究，2012a（6）．

［19］李扬，张晓晶，常欣，汤铎铎，等．中国主权资产负债表及其风险评估（下）［J］．经济研究，2012b（7）．

［20］李扬，张晓晶，常欣．中国国家资产负债表（2018）［M］．北京：中国社会科学出版社，2018.

［21］唐文进，李爽，陶云清．基于网络结构模型的系统性风险研究：现状与展望［J］．金融监管研究，2020（6）．

［22］王传伦．“资金流量分析”的内容和应用［J］．世界经济，1980（1）．

［23］王彩萍，李建平．国家金融视角下现代金融体系理论的衍化和创新——基于“六要素论”体系的新思考［J］．金融经济学研究，2022（2）．

［24］王辉，朱家云，陈旭．银行间市场网络稳定性与系统性金融风险最优应对策略：政府控股视角［J］．经济研究，2021（11）．

［25］王兆成．杠杆率对系统性风险传染机制的影响研究——基于CCA模型的视角［J］．经济问题探索，2021（11）．

［26］殷剑峰．中国资金存量表的统计和分析［J］．中国社会科学，2018（3）．

［27］袁金建，刘海龙．基于时变波动率CCA方法的银行业系统性风险度量［J］．系统管理学报，2019（6）．

［28］杨子晖，陈里璇，陈雨恬．经济政策不确定性与系统性金融风险的跨

市场传染——基于非线性网络关联的研究［J］．经济研究，2020（1）．

［29］郑立君，黄友逵．债务杠杆与部门间风险传染机制的研究——基于国家资产负债表的未定权益分析（CCA）［J］．上海金融，2020（7）．

［30］张南．矩阵式资金流量表与风险波及测算［J］．统计研究，2013（6）．

［31］张伟平，曹廷求．中国房地产企业间系统性风险溢出效应分析——基于尾部风险网络模型［J］．金融研究，2022（7）．

［32］张云，李宝伟，苗春，等．后凯恩斯存量流量一致模型：原理与方法——兼与动态随机一般均衡模型的比较研究［J］．政治经济学评论，2018（1）．

［33］Antunes A. R.，N. Ribeiro and N. Silva. Towards a CCA – based Systemic Risk Indicator［J］. Economic Bulletin and Financial Stability Report Articles，November，2011.

［34］Black S.，and M. Scholes. The Pricing of Corporate Options and Liabilities［J］. Journal of Political Economy，1973，81（3）：637 – 654.

［35］Castrén O.，I. K. Kavonius. Balance Sheet Interlinkages and Macro-Financial Risk Analysis in the Euro Area［J］. ERN：Other European Economics：Macroeconomics & Monetary Economics（Topic），2009.

［36］Castrén O.，M. Rancan. Macro-Networks：An Application to Euro Area Financial Accounts［J］. Journal of banking & finance，2014，46：43 – 58.

［37］Copeland M. A. Tracing Money Flows through the United States Economy［J］. The American Economic Review，2014，37（2）：31 – 49.

［38］Copeland M. A. A Study of Money Flows in the United States［J］. NBER Books，1952.

［39］Gray D.，Z. Bodie，and R. C. Merton. New Framework for Measuring and Managing Macro Financial Fisk and Financial Stability［R］. NBER Working Paper，No. 13607，2007.

［40］Gómez – Puig M.，M. Singh，S. Sosvilla – Rivero S. The Robustness of the Sovereign – bank Interconnection：Evidence from Contingent Claims analysis［J］. IREA Working Papers，2018（4）.

［41］Merton R. C. Theory of Rational Option Pricing［J］. Bell Journal of Economics & Management Science，1973，4（1）：141 – 183.

［42］Mueller J. Interbank Credit Lines as a Channel of Contagion［J］. Journal of Financial Services Research，2006，29（1）：37 – 60.

［43］Tiwari A. K. R & D Investment，Capital Structure，and Agency Conflict：A Contingent Claim Analysis［J］. oai：orbi. ulg. al. be：2268/158264，2013.

政府监管、市场约束与银行风险承担

丁　鑫　陈珏津　马　玥[①]

摘要：如何权衡政府与市场的力量，将“看得见的手”和“看不见的手”相结合，提升审慎监管有效性是当下银行稳健经营的关键。基于2009—2020年186家商业银行的面板数据，实证研究政府监管与市场约束及其不同组合对银行风险承担的影响。研究发现，政府监管与市场约束均能有效抑制银行风险，且资本监管与市场约束构成替代效应，流动性监管与市场约束无明显的相互作用。政府监管与市场约束抑制银行风险的有效性表现在提高风险约束效率，促进银行信息披露。当银行盈利水平提升、政府监管与市场约束的压力增强时，政府监管与市场约束的有效性进一步增强，二者的替代效应更加显著；在大规模银行、全国性银行与高风险银行中政府监管与市场约束的替代效应更加明显。政府监管与市场约束的力度应根据现实需要相互协调，从而增强二者组合的风险约束效力，促进银行业健康平稳发展。

一、引言

近年来，以河南村镇银行红码事件、包商银行被接管等为代表的银行风险事件接连暴雷，银行间同业刚性兑付被打破，银行信誉受到冲击，暴露出诸多经营问题。根据《金融稳定报告（2021）》，央行将13家城市商业银行、122家村镇银行与271家农村金融机构评定为高风险机构。随着疫情冲击与金融体系脆弱性交织叠加，中国银行业呈现出点多面广的风险特征，亟须合理的审慎监督机制规范银行经营。原中国银保监会发布的《健全银行业保险

① 作者简介：丁鑫，首都经济贸易大学金融学院博士研究生，美国伊利诺伊大学访问学者，研究方向为商业银行经营与管理；陈珏津，首都经济贸易大学金融学院博士研究生，研究方向为银行系统性风险与宏观审慎监管；马玥，首都经济贸易大学金融学院硕士研究生，研究方向为银行系统性风险。

业公司治理三年行动方案（2020—2022 年）》指出，强化外部市场约束是现代公司治理的重要内容。除存款保险和资本充足监管以外，严格的市场准入和有效的市场约束也是防范和化解银行风险的重要补充（杨谊等，2009；曾洪鑫等，2021）。

市场约束既是监督银行风险行为、构建系统金融风险防控体系的重要补充，也是衡量市场化改革的重要标准。自巴塞尔委员会确立了市场约束、最低资本要求与监管当局监督检查的三大支柱后，人们越来越意识到市场参与各方是银行监管中不可缺少的主体，市场约束不仅可以弥补政府监管的不足，还可以提高银行经营的效率。但是这三种监管方式之间如何进行最优政策组合搭配，市场约束与资本监管等微观审慎监管之间如何相互影响仍然值得关注。考虑到政府监管与市场约束在银行风险管理方面各有利弊，仅仅依赖于政府监管与市场约束单方面的约束效力已无法满足银行业风险运营的治理需求。因此，在银行业风险运营的治理层面，建立来自政府监管与市场约束的双重监管与约束机制，是维护银行稳健经营的重要手段。

目前学术界对于政府监管和市场约束的有效性也展开了充分讨论。政府监管有效性方面，已有研究主要从资本监管与流动性监管两个方面展开讨论。银行资本监管能够有效抑制风险的增加，资本监管要求股东以自有资本进行弥补，促使股东自发监督银行，以此减少银行风险（Berger 等，1995）；流动性监管在长期能够提升银行单位资产盈利能力，从而降低银行风险承担。在市场约束有效性方面，由于银行高杠杆经营的特性，股东存在着提高债务杠杆将风险转移给债权人的激励（Peia 和 Vranceanu，2019）。债权人为了防止银行损害其利益，需要制定一系列的监督、约束和激励措施来限制银行的冒险投资行为（Jensen 和 Meckling，1976）。就政府监管和市场约束两者的关系，已有文献证实了不当的金融制度安排会对市场约束产生“钝化效应”，例如，存款保险制度、危机救助安排等（Demirgüc - Kunt 和 Huizinga，2004）。因此，金融官方监管力量的重构一旦影响到了金融机构的风险承担行为，或者影响到了市场参与者的风险暴露程度，那么市场监督激励也势必会受到影响。在此情形下，政府监管与市场约束相互作用如何？二者对银行的风险约束效力又相较于单个约束如何变化？还需要进一步深入研究。

基于上述分析，本文选取 2009—2020 年 186 家商业银行的面板数据，从银行风险承担方面研究政府监管与市场约束的有效性以及两者间的相互影响。

在现有文献的基础上，本文做了以下三个方面的拓展。

第一，考察了政府监管与市场约束不同组合的有效性。已有研究就两者分别如何影响银行风险进行较为丰富的探讨，但缺乏对比政府监管与市场约束不同组合的有效性。考虑到现行的资本监管和流动性监管与市场约束的相互作用可能存在差异，因此本文充分考虑资本监管、流动性监管与市场约束不同组合对银行风险承担的影响，检验各组合下政府监管与市场约束的有效性差异。第二，本文从风险约束效率与信息披露层面分析了政府监管与市场约束的作用机制，并结合银行盈利水平进行讨论。通过研究政府监管与市场约束对风险约束效率及信息披露的影响能够更深层次理解两种监管方式的有效性，可以为进一步为提升监管效果以及强化政策组合提供参考。第三，结合政府监管与市场约束强度的差异及不同银行的特征，考察政府监管与市场约束的有效性变化。本文对不同资本监管压力和市场约束压力的有效性进行充分检验，并从银行规模、经营范围、风险特征三个方面分析政策有效性差异，为监管政策的有效实施提供理论依据。

二、文献回顾与研究假说

（一）政府监管与银行风险

政府监管的理论基础是金融脆弱假说，由于金融业自身具有高风险特征，其风险爆发会对经济社会产生巨大影响，因此需要政府加以监管约束（Minsky，1982）。政府监管能够有效规范银行经营行为，减少银行风险承担。资本监管与流动性监管是当前常用的政府监管方式。资本监管方面，资本监管加强了股东与银行风险之间的联系，资本充足率要求的提高会迫使股东以自有资本弥补损失，对此股东会自发监督银行的风险行为，从而降低银行的风险承担（Berger 等，1995）。这一风险传导渠道使得资本监管对银行能够发挥有效的约束作用，政府对银行实施的逆周期资本监管也能有效抑制银行风险承担（顾海峰和张亚楠，2018）。流动性监管方面，流动性要求的提高有助于银行预防流动性风险带来的挤兑，有效降低了银行风险承担

（Imhof 等，2018）。流动性监管能控制活期存款比率（Khan 等，2017），实现最优资产组合配置（Zhang 等，2020），缓解同业市场融资约束，进而提升银行的稳定性。已有研究表明资本监管与流动性监管能够相辅相成，共同促进银行稳健性的提升（庄毓敏和张祎，2022）。基于上述分析，本文提出假说 1a。

H1a：政府监管能够有效降低银行风险。

也有研究认为政府监管并未有效抑制银行的风险承担。一方面，金融监管作为政府管制的重要组成部分，存在着寻租现象（Krueger 等，1974），并且由于管制成本的存在，会导致经济的无谓损失。另一方面，预期收入假说认为资本监管会降低银行预期收入，为了弥补预期收入的损失，银行会持有高风险资产，导致风险承担提升（刘生福和韩雍，2020），而且流动性监管短期内会显著降低银行单位资产盈利能力，进而加剧银行风险承担行为。基于上述分析，本文提出假说 1b。

H1b：政府监管未能有效降低银行风险。

（二）市场约束与银行风险

除了政府监管之外，市场约束的有效性研究也得到了广泛关注。根据现代资本结构理论，由于利益的不一致，银行股东和债权人之间存在代理成本（Guizani 和 Watanabe，2016）。因此，银行高杠杆经营的特点使得银行股东将风险转嫁给债权人的激励更强（Peia 和 Vranceanu，2019），债权人为了防止银行损害其利益，需要制定一系列的监督、约束和激励措施来限制银行的风险投资行为（Jensen 和 Meckling，1976）。债权人的市场约束包括数量型约束和价格型约束。当债权人察觉到银行的经营行为提高了银行风险，其资金可能面临损失时，债权人会向银行索求更高的利率，用于惩罚银行的高风险行为，即采用价格型约束，“用手投票”以约束银行的高风险经营行为（Schmukler，2001）。债权人也可以撤回他们的债权资金，或将资金从高风险银行转移至低风险银行，即采用数量型约束，通过“用脚投票”削减高风险银行的资金来源，迫使银行审慎经营，减少风险投资行为。存款人能够对银行风险行为作出反应，并能够通过存款数量与存款价格两种渠道对银行风险承担进行监督（刘雷，2017）。基于上述分析，本文提出假说 2。

H2：市场约束能够提升银行稳定性，有效降低银行风险。

（三）政府监管与市场约束的组合与银行风险

政府监管与市场约束组合对银行风险承担的影响主要集中在两个方面：一方面，政府监管与市场约束相互替代，削弱彼此的有效性。这一观点在20世纪80年代以前尤为广泛认同。政府监管与市场约束被理解成一种平行替代的关系，即政府审慎监管会减弱市场主体评估及制约银行行为的激励。刘雷（2017）发现央行过度干预和金融监管对市场约束会产生替代效应，导致存款人降低对银行不良资产的敏感性；许友传和何佳（2008）采用中国数据，分析得出政府对银行的隐性担保降低了存款人的风险敏感性。对于中国的实际国情制度，管制性的监管安排会削弱市场约束对银行风险承担的抑制作用，市场缺陷和银行自身约束能力的缺失会进一步加剧这种影响（孟艳，2007）。在政府隐性担保的监管体系下，债权人的投资能够得到保障，银行市场约束的参与者便会放松对银行风险行为的监督，削弱银行的市场约束。此外，政府监管也会通过信息披露来影响市场约束的效果。市场约束的有效性在于信息披露，而信息披露是否充分则取决于相应的制度基础和市场环境，市场化程度较高的金融体系才能发挥信息披露的市场约束功能，因此过度管制的监管体系会抑制金融体系的市场化，不利于市场约束的有效性（许友传，2009）。基于上述分析，本文提出假说3a。

H3a：政府监管与市场约束会削弱彼此的有效性。

另一方面，政府监管与市场约束相互协同，则能提高彼此的有效性。Flannery（1998）认为政府监管和市场约束之间并非简单对立，在原有官方监管中吸收一些市场所提供的信息可以提高监管效率。同时，Flannery（1998）指出可通过银行发行次级债券来增强市场约束力，因为次级债券的持有人与政府监管者面临同样的风险敞口，从而形成两者在银行监管中的激励相容。部分研究也证实了市场约束和政府监管之间的协同作用，张强和佘桂荣（2006）研究发现市场约束不仅可以提升银行监管效率，二者的结合还能提升银行效率，从而促进银行业健康发展。银行市场势力较大时，政府监管的干预与市场约束会提升对银行风险承担的抑制作用（Agoraki等，2011）。在发生系统性冲击时，政府监管与市场约束的最优选择可以提升整个系统的稳定性，降低金融体系的系统性风险（黄蕙，2006）。也有学者发现，政府监管与市场约束协同发挥作用是有特定条件的，需要根据彼此的最优调整做出组合的选择（杨谊等，2009）。在政府监管与市场约束均能发挥有效性的前提下，需要设定二者对银行风险承担的协同调控机制，才能进一步体现政府监管与市场约束的协同作用（顾海峰和马聪，2020）。基于上述分析，本文提出假说 3b。

H3b：政府监管与市场约束会增强彼此的有效性。

三、研究设计

（一）样本选择和数据来源

本文使用的银行数据主要来源于 Orbis Bank Focus 数据库，针对部分缺失数据通过 Wind 数据库、CSMAR 数据库和查询银行年报进行补充，宏观经济数据来自中经网，选取的样本为 2009—2020 年 186 家商业银行，包含 5 家国有商业银行、12 家股份制商业银行、117 家城市商业银行和 52 家农村商业银行。为了控制离群样本值对估计结果造成的偏差，对所有的连续型变量在 1% 和 99% 水平上进行缩尾处理。

（二）模型设计

研究模型。为了对比政府监管与市场约束有效性的差异，并考察政府监管与市场约束组合的有效性，本文分别构建如下模型：

$$Risk_{it} = \alpha_0 + \alpha_1 supervision_{it} + \sum_{k=1}^{K} \alpha_k Control_{it}^k + \varphi_t + \mu_i + \varepsilon_{it} \tag{1}$$

$$Risk_{it} = \beta_0 + \beta_1 Discipline_{it} + \sum_{k=1}^{K} \beta_k Control_{it}^k + \varphi_t + \mu_i + \varepsilon_{it} \tag{2}$$

$$\begin{aligned} Risk_{it} = {} & \gamma_0 + \gamma_1 supervision_{it} + \gamma_2 Discipline_{it} + \gamma_3 supervision_{it} \times Discipline_{it} \\ & + \sum_{k=1}^{K} \gamma_k Control_{it}^k + \varphi_t + \mu_i + \varepsilon_{it} \end{aligned} \tag{3}$$

其中，i 表示银行个体，t 表示时间。$Risk_{it}$ 表示银行风险承担，$supervision_{it}$ 表示政府监管（分别采用资本监管和流动性监管衡量），$Discipline_{it}$ 表示市场约束，φ_t 为时间固定效应，μ_i 为银行个体固定效应，ε_{it} 为随机扰动项。*Control* 为银行层面控制变量，包括银行资产规模、流动性比率、ROE、成本收入比、杠杆率。

（三）变量定义

1. 被解释变量。银行风险承担可分为主动风险承担和被动风险承担两个方面，就主动风险承担而言，银行会根据自身情况配置各类风险权重不同的资产，导致风险加权资产比率（*RWAR*）的变化。被动风险承担是银行风险暴露的结果，体现为银行的不良贷款率（*NPL*）与银行的破产风险（Z 值）。风险加权资产占比是银行风险的事前指标，其各类风险加权资产的构成能够综合反映银行总体的风险承担，因此本文采用风险加权资产与总资产的比值来衡量银行风险承担（*Risk*），反映资产组合的风险配置及资产整体的风险暴露程度。其逻辑基础是：银行组合风险主要由不同风险类别的资产配置活动决定；风险加权资产能及时、恰当地反映银行的风险承担决策；银行对风险加权资产总量和结构的调整体现了监管压力的要求。同时，参考已有研究对银行风险承担主要的度量方式（丁攀等，2022），本文在稳健性检验时采用不良贷款率和破产概率 Z 值作为替换银行风险承担的指标。

2. 解释变量。政府监管：本文采用的政府监管变量主要为资本监管与流动性监管。根据《商业银行资本充足率管理办法》和留存资本缓冲的过渡区安排，针对全部银行 2009—2012 年监管要求的最低资本充足率设为 8.0%，2013 年系统性银行（五大国有银行）监管指标设置为 9.5%，非系统性银行设为 8.5%，并且全都逐年增加 0.4%。本文采用银行资本充足率减去监管最低资本充足率要求的差额（即资本缓冲）代理银行的资本监管。流动性监管根据《商业银行流动性管理办法》，对银行流动性比例的最低监管要求为不低于 25%，流动性监管采用银行实际流动性比例减去监管部门最低流动性比例要求（25%）度量。

市场约束：市场约束的作用机理在于，当存款人意识到银行风险承担提升后，会撤回存款资金，或将资金从高风险银行转移至低风险银行，即通过“用脚投票”削减高风险银行的资金来源，迫使银行审慎经营，减少风险投资行为。本文采用银行存款总额比总资产衡量市场约束，为了行文方便，本文取银行存款占比的负值表示银行市场约束，该数值越大，表示银行市场约束越强。

3. 控制变量。本文选取了一系列控制变量，选取银行总资产对数控制银行的资产规模，选取流动性比率控制银行流动性水平，选取 ROE 控制银行收益水平，选取成本收入比控制银行经营水平，选取杠杆率控制银行资产负债结构。各变量定义及描述性统计见表 1 和表 2。

表 1　变量定义

变量名称	变量符号	变量描述
银行风险承担	*RISK*(%)	银行风险加权资产总额/总资产
资本监管	*CAPR*(%)	资本充足率－最低资本充足率要求
流动性监管	*LIQR*(%)	流动性比例－最低流动比例要求
市场约束	*MQD*(%)	－银行存款总额/银行总资产
总资产规模	ln*Size*(百万元)	银行总资产的自然对数
流动性比率	*LIQ*(%)	银行流动性资产/总资产
净资产收益率	*ROE*(%)	银行净利润/总权益
成本收入比	*CIR*(%)	银行业务及管理费用/营业收入
杠杆率	*LEV*(%)	银行总资产/银行总资本

四、实证结果分析

（一）变量的描述性统计

表 2 为主要变量的描述性统计结果，银行风险加权资产占比的最小值为 34.696%，最大值为 90.280%，样本内各银行风险水平差异较大；资本监管的均值为 3.442%，最小值为 -0.100%，说明大部分银行满足最低资本监管要求；流动性监管的最小值为 -17.727%，最大值为 48.820%，标准差为 12.667，说明各银行流动性水平差异较大，且有部分银行不满足最低流动性水平监管要求；市场约束的均值保持在 -68.633%，说明样本内各个银行的市场约束水平较高。

表 2　主要变量描述性统计

变量	观测值	均值	中位数	标准差	最小值	最大值
RISK	1209	65.928	66.207	9.373	34.696	90.280
CAPR	1208	3.442	3.115	2.158	-0.100	18.940
LIQR	1209	4.309	2.606	12.667	-17.727	48.820
MQD	1209	-68.633	-68.500	10.277	-91.145	-39.549
ln*Size*	1209	12.474	12.166	1.584	8.638	16.873
LIQ	1209	24.842	23.290	10.696	6.360	62.750
ROE	1209	12.778	12.270	5.583	0.410	28.920
CIR	1209	37.918	36.990	8.579	21.460	72.970
LEV	1209	7.372	7.272	1.656	4.018	16.555

（二）资本监管与市场约束的有效性

表3为资本监管与市场约束的有效性检验结果，列（1）为银行资本监管对风险承担的回归结果，列（2）为市场约束对风险承担的回归结果，列（3）为银行资本监管与市场约束的组合对风险承担的回归结果。资本监管在1%的水平上显著为负，表明资本监管能够有效降低银行风险承担，验证了H1a；市场约束在1%的水平上显著为负，市场约束取值越大，反映存款人对银行的市场约束越强，这表明市场约束的增强同样能够有效抑制银行风险承担，验证了H2；从资本监管与市场约束的组合来看，资本监管与市场约束的交互项在1%的水平上显著为正，说明资本监管与市场约束相互形成了替代效应，削弱彼此的有效性。资本监管与市场约束组合时，资本监管的增强一定程度上会削弱市场约束的有效性，同时市场约束的增强也会削弱资本监管的有效性。存款人市场约束的增强导致银行负债资金来源减少，银行为了弥补资金应用的缺口会减少资本计提，从而使资本约束的有效性降低；同样，当政府监管政策增强时，存款人会放松对银行的监督约束，从而降低市场约束的有效性。

表3　　资本监管与市场约束的有效性

变量	(1)	(2)	(3)
	RISK	*RISK*	*RISK*
CAPR	-2.675*** (-10.603)		-2.443*** (-9.969)
MQD		-0.215*** (-3.805)	-0.127*** (-3.087)
CAPR×*MQD*			0.006*** (3.178)
观测值	1208	1209	1143
R^2	0.658	0.510	0.674
控制变量	控制	控制	控制
银行固定效应	控制	控制	控制
时间固定效应	控制	控制	控制

注：括号内数值为估计系数聚类稳健标准误对应的t值，***、**和*分别表示在1%、5%和10%的置信水平上显著，表4~表15同。

（三）流动性监管与市场约束的有效性

流动性监管与市场约束的有效性检验结果如表 4 所示[①]，列（1）为银行流动性监管对风险承担的回归结果，列（2）为市场约束对风险承担的回归结果，列（3）为银行流动性监管与市场约束的组合对风险承担的回归结果。流动性监管在 1% 的水平上显著为负，表明流动性监管能够有效降低银行风险承担；流动性监管与市场约束的交互项均不显著，说明流动性监管与市场约束没有产生相互作用。相较于资本监管，流动性监管与市场约束的组合无明显的作用，因此在后文中重点检验资本监管与市场约束组合的影响。

表 4　流动性监管与市场约束的有效性

变量	(1)	(2)	(3)
	RISK	*RISK*	*RISK*
LIQR	-0.212*** (-6.324)		-0.186*** (-5.610)
MQD		-0.280*** (-4.811)	-0.229*** (-4.099)
LIQR × *MQD*			0.000 (0.302)
观测值	1209	1209	1180
R^2	0.474	0.510	0.489
控制变量	控制	控制	控制
银行固定效应	控制	控制	控制
时间固定效应	控制	控制	控制

（四）稳健性检验

1. 替换风险承担。除风险加权资产外，银行不良贷款率和破产风险 *Zscore* 也是银行风险承担的主要度量指标，本文分别采用不良贷款率与 *Zscore*[②] 替代风险加权资产占比度量银行风险承担，检验结果如表 5 所示，*NPL* 表示银行不良贷款率，*Zscore* 表示银行破产风险，在替换为银行风险承

① 由于流动性监管与控制变量中流动性比率重复，此处回归没有控制流动性比率。

② $Zscore = \ln\left(\frac{ROA + E/A}{\sigma ROA}\right)$。

担后，资本监管与市场约束及其组合对银行的风险承担的影响与基准回归一致，表明研究结论是稳健的。

表 5　　替换风险承担

变量	(1)	(2)	(3)	(4)	(5)	(6)
	NPL	*NPL*	*NPL*	*Zscore*	*Zscore*	*Zscore*
CAPR	-0.106***		-0.072***	0.007*		0.010**
	(-5.163)		(-3.832)	(1.744)		(2.327)
MQD		-0.010*	-0.005		0.002*	0.001
		(-1.796)	(-0.969)		(1.879)	(1.562)
CAPR×MQD			0.001***			-0.001***
			(3.852)			(-5.538)
观测值	959	970	900	1348	1420	1256
R^2	0.468	0.437	0.510	0.823	0.831	0.841
控制变量	控制	控制	控制	控制	控制	控制
银行固定效应	控制	控制	控制	控制	控制	控制
时间固定效应	控制	控制	控制	控制	控制	控制

2. 解释变量滞后一期。为检验资本监管、市场约束与银行风险承担之间可能存在的反向因果问题，本文将资本监管与市场约束均滞后一期进行回归，检验结果如表 6 所示。滞后一期的资本监管与市场约束仍能有效降低银行风险承担，并且资本监管与市场约束资本交互项的系数显著为正，与基准回归结果一致，表明结论是稳健的。

表 6　　解释变量滞后一期

变量	(1)	(2)	(4)
	RISK	*RISK*	*RISK*
$CAPR_{-1}$	-1.070***		-0.729***
	(-5.441)		(-3.642)
MQD_{-1}		-0.047*	-0.062
		(-1.804)	(-1.263)
$CAPR_{-1} \times MQD_{-1}$			0.006**
			(2.307)

续表

变量	(1)	(2)	(4)
	RISK	*RISK*	*RISK*
观测值	1143	1180	986
R^2	0.526	0.474	0.509
控制变量	控制	控制	控制
银行固定效应	控制	控制	控制
时间固定效应	控制	控制	控制

3. 考虑遗漏变量。本文基准回归采用的双向固定的面板模型，时间固定效应虽然能够消除银行风险承担受到的时间维度上的货币政策、经济周期等宏观层面的因素，但是区域性银行和全国性银行经营范围的差异可能会受到所在地区经济因素的影响，这些因素无法通过时间固定效应有效消除。因此本文考虑区域性银行和全国性银行受到不同地区 GDP 和物价水平的影响，在模型中加入地区 GDP 和 CPI。全国性银行对应全国 GDP 和全国 CPI，区域性银行则对应银行所在省市的 GDP 和 CPI，检验结果如表 7 所示。在控制了区域经济因素后结果依然保持稳健，与基准回归结果一致。

表 7　　考虑遗漏变量

变量	(1)	(2)	(4)
	RISK	*RISK*	*RISK*
CAPR	-2.668*** (-10.587)		-2.444*** (-9.945)
MQD		-0.211*** (-3.667)	-0.125*** (-3.093)
CAPR×MQD			0.006*** (3.226)
观测值	1208	1209	1143
R^2	0.659	0.511	0.674
控制变量	控制	控制	控制
银行固定效应	控制	控制	控制
时间固定效应	控制	控制	控制

4. 动态面板系统 GMM 估计。考虑到银行风险承担的连续性，本文构建动态面板模型，采用系统 GMM 进行估计，以消除遗漏风险承担滞后项所导致的内生性问题。模型设定中前定变量为滞后一期的风险承担、滞后一期的资本监管与市场约束以及滞后一期的资本监管与市场约束的交互项作为 GMM 工具变量，将时间固定效应的差分变量作为严格外生的 IV 变量，Hansen J－test 结果显示模型工具变量使用合理，AR（1）、AR（2）结果显示模型误差项存在一阶序列自相关而不存在二阶序列自相关，符合系统 GMM 估计的使用条件。检验结果如表 8 所示。银行风险承担的滞后项显著为正，表明银行风险存在显著的持续性，在采用系统 GMM 估计缓解模型内生性后，资本监管与市场约束的有效性依然稳健，与基准回归结果一致。

表 8　　动态面板系统 GMM 估计

变量	(1)	(2)	(4)
	RISK	*RISK*	*RISK*
$RISK_{-1}$	0.252*** (3.744)	0.523*** (5.103)	0.286*** (5.137)
CAPR	-3.512*** (-6.201)		-2.729*** (-6.983)
MQD		-0.002** (-2.019)	-0.004** (-2.060)
CAPR × *MQD*			0.001** (2.259)
AR(1)	0.000	0.000	0.000
AR(2)	0.156	0.138	0.143
Hansen J－test	0.603	0.210	0.643
观测值	909	909	908
银行数量	160	160	160
控制变量	控制	控制	控制
银行固定效应	控制	控制	控制
时间固定效应	控制	控制	控制

五、机制分析

（一）基于风险约束效率的作用机制

政府监管与市场约束对银行提出严格的风险管控要求，迫使银行提高风险约束效率，从而降低风险承担。风险约束效率是银行一定经营成本投入带来的风险资产，反映银行控制风险产出的效率，本文引入商业银行的风险约束效率考察政府监管和市场约束对风险约束效率的影响，同时检验风险约束效率对银行风险承担的影响，以反映其作用机制。本文采用非凸性的、全局参比的 SBM 模型计算银行风险约束效率。产出方面，采用不良贷款率和风险加权资产分别作为非期望产出与期望产出（谭政勋和庹明轩，2016）；投入方面，采用固定资产、实收资本、营业支出、管理费用作为投入指标（蓝虹和穆争社，2016）。

资本监管与市场约束在银行风险约束效率方面的作用机制回归结果如表 9 所示，RCE 表示风险约束效率，列（1）~列（3）为政府监管与市场约束对风险约束效率的影响，列（4）为风险约束效率对银行风险承担的影响。政府监管与市场约束的系数均显著为正，说明政府监管与市场约束均能显著提升银行的风险约束效率；资本监管与市场约束的交乘项显著为负，表明资本监管与市场约束在风险约束效率方面产生替代效应，风险约束效率的系数显著为负，说明风险约束效率的提升能够有效降低银行风险承担。资本监管与市场约束的组合在风险约束效率方面的影响与银行风险承担一致，表明资本监管与市场约束均能有效影响银行风险约束效率，从而对银行风险承担产生影响。

表 9　　基于风险约束效率的有效性

变量	(1)	(2)	(3)	(4)
	RCE	*RCE*	*RCE*	*RISK*
CAPR	0.902**		1.098**	
	(2.107)		(2.113)	
MQD		0.040*	0.086**	
		(1.915)	(2.063)	

续表

变量	(1)	(2)	(3)	(4)
	RCE	*RCE*	*RCE*	*RISK*
CAPR × MQD			-0.003* (-1.881)	
RCE				-0.080*** (-7.851)
观测值	979	980	931	980
R^2	0.154	0.145	0.161	0.507
控制变量	控制	控制	控制	控制
银行固定效应	控制	控制	控制	控制
时间固定效应	控制	控制	控制	控制

（二）基于信息披露的作用机制

银行会根据监管要求和市场约束调整其信息披露程度，从而调整风险承担。因此，本文检验资本监管与市场约束对信息披露的影响，并检验信息披露对银行风险承担的影响，从而反映其作用机制。银行信息披露借鉴王宗润等（2015）学者的研究方法，选取 bankfocus 数据库中 20 个项目的披露情况反映银行的信息披露水平①。这些指标不仅反映了银行的业务特征，还能充分反映银行诸多方面的风险特质或不同层面的风险轮廓。信息披露指数计算原则为：若银行披露了这些指标中的某一项，则该项指标取值为 1，否则取值为 0；然后将银行该年份的所有指标得分加总求平均值，即为每家银行每年度的信息披露指数。

资本监管与市场约束在信息披露方面的作用机制回归结果如表 10 所示，INFD 表示信息披露，列（1）~列（3）为政府监管与市场约束对信息披露的影响。资本监管与市场约束的系数均显著为正，表明二者均能显著促进银行的信息披露水平；市场约束与资本监管的交乘项显著为负，表明资本监管

① 具体包括资产负债表（非盈利资产、表外项目、同业拆借比、净贷款/储蓄和借款、流动资产/储蓄和短期资金、股权/净贷款、股权/负债）、收入表（净收入、净利息收益率、ROA、ROE、成本收入比）、信用风险状况（贷款损失准备、呆账准备金、不良贷款率、拨备覆盖率等）和资本充足状况（总资本、核心资本、资本充足率、核心资本率）。

与市场约束在信息披露方面也表现为替代效应，与风险承担表现一致。列（4）为信息披露对银行风险承担的影响，信息披露的系数显著为负，说明信息披露能够有效降低银行风险承担。因此，银行资本监管与市场约束的作用机制表现为促进信息披露，从而有效降低银行风险承担。

表 10　　基于信息披露的有效性

变量	(1)	(2)	(3)	(4)
	INFD	*INFD*	*INFD*	*RISK*
CAPR	0.002*** (2.769)		0.003** (2.528)	
MQD		0.001** (2.507)	0.001** (2.079)	
CAPR × *MQD*			-0.001** (-2.398)	
INFD				-14.833** (-2.348)
观测值	1347	1420	1255	1203
R^2	0.384	0.325	0.384	0.498
控制变量	控制	控制	控制	控制
银行固定效应	控制	控制	控制	控制
时间固定效应	控制	控制	控制	控制

六、进一步讨论

（一）银行盈利的影响

银行资本监管与市场约束的主要目的是减少经营者过度风险投资行为，以减少银行遭受损失的可能。盈利水平较高的银行具有高风险溢价，银行经营过程中风险较高，因此也会对政府监管和市场约束有效性产生影响。本文分别考虑了银行收益对政府监管与市场约束有效性的影响。本文选取 ROE 作为盈利能力度量指标，在基准模型中加入 ROE 银行资本监管及市场约束的交互项，检验结果如表 11 所示。ROE 与资本监管的交乘项显著为负，与市场约束的交乘项显著为负，说明银行盈利水平的提升能够增强资本监管与市场约束的有效性。银行高收益反映了其经营过程中的高风险承担，监管部门与存款人更加关注银行的风险经营行为，提升银行的资本监管和市场约束对风险承担的抑制效果。ROE 与资本监管和市场约束的交乘项显著为正，随着银行盈利水平的提升，资本监管与市场约束的替代效应增强。

表 11　　　　盈利水平的影响

变量	(1)	(2)	(4)
	RISK	*RISK*	*RISK*
CAPR	−2.619*** (−9.790)		−2.431*** (−9.917)
MQD		−0.043 (−0.432)	−0.088 (−1.349)
ROE	0.122 (1.180)	−1.039*** (−2.902)	−1.479*** (−4.728)
CAPR×MQD			0.008** (2.495)
CAPR×ROE	−0.022* (−1.899)		0.078* (1.782)
MQD×ROE		−0.014*** (−2.700)	−0.021*** (−4.742)
CAPR×MQD×ROE			0.001* (1.793)
观测值	1143	1209	1143
R^2	0.663	0.519	0.691
控制变量	控制	控制	控制
银行固定效应	控制	控制	控制
时间固定效应	控制	控制	控制

（二）基于监管压力与市场约束压力的有效性分析

本文考虑不同监管压力和市场约束压力下其有效性的变化，对资本监管和市场约束分别按照压力的高低进行定义，将资本监管定义为高监管压力（H_CAPR_{it}）与低监管压力（L_CAPR_{it}），将市场约束定义为高约束压力（H_MQD_{it}）与低约束压力（L_MQD_{it}），构建如下模型检验监管压力与市场约束压力的有效性：

$$Risk_{it} = \gamma_0 + \gamma_1 H\_CAPR_{it} + \gamma_2 L\_CAPR_{it} + \gamma_3 MQD_{it} + \gamma_4 H\_CAPR_{it} \times MQD_{it} + \gamma_5 L\_CAPR_{it} \times MQD_{it} + \sum_{k=1}^{K} \gamma_k Control_{it}^k + \varphi_t + \mu_i + \varepsilon_{it} \tag{4}$$

$$Risk_{it} = \gamma_0 + \gamma_1 H\_MQD_{it} + \gamma_2 L\_MQD_{it} + \gamma_3 CAPR_{it} + \gamma_4 H\_MQD_{it} \times CAPR_{it} + \gamma_5 L\_MQD_{it} \times CAPR_{it} + \sum_{k=1}^{K} \gamma_k Control_{it}^k + \varphi_t + \mu_i + \varepsilon_{it} \tag{5}$$

其中，

$$H\_CAPR_{it} = \begin{cases} 0 & \text{if } CAPR_{it} < K_t \\ CAPR_{it} - K_t & \text{if } CAPR_{it} \geqslant K_t \end{cases}$$

$$L\_CAPR_{it} = \begin{cases} CAPR_{it} & \text{if } CAPR_{it} < K_t \\ K_t & \text{if } CAPR_{it} \geqslant K_t \end{cases}$$

$$H\_MQD_{it} = \begin{cases} 0 & \text{if } MQD_{it} < K_t \\ MQD_{it} - K_t & \text{if } MQD_{it} \geqslant K_t \end{cases}$$

$$L\_MQD_{it} = \begin{cases} MQD_{it} & \text{if } MQD_{it} < K_t \\ K_t & \text{if } MQD_{it} \geqslant K_t \end{cases}$$

对 K_t 的压力阈值分别设定为25%、50%、75%时，检验结果如表12所示，列（1）~列（3）为不同资本监管压力下的检验结果，列（4）~列（6）为不同市场约束压力下的检验结果。对于不同资本监管压力阈值下，高资本监管压力的有效性明显大于低资本监管压力的有效性，并且相较于低资本监管压力，高资本监管压力与市场约束的替代作用更加显著，表明越高的资本监管对于市场约束的替代效果越明显；对于不同市场约束压力阈值下，高市场约束压力的有效性更强，低市场约束压力与资本监管的替代效应更加明显，表明市场约束越弱，资本监管对其替代的效果也更强。

表12　　　　监管压力与市场约束压力的异质性

变量	监管压力异质性			市场约束压力异质性		
	(1)	(2)	(3)	(4)	(5)	(6)
	*CAPR*25%	*CAPR*50%	*CAPR*75%	*MQD*25%	*MQD*50%	*MQD*75%
	RISK	*RISK*	*RISK*	*RISK*	*RISK*	*RISK*
CAPR				-2.442***	-2.441***	-2.431***
				(-10.089)	(-9.983)	(-9.940)

续表

变量	监管压力异质性			市场约束压力异质性		
	(1)	(2)	(3)	(4)	(5)	(6)
	CAPR25%	*CAPR50%*	*CAPR75%*	*MQD25%*	*MQD50%*	*MQD75%*
	RISK	*RISK*	*RISK*	*RISK*	*RISK*	*RISK*
MQD	-0.116*** (-2.767)	-0.118*** (-2.845)	-0.114*** (-2.792)			
L_CAPR	-1.823*** (-3.937)	-2.049*** (-6.973)	-2.197*** (-9.204)			
H_CAPR	-2.535*** (-9.345)	-2.611*** (-8.064)	-2.711*** (-6.220)			
L_MQD				-0.058 (-0.581)	-0.104* (-1.666)	-0.111** (-2.304)
H_MQD				-0.128** (-2.050)	-0.132* (-1.725)	-0.124 (-1.044)
L_CAPR×MQD	-0.000 (-0.038)	0.004 (1.070)	0.004* (1.936)			
H_CAPR×MQD	0.007*** (3.230)	0.007*** (2.770)	0.008** (2.377)			
L_MQD×CAPR				0.006*** (2.680)	0.006*** (2.928)	0.006*** (3.015)
H_MQD×CAPR				0.005 (0.583)	0.005 (0.519)	0.001 (0.111)
观测值	1143	1143	1143	1143	1143	1143
R^2	0.676	0.676	0.676	0.674	0.674	0.674
控制变量	控制	控制	控制	控制	控制	控制
银行固定效应	控制	控制	控制	控制	控制	控制
时间固定效应	控制	控制	控制	控制	控制	控制

（三）异质性分析

1. 规模异质性。由于“大而不倒”效应的存在，监管部门与存款人往往更加关注大型银行，为了检验银行规模的异质性影响，本文将银行资产规模按照样本中位数高低划分为大规模银行和小规模银行，设立银行规模虚拟变量 *SIZE*，当银行为大规模银行时，*SIZE* 取 1，否则取 0，检验结果如表 13 所示。资本监管与银行规模交乘项显著为负，表明资本监管对大规模银行风险承担的抑制作用更强；市场约束与银行规模交乘项显著为负，表明对于大规模银行，市场约束更加有效；资本监管、市场约束与银行规模的交乘项显著为正，表明资本监管与市场约束的替代效应在大规模银行中也更加明显。

表 13　　　　银行规模异质性

变量	(1)	(2)	(4)
	RISK	*RISK*	*RISK*
CAPR	-2.725*** (-10.342)		-2.504*** (-10.438)
MQD		-0.148* (-1.868)	-0.042 (-0.846)
CAPR × MQD			0.008*** (3.019)
CAPR × SIZE	-0.495* (-1.744)		0.915 (0.921)
MQD × SIZE		-0.245*** (-4.027)	-0.345*** (-5.004)
CAPR × MQD × SIZE			0.023* (1.743)
观测值	1143	1209	1143
R^2	0.660	0.513	0.682
控制变量	控制	控制	控制
银行固定效应	控制	控制	控制
时间固定效应	控制	控制	控制

2. 经营范围异质性。中国的商业银行按照经营范围可划分为全国性银行和区域性银行，全国性银行由于经营范围遍布较广，具有系统重要性，且全国性银行与地方银行在监管约束、经营模式、资产规模和客户群体等方面存在较明显的差异。据此推测，资本监管与市场约束的有效性在不同经营范围的银行中存在差异。据此，将本文的样本按照经营范围划分为全国性银行和

区域性银行，设定银行经营范围虚拟变量 *RANGE*，全国性银行取值为 1，区域性银行取值为 0，检验结果如表 14 所示。资本监管与经营范围交乘项显著为负，表明全国性银行资本监管的有效性更强；市场约束与经营范围的交乘项显著为负，表明全国性银行的市场约束的有效性更强；资本监管、市场约束与经营范围的交乘项显著为负，表明全国性银行资本监管与市场约束的替代效应减弱。

表 14　　银行经营范围异质性

变量	(1)	(2)	(4)
	RISK	*RISK*	*RISK*
CAPR	-2.715***		-2.392***
	(-10.301)		(-9.849)
MQD		-0.197***	-0.115***
		(-3.398)	(-2.847)
CAPR × *MQD*			0.007***
			(3.356)
CAPR × *RANGE*	-1.622**		-5.271**
	(-2.434)		(-2.566)
MQD × *RANGE*		-0.365***	0.053
		(-3.744)	(0.550)
CAPR × *MQD* × *RANGE*			-0.101***
			(-3.324)
观测值	1143	1180	1141
R^2	0.666	0.517	0.690
控制变量	控制	控制	控制
银行固定效应	控制	控制	控制
时间固定效应	控制	控制	控制

3. 风险异质性。对于风险水平不同的银行，资本监管与市场约束的有效性有所差异。本文按照银行风险 25%、50%、75% 的阈值点进行分位数回归，检验资本监管与市场约束在不同风险水平下的有效性差异，检验结果如表 15 所示。随着银行风险水平的提升，资本监管的有效性一定程度上减弱，市场约束的有效性增强，资本监管与市场约束的替代效应增强。

表 15 银行风险异质性检验

变量	(1)	(2)	(3)
	$RISK_{25}$	$RISK_{50}$	$RISK_{75}$
CAPR	-2.825 ***	-2.605 ***	-2.471 ***
	(-8.985)	(-12.395)	(-8.625)
MQD	-0.043	-0.094 **	-0.129 **
	(-1.170)	(-2.373)	(-2.276)
CAPR × *MQD*	0.009 ***	0.009 ***	0.010 ***
	(3.403)	(2.586)	(2.969)
观测值	1143	1143	1143
R^2	0.321	0.354	0.263
控制变量	控制	控制	控制
银行固定效应	控制	控制	控制
时间固定效应	控制	控制	控制

七、结论与启示

商业银行的稳健经营不仅有赖于政府监管，还需要市场约束加以限制。政府监管与市场约束之间的权衡与组合对于维护银行体系稳定性具有重要意义。本文基于2009—2020年186家商业银行的面板数据检验政府监管与市场约束对银行风险承担的影响，得出以下结论：政府监管方面，资本监管与流动性监管均能有效抑制银行风险；市场约束方面，市场约束能有效降低银行风险。在政府监管与市场约束的不同组合中，资本监管与市场约束构成替代效应，流动性监管与市场约束之间不存在相互影响。政府监管与市场约束的作用机制表现在提高银行风险约束效率和促进信息披露水平。随着银行盈利水平的提高，资本监管与市场约束的有效性增强。政府监管与市场约束的有效性会随其监管强度与约束压力的提升发生变化，在大型银行和全国性银行中，政府监管与市场约束的替代效应更加显著，且银行风险水平增大时也会呈现这一特征。

通过上述理论分析和实证研究，结合中国银行业监管体系与市场约束现实情况，可得到三点政策启示：第一，注重协调政府监管与市场约束的组合，提升银行风险约束的有效性。虽然资本监管与市场约束均能有效抑制银行风险，但二者会产生替代效应，且流动性监管与市场约束组合的效果不显著。因此，监管部门实施政策时需注重资本与流动性监管的调整，充分与市场约束有效结合，促使政府监管与市场约束相互协调以增强银行经营的稳健性。

第二，充分发挥政府监管与市场约束的效力。促使政府监管与市场约束提升银行风险约束效率，促进银行的信息披露，从而提高银行风险管理能力。

第三，根据银行的现实需要合理设定政府监管与市场约束的强度。由于更高强度下的政府监管与市场约束的组合有效性更强，且银行在收益更高、规模更大、经营范围更广、风险水平更高时政府监管与市场约束的有效性更强。因此政府监管实施时可根据银行的具体情况进行政策力度的调整，市场约束主体也应根据银行的不同特征调整市场约束强度，优化政府监管与市场约束组合的效果。

参考文献

［1］丁攀，李凌，曾建中．主动承担社会与环境责任是否降低了银行风险［J］．金融经济学研究，2022（5）．

［2］顾海峰，马聪．政府监管、市场约束与银行风险承担——来自中国178家商业银行的证据［J］．金融经济学研究，2020（1）．

［3］顾海峰，张亚楠．金融创新、信贷环境与银行风险承担——来自2006—2016年中国银行业的证据［J］．国际金融研究，2018（9）．

［4］黄蕙．银行市场约束与政府监管的权衡与选择研究——对中国银行外部监管效应的论证［J］．财经研究，2006（11）．

［5］蓝虹，穆争社．中国农村信用社改革绩效评价——基于三阶段DEA模型Malmquist指数分析法［J］．金融研究，2016（6）．

［6］刘生福，韩雍．严监管背景下的银行资本调整与风险承担行为——兼论防范和化解金融风险的思路［J］．南开经济研究，2020（2）．

［7］刘雷．金融监管结构会影响市场约束吗？——基于HLM模型的跨国实证研究［J］．国际金融研究，2017（6）．

[8] 孟艳．市场约束与中国银行监管的有效性［J］．中国金融，2007（17）．

[9] 谭政勋，庹明轩．不良贷款、资本充足率与商业银行效率［J］．金融论坛，2016（10）．

[10] 王宗润，万源沅，周艳菊．隐性存款保险下银行信息披露与风险承担［J］．管理科学学报，2015（4）．

[11] 许友传，何佳．隐性保险体制下城市商业银行的市场约束行为［J］．财经研究，2008（5）．

[12] 许友传．信息披露、市场约束与银行风险承担行为［J］．财经研究，2009（12）．

[13] 杨谊，蒲勇健，陆玉．中国银行官方监管目标与市场约束的实证研究［J］．管理世界，2009（1）．

[14] 曾洪鑫，陈文妮，彭定洪，等．政府监管政策变革对出口消费品质量影响［J］．南方经济，2021（7）．

[15] 张强，佘桂荣．银行监管的市场约束理论进展［J］．金融研究，2006（10）．

[16] 庄毓敏，张祎．流动性监管、银行稳健性与货币政策传导［J］．中国工业经济，2022（6）．

[17] Agoraki M. E. K., M. D. Delis, and F. Pasiouras. Regulations, Competition and Bank Risk – Taking in Transition Countries [J]. Journal of Financial Stability, 2011, 7 (1): 38 – 48.

[18] Berger A. N., R. J. Herring, and G. P. Szegö. The Role of Capital in Financial Institutions [J]. Journal of Banking & Finance, 1995, 19 (3): 393 – 430.

[19] Demirgüc – Kunt A., and H. Huizinga. Market Discipline and Deposit Insurance [J]. Journal of Monetary Economics, 2004, 51 (2): 375 – 399.

[20] Flannery, M. J. Using Market Information in Prudential Banking Supervision: A Review of the U. S. Empirical Evidence [J]. Journal of Money, Credit and Banking, 1998 (8): 273 – 305.

[21] Guizani B., and W. Watanabe. The Effects of Public Capital Infusions on Banks'Risk – Shifting to the Deposit Insurances System in Japan [J]. Journal of Financial Stability, 2016, 26 (10): 15 – 30.

[22] Imhof S., C. Monnet, and S. Zhang. The Risk – Taking Channel of Liquidity

Regulations and Monetary Policy [EB/OL]. 2018. https://www. econstor. eu/bitstream/10419/204915/1/1029385246. pdf.

[23] Jensen M. C. , and W. H. Meckling. Theory of the Firm: Managerial Behavior, Agency Costs and Ownership Structure [J]. Journal of Financial Economics, 1976, 3 (4): 305 -360.

[24] Khan M. S. , H. Scheule, and E. Wu. Funding Liquidity and Bank Risk - Taking [J]. Journal of Banking and Finance, 2017, 82 (9): 203 -216.

[25] Krueger A. O. The Political Economy of the Rent - Seeking Society [J]. American Economic Review, 1974, 64 (3): 291 -330.

[26] Minsky H. P. The Financial Instability Hypothesis: Capitalist Processes and the Behavior of the Economy in Financial Crises: Theory, History and Policy [M]. Cambridge: Cambridge University Press, 1982.

[27] Peia O. , and R. Vranceanu. Experimental Evidence on Bank Runs with Uncertain Depsit Coverage [J]. Journal of Banking and Finance, 2019 (106): 214 -226.

[28] Schmukler S. L. Do Depositors Punish Banks for Bad Behavior? Market Discipline, Deposit Insurance, and Banking Crises [J]. Journal of Finance, 2001 , 56 (3): 1029 -1051.

[29] Zhang J. Q. , L. He, and Y. B. An. Measuring Banks' Liquidity Risk: An Option - Pricing Approach [J]. Journal of Banking and Finance, 2020 , 111.

利率市场化改革的上市公司股价稳定效应

——基于股价崩盘风险视角

车德欣　杜　卉　汤子隆①

摘要：利率市场化改革作为金融市场资源配置改革的主要措施之一，对维系中国上市公司股价稳定具有深远影响。基于 2008—2020 年沪深 A 股上市公司的面板数据，实证检验利率市场化改革的上市公司股价崩盘风险效应。研究表明，利率市场化改革能够显著降低上市公司股价崩盘风险。异质性分析发现，利率市场化改革在具有较大环境不确定性、较强投机氛围的上市公司中存在更为显著的风险治理效果。机制分析发现，利率市场化改革能够有效改善信息流转和财务状况，校正企业脱实向虚倾向并提升生产率，进而有助于降低上市公司股价崩盘风险。此外，在较好的金融监管和市场化水平下，利率市场化改革对于上市公司股价崩盘风险的治理效果更好。研究结论为有序推进利率市场化改革，维护金融市场稳定提供经验参考。

一、引言

"金融活，经济活；金融稳，经济稳"，如何防范系统性金融风险、维护中国金融市场的稳定，已经成为中国金融监管层重点关注的领域，也是学术研究的热点问题。伴随着中国金融市场制度建设的不断完善，金融服务实体经济的能力在逐步增强。但必须要注意的是，当前中国金融市场在"外部—内部"系统中都面临着非常大的不确定性因素，如 2007 年美国"次贷"引发国际金融危机，2015 年中国"股灾"冲击；尤其是新冠病毒感染对实体

---

① 作者简介：车德欣，经济学博士，广东金融学院金融科技工程技术开发中心讲师，研究方向为公司金融；杜卉，广东金融学院金融科技工程技术开发中心硕士研究生，研究方向为金融市场改革；汤子隆，工学博士，广东金融学院经济贸易学院副教授，研究方向为金融市场改革。

经济和金融系统两端造成了强烈冲击，加剧了“实体经济—金融市场”风险的双向传导（辛兵海等，2022）。从微观层面来看，金融与实体经济的风险传染会损害金融市场参与者的利益，尤其是中小投资者的利益；从宏观层面来看，金融市场的剧烈波动具有较强的传染性，风险大面积爆发导致的资源错配和市场动荡，会中断金融服务实体经济的渠道，危害实体经济的健康发展。有鉴于此，党的二十大报告指出，要“深化金融体制改革，建设现代中央银行制度，加强和完善现代金融监管，强化金融稳定保障体系，依法将各类金融活动全部纳入监管，守住不发生系统性风险底线”。从政策角度来看，要发挥好金融体系对实体经济的支持作用，其首要前提是维持好金融市场的稳定。回归中国现实语境，作为实体经济运行的“晴雨表”，资本市场在中国金融系统中的重要性越发突出，为满足实体经济发展需求提供了重要支撑。但需要正视的问题是，现阶段中国资本市场的发展还存在诸多“发展中的问题”，使得中国资本市场的暴涨暴跌、企业风险暴雷问题时有发生。这反映出当前中国资本市场的风险隐患仍旧较为突出。从这个角度来看，牢牢守住不发生系统性金融风险的底线，强化金融风险治理，是赋能经济高质量发展的必由之路。从理论来说，金融体系内在不稳定的动态特征决定了金融研究不可能长期留滞在宏观经济一般均衡框架内，如何从“将金融体系作为一个整体来理解宏观风险”与“对整个金融体系客观内在不稳定性的深刻认知”的视角出发，推动“金融的危机治理”延伸到国家金融行为中，在当前具有高度的理论价值和实践指导意义，这也是新兴国家金融学学科重点关注的问题（陈云贤，2021）。基于此，本文从资本市场的股价崩盘视角出发，探究在新时代下维护金融市场稳定的路径。

结合股价崩盘风险形成机理的研究可知，在信息不对称的情形下，企业融资约束会加剧经营和财务的不稳定性（Leland 和 Pyle，1977），甚至会强化企业对脱实向虚的偏好并制约其主营业务发展（倪志良等，2019），由此导致效率降低（刘丽娜和马亚民，2018）和价值折损（车维汉和李奇璘，2020）的双重困境。上述不利因素不断积累及各因素间相互影响后释放的“合力”，会对企业股价崩盘产生推波助澜的作用（Hutton 等，2009）。由此可见，股价崩盘风险本质上与金融资源配置不顺畅息息相关。因此，想要维系金融市场的稳定、化解股价崩盘风险，离不开金融市场的一系列改革支持。其中，利率市场化改革旨在通过市场价格竞争机制来优化社会金融资源配置，对缓解企业融资约束、改善外部经营环境有至关重要的作用（祝佳等，2022）。基于此，近年来中国政府主要采取存款基准利率、贷款市场报价利率（LPR）等措施，对金融市场的稳定（企业股价崩盘风险）产生重要影响。

现有文献大多集中于利率市场化改革驱动金融资源配置优化与微观主体绩效提升方面，在风险稳定领域的研究相对少见。有学者认为利率市场化改革有助于降低市场和企业间信息不对称程度，有助于更好地发挥市场配置资源的力量，使得真实存在于中国企业中的融资约束现象得到切实缓解和改善（祝佳等，2020），由此显著降低企业面临的风险水平；当然，也有学者秉持相反观点，战明华和应诚炜（2015）结合一般均衡模型的模拟结果后发现，利率市场化改革使得利率水平不降反升，反而扭曲了企业的金融行为，由此积蓄了较强的股价崩盘风险。综合上述分析不难发现，关于利率市场化改革对降低股价崩盘风险的研究并未得到一致结论。鉴于此，本文主要集中探讨利率市场化改革对股价崩盘风险的影响、机制和可能的优化路径，为中国金融改革和资本市场稳定提供经验参考。

本文可能的贡献在于：第一，为评估金融改革绩效提供新的分析视角，从利率市场化改革出发，探究金融改革服务实体经济“降风险”的机制路径，为理解“金融改革—金融市场稳定”提供来自微观层面的直接证据；第二，在研究内容上，充分考量利率市场化改革在稳定企业风险上的结构效应，并从财务优化、配置效率提升等视角解构了其中的渠道机制，为理解金融改革传导路径提供证据支持；第三，在改革优化上，重点考虑利率市场化改革与其他“约束—激励”条件的组合搭配，检验多要素“合力”如何对企业股价崩盘风险产生影响，从而为金融改革配套措施和制度完善提供新的思路。

二、理论分析及假说提出

企业的股价崩盘风险作为影响金融市场稳定的重要因素，理解其内在成因和影响机制对于风险治理尤为重要。现有支撑理论主要有“股价泡沫假说”（Shiller，1989）和“信息隐藏假说”（Jin 和 Myers，2006）。这些理论对企业股价崩盘风险根源的指向高度一致，即市场主体有动机刻意隐藏负面信息（施先旺等，2014），企业高管或大股东同样有强烈动机进行财报粉饰以遮掩经营亏损的坏消息（Kim 等，2011），导致企业真实价值与市场价值严重偏离，由此提升股价崩盘风险。对于股价崩盘风险的治理，从内部要素改善来看，企业内部的股东治理（马新啸等，2021）、股东制衡（姜付秀等，2018）等有利于平抑股价崩盘风险；从外部制度优化来看，卖空机制（孟庆斌等，2018）、退市监管制度（林乐和郑登津，2016）也能对股价崩盘风险形成治理效果。前述研究为理解股价崩盘风险的衍生和治理提供了丰富的经验证据，但从中也不难发现，基于股价崩盘风险的治理尚未从金融制度的改革优化视角出发展开分析，基于“利率市场化改革—企业股价崩盘风险”的研究有其必要性。

利率市场化改革作为金融供给侧结构性改革下的一项重要措施，旨在提升利率传导效率和优化资源配置（Öztekin 和 Flannery，2012），尤其是在促进经济和金融良性循环方面展现出的内在驱动力更为显著。现有研究认为，利率市场化改革通过改善信息不对称来降低融资成本（Laeven，2003），纠正企业金融化等问题（李华民等，2020），由此起到舒缓金融风险的作用。鉴于此，本文从“财务优化机制”和“生产投资优化机制”两个维度展开分析。

（一）财务优化机制：企业信息流转改善与财务风险稳定

利率市场化改革有助于优化信息环境、提升财务稳定，进而降低企业股价崩盘风险。从企业信息优化的角度来看，企业管理层隐藏经营亏损等坏消息的行为，将在信息不对称情形下滋生股价泡沫，甚至会通过“乘数效应”诱发系统性金融风险（许年行等，2013），这也会反过来进一步强化企业隐匿坏消息的动机（王宜峰等，2018），由此极有可能使“坏消息—股价崩盘风险”陷入恶性螺旋式上升通道中。从这个角度来看，利率市场化改革更加关注以市场化制度建设来配置资源，通过利率波动更好地反映出企业真实的资金供求信息，由此推动了市场内部的信息流转，有利于帮助融资主体克服逆向选择和道德风险问题。特别是在利率市场化改革进展较好的情景下，金融机构之间的竞争会越发激烈，其结果是金融机构会最大限度高质量地捕捉企业信息，使得市场有关企业的信息释放更加充分有效，从而降低隐匿信息情形下企业股价崩盘的可能性。从企业财务风险稳定角度来看，当企业财务稳定状况较差时，难以合理调整自身的资本结构，这意味着企业资本运营能力、债务偿付能力和投资者回报能力都具有极大不确定性（于博等，2019），其风险抵御力明显下降，无疑会对股价崩盘风险起到推波助澜的作用。利率市场化改革能够优化资金配置，引导金融资源基于边际生产率最优的原则配置到企业中，直接改善企业的资源边界约束并提升财务资源充裕度，由此改善企业财务状况并最终降低企业的股价崩盘风险。

（二）生产投资优化机制：金融杠杆治理与全要素生产率驱动

利率市场化改革有助于“纠正”企业资本逐利偏好，驱动其提升生产效率，遏制企业崩盘风险。从企业脱实向虚角度来看，在中国经济转型和经济下行压力的双重冲击下，实体经济中大量资金进入虚拟经济以获取超额回报（胡奕明等，2017）。这种脱实向虚行为会对实物投资、技术创新、人才培养等方面的资金运用产生“挤出”效应（Aalbers，2008），增大企业经营的不确定性和经营风险（苏坤，2018）。从中国利率市场化改革实际历程来看（从“利率双轨制”到 LPR），金融市场已逐步实现利率“松绑”：一方面，利率市场化改革能够真实反映资金的供求状况，形成风险与利率相匹配的信贷定价机制（郭建伟，2013），有助于消除企业面临的信贷歧视、打破融资端“壁垒”，进而抑制因流动性短缺导致的资金“空转”现象（杨筝等，2019）；另一方面，放松利率管制增强了银行业竞争，抑制了金融行业超额利润（彭建刚等，2016），有助于降低企业在金融市场中进行套利的可能。从企业生产提质增效来看，企业全要素生产率提升是企业高质量发展的重要保障，较低的全要素生产率往往意味着企业的生产质效较低，在资本市场中难以获得投资者认同，自身面临的风险会更大，此时的股价崩盘风险也会显著提升。对此，利率市场化改革解除了金融资源流动的“障碍”，助力更多金融资源以边际产出为导向进行配置。这在很大程度上倒逼了企业进行创新改革、激发了企业高质量发展的主观能动性，只有这样，企业才能在市场化的金融市场中获取更多资源。其中一个合理的逻辑结果是，利率市场化改革对企业生产效率形成了有力驱动，进而为平抑自身（股价崩盘）风险提供了良好基础。基于上述讨论，本文提出有待检验的假说 1。

假说 1：在其他条件不变的情况下，利率市场化改革对股价崩盘风险具有抑制作用。

三、研究设计

（一）数据来源

本文实证研究中主要以 A 股上市公司的财务数据构成样本集合，样本数据分别取自 Wind、CSMAR 和 RESSET 等数据平台，样本时间区间为 2008—2020 年。同时，本文对初始样本集进行数据清洗工作：剔除房地产及金融类企业、ST、PT 企业以及退市企业的当年数据；剔除样本中不满足交易日时长的样本，即年度内交易周期数小于 30 的企业样本；为排除企业 IPO 效应对回归结果的干扰，本文剔除 IPO 当年的数据；进行缩尾处理，即分别剔除在上下 1% 分位数以外的指标数据；对量纲过大的指标进行对数化处置（如企业总资产）。

（二）变量定义

1. 被解释变量。股价崩盘风险（*Ncskew*）。在特定企业风险指标的构造上，本文采用 Hutton 等（2009）构建的负收益偏态系数作为股价崩盘风险的代理指标。其具体计算主要依赖以下三个模型：

$$r_{i,t} = \alpha_i + \beta_1 r_{M,t-2} + \beta_2 r_{M,t-1} + \beta_3 r_{M,t} + \beta_4 r_{M,t+1} + \beta_5 r_{M,t+2} + \varepsilon_{i,t} \tag{1}$$

$$W_{i,t} = \ln(1 + \varepsilon_{i,t}) \tag{2}$$

$$Ncskew_{i,t} = -\left[n(n-1)^{2/3} \sum W_{i,t}^3\right] / \left[(n-1)(n-2)\left(\sum W_{i,t}^2\right)^{3/2}\right] \tag{3}$$

其中，模型（1）主要通过设定变量 $r_{M,t}$ 及其滞后项的回归计算出 $r_{i.t}$（方程中 $r_{M,t}$ 为第 t 周经流通市值加权测算的收益率，$r_{i.t}$ 则为股票 i 在第 t 周的收益率），模型随机项定义为无法被市场收益率解释的股票收益率 $\varepsilon_{i,t}$；模型（2）则根据模型（1）中的残差项以对数形式计算第 i 只股票的特定收益率 $W_{i,t}$；而根据 $W_{i,t}$ 的计算结果，在模型（3）中可得出第 i 只股票的崩盘风险代理指标，即负偏态系数（*Ncskew*），模型中 n 为其每年交易周数。值得注意的是，该系数绝对值大小与股价崩盘风险成正比。

2. 核心解释变量。利率市场化改革指数（*LIR*）。依循主要研究惯例，本文采用王舒军和彭建刚（2014）的方法构建测度利率市场化改革指标（*LIR*），即先选取四类利率（存贷、货币市场、债券市场与理财产品）12 个指标（向海凌等，2023）构成指标体系，并通过赋权的方法将多个维度的子类指标进行合成。上述指标体系的构建方法较为完善，特别是赋权标准可操作性强，能够充分刻画中国利率体系市场化水平，结果合理可信（见图 1）。

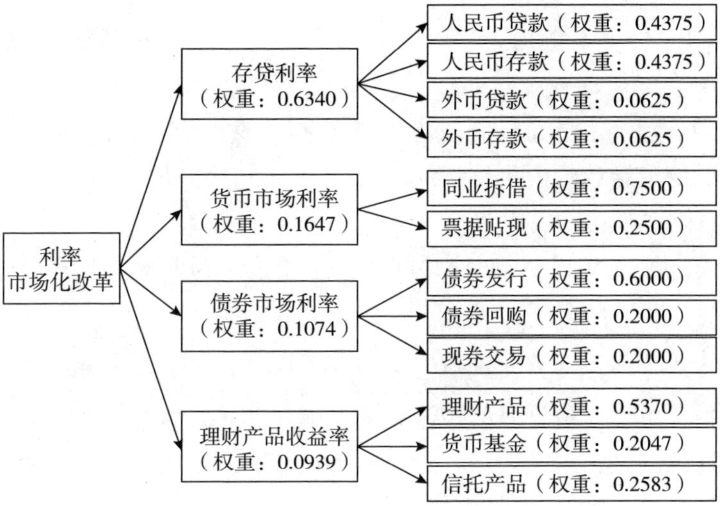

图 1　利率市场化改革指标体系及各项权重设定

3. 中介传导变量。股价信息含量（*Inform*）。本文参考了钟覃琳和陆正飞（2018）的研究方法，用未被解释部分经过对数变换后的值来说明股票价格具有的信息含量情况，值越高说明股价信息含量越高。

财务风险（*Z－Score*）。本文采用 Altman（1968）的 Z 值计算方程（赋予权重的五个比值变量[①]）来作为财务风险的替代指标。根据变量定义可知，该指标值与企业财务风险成反比：

$$Z-Score = 1.2X_1 + 1.4X_2 + 3.3X_3 + 0.6X_4 + 0.999X_5 \qquad (4)$$

金融杠杆（*FIN－Lev*）。本文参照现有实证研究的做法（黄莲琴和屈耀辉，2010），以企业金融负债比（即对非流动债、短期借款、一年内到期的非流动债、交易性金融债、衍生金融债求和后与负债总额的比）来衡量金融杠杆。

全要素生产率（*TFP*）。根据 LP 法（Levinsohn 和 Petrin，2003），本文

① X_1：营运资本/总资产；X_2：留存收益/总资产；X_3：息税前利润/总资产；X_4：总市值/负债总计；X_5：营业收入/总资产。

将资本投入、劳动投入、中间品和产出变量分别设定为剔除工资外投入与资产规模比值、职工人数、购买商品及服务的现金比值和企业营收；并将上述变量代入LP模型中计算特定企业的生产率。

4. 控制变量。本文加入了企业年龄（*Age*）、资产负债率（*Lev*）、第一大股东集中度（*Concen*）、总资产（*Asset*）、资本密集度（*Capital*）、净利润增长率（*NPG*）和审计意见（*Audit*）等控制变量，形成控制变量组（*CVs*），以降低遗漏变量导致的内生性扰动。

（三）模型设定

本文设定模型（5）实证检验利率市场化改革对与企业股价崩盘风险的影响：

$$Ncskew_{i,t} = \alpha + \beta_1 LIR_t + \sum \beta_i CVs_{i,t} + \sum \beta_j Ind + \varepsilon_{i,t} \quad (5)$$

模型中各主要变量符号的经济意义如前述变量定义中所示，此处不再赘述。值得注意的是，本文为进一步降低不可观测因素的干扰，控制了行业固定效应（*Ind*）以减弱内生性问题。

四、基准回归结果与经济解释

（一）基准回归

表1展示了基准回归结果，本部分研究采用递进回归策略。回归结果表明，模型M(1)中利率市场化改革的回归系数为-0.404且通过1%水平的显著性检验；增加控制变量集后，模型M(2)在保持与M(1)相同的显著性水平下，利率市场化改革的回归系数弹性有所增加（-0.463）。从两组回归结果可知，利率市场化改革（*LIR*）程度越高，越能够抑制企业股价崩盘风险，从而支持了本文的假说1。

表1　　利率市场化改革改革与金融市场稳定：基准回归

	M(1)	M(2)
	Nsckew	*Nsckew*
LIR	-0.404*** (-8.027)	-0.463*** (-8.052)
CVs	NO	YES

续表

	M(1)	M(2)
	Nsckew	*Nsckew*
Ind	YES	YES
N	15155	14925
R^2	0.012	0.025

注：***、**、*分别代表在 1%、5%、10%的显著性水平；括号中是经过 Cluster 调整（聚类至个体 ID 层面）后的 t 值；由于解释变量为年度变量数据，若在回归中纳入时间虚拟变量会造成完全共线性而被剔除，因此本文并没有纳入时间虚拟变量。

（二）稳健性检验与内生性处理

1. 纳入被解释变量滞后项 + 更替被解释变量计算口径。表 2 的核心处理手法是在回归中纳入被解释变量的滞后项来减弱内生性遗漏问题，并对被解释变量口径进行变更处理。具体来看，考虑到滞后 1 期的股价崩盘风险与当期的股价崩盘风险之间可能存在高度的相关性，在回归 M(1) 中，通过纳入 *Nsckew* 的滞后 1 期项来吸收方程中不可观测因素的影响。结果显示，利率市场化改革降低股价崩盘风险的核心结论依旧保持高度稳健。进一步，本文参考 Chen 等（2001）的研究，将原有的负偏态收益系数（*Nsckew*）更换为收益上下波动比率（*Duvol*），并依循前述检验的逻辑再次检验［M(2)～M(3)］。结果发现，无论是否在回归方程中纳入被解释变量的滞后 1 期项，利率市场化改革指标的回归系数均为负值且高度显著。上述回归结果所展现出的核心结论同前文均保持一致。

表 2　稳健性检验：纳入被解释变量滞后项 + 更替被解释变量计算口径

	M(1)	M(2)	M(3)
	Nsckew	*Duvol*	*Duvol*
L. Nsckew	-0.054*** (-5.884)		
L. Duvol			-0.102*** (-11.672)
LIR	-0.353*** (-5.647)	-0.471*** (-9.739)	-0.300*** (-5.784)
CVs、*Ind*	YES	YES	YES
N	13134	14924	13132
R^2	0.025	0.028	0.032

2. 剔除部分样本＋纳入被解释变量滞后项＋更替被解释变量计算口径。表3的核心处理手段在于剔除回归中的部分特殊性较高的样本，以提高回归结果的普适性和有效性。具体来看，在本文的样本时间序列中存在两项较大的外部金融不利事件冲击，一是2008年的国际金融危机，二是2015年的中国股市大幅波动。这类重大金融冲击会致使金融市场内各种基础设施、基本制度遭受“破坏”，利率市场化改革措施也不例外，使其难以对股价崩盘风险进行有效治理；同时也会对企业的股价崩盘风险造成重大影响。为避免上述情形对研究结论的干扰，对研究样本进行调整是必要的。针对研究样本，为排除2008年国际金融危机的影响及其事件的后效性特征，本文剔除了2007—2010年的数据，选用了2011年（含）后的数据；为排除2015年中国股市大幅波动及该事件的后续影响，选择了2011—2014年的数据。实证结果发现（见表3），即使剔除了外部冲击作用，利率市场化改革平抑股价崩盘风险的核心结论依旧没有发生任何改变。

表3　稳健性检验：剔除部分样本＋纳入被解释变量滞后项＋更替被解释变量计算口径

	M(1)	M(2)	M(3)	M(4)	M(5)	M(6)	M(7)	M(8)
	Nsckew	*Nsckew*	*Duvol*	*Duvol*	*Nsckew*	*Nsckew*	*Duvol*	*Duvol*
L. Nsckew		-0.069*** (-6.695)				-0.081*** (-5.862)		
L. Duvol				-0.133*** (-13.464)				-0.150*** (-11.630)
LIR	-0.985*** (-12.463)	-0.971*** (-11.598)	-1.141*** (-17.640)	-1.123*** (-16.529)	-0.443*** (-3.634)	-0.477*** (-3.634)	-0.521*** (-5.226)	-0.510*** (-4.827)
	剔除国际金融危机				剔除国际金融危机＋中国股市大幅波动			
CVs、*Ind*	Yes	Yes	Yes	Yes	Yes	Yes	Yes	Yes
N	10652	10041	10651	10039	7033	6422	7032	6420
R^2	0.040	0.040	0.053	0.060	0.043	0.047	0.047	0.06

3. 内生性处理。为更加准确识别利率市场化改革影响企业股价崩盘风险的因果关联，本文借助司登奎等（2023）的研究，同时考虑到本文的数据年限（2008—2020年），基于中国人民银行放开金融机构贷款利率下限事件构造准自然实验。在此基础上，考虑到这种金融市场化改革本质上就是要破除

金融资源对国有企业的过度偏爱，加大金融资源在市场层面的循环质效，重点缓解民营企业的资源边界约束困境问题，本文进行两方面设定：第一，设定在 2013 年及以后，*Post* 取值为 1，在 2013 年之前，取值为 0；第二，设定实验组和对照组，将民营企业设定为实验组，即 *Treat* 取值为 1，国有企业为对照组，即 *Treat* 取值为 0。实证结果表明（见表 4），*Treat* × *Post* 对两种口径的股价崩盘风险的回归系数均为负值（分别为 -0.166 和 -0.191）且呈高度显著状态。上述结果从另一个侧面表明了利率市场化改革能够显著降低企业在资本市场中的崩盘风险，同前文的逻辑保持一致，结论依然稳健。

表 4　　内生性处理：基于金融机构贷款利率下限放开的准自然实验

	M(1)	M(2)	M(3)	M(4)
	Nsckew	*Nsckew*	*Duvol*	*Duvol*
Treat × *Post*	-0.232*** (-10.862)	-0.166*** (-6.592)	-0.245*** (-13.885)	-0.191*** (-9.202)
CVs	No	Yes	No	Yes
Firm	Yes	Yes	Yes	Yes
N	16995	16739	16994	16738
R^2	0.009	0.021	0.014	0.029

（三）异质性检验

企业的自身禀赋条件差异，会显著影响外部因素的作用结果，利率市场化改革对企业股价崩盘风险的影响也不例外。因此，本文着重从“内部—外部”两个维度展开异质性检验。具体来看，一方面，企业自身的环境不确定性是风险蕴蓄的重要原因，在不同的企业环境不确定性条件下，利率市场化改革的作用可能会有所不同；另一方面，资本市场中的过度投机氛围同样会显著影响企业的股价崩盘风险，利率市场化改革对这种不利投机环境中的企业是否具有足够治理优化效果，同样值得深入考察。因此，本文借鉴王鹏飞等（2023）的研究，采用企业营收的异常波动作为环境不确定性的代理变量；基于黄大禹和谢获宝（2022）的研究，在排除了股市基本面成交因素后，用股市的投机交易活跃度作为股市过度投机的测度。在此基础上，本文将这类因素进行界分（以 25% 和 75% 分位数为界）并重新进行回归检验。

表5　利率市场化改革与金融市场稳定：异质性检验

	M(1)	M(2)	M(3)	M(4)
	Nsckew	*Nsckew*	*Nsckew*	*Nsckew*
LIR	-0.507*** (-4.937)	-0.371 (-1.098)	-0.656*** (-5.999)	-0.492 (-0.787)
分组依据	环境不确定性大	环境不确定性小	股市投机较强	股市投机较弱
CVs、*Ind*	YES	YES	YES	YES
N	5771	3038	3363	3987
R^2	0.039	0.038	0.032	0.049

表5的模型M(1)和模型M(2)是基于企业环境不确定性差异展开的异质性检验结果。实证结果显示，在企业环境不确定性较小的组别中，利率市场化改革对企业股价崩盘风险的影响并不显著；而在环境不确定性较大的组别中，利率市场化改革能够显著降低企业的股价崩盘风险水平（回归系数为-0.507且通过了1%的统计显著性检验）。因此，本文认为，利率市场化改革能够调整资源配置导向，更加关注金融资源配置的成本收益配比问题，这显然会倒逼企业优胜劣汰提高生产经营质效，特别是针对那些营业收入波动较大（环境不确定性大）的企业而言，有着更加突出的治理优化功能，也体现出金融市场化改革在服务实体经济质效上具有的重要作用。模型M(3)和模型M(4)是基于企业所处的股市过度投机氛围环境展开的异质性检验结果。实证结果表明，在股市过度投机偏好较弱的情形中，利率市场化改革对企业股价崩盘风险的治理作用并不明显；而在股市过度投机偏好较强的组别中，利率市场化改革的治理作用得到了统计经验证据的支持（回归系数为-0.656且通过了1%的统计显著性检验）。之所以出现上述差异，在于利率市场化改革的一个重要目标指向，即引导金融资源高质量服务实体经济发展需求，利率市场化改革会着重压缩金融市场中的套利、空转等行为，这尤其适配当前金融投机活动的治理需求，由此展现出对企业有效的引导、支撑和治理作用，显著降低了企业被投机氛围“传染”的可能，降低了企业在资本市场中的崩盘风险。

五、机制路径的识别检验

前文的实证检验为利率市场化改革之于企业风险衍生的影响提供了丰富经验证据支持，但对于利率市场化改革究竟通过何种路径对股价崩盘风险产生影响的问题，本文拟从“信息水平与财务稳定”和“杠杆优化与效率提升”两方面深入研究利率市场化改革对股价崩盘风险的影响渠道，设定了如下模型展开机制识别检验：

$$Mechanism_{i,t} = \theta_0 + \theta_1 LIR_t + \sum \theta_i CVs_{i,t} + \sum \theta_j Ind + \tau \qquad (6)$$

基于前文的理论分析，本文在机制变量（*Mechanism*）的选取上，选定股价信息含量（*In－form*）、财务风险（*Z－Score*）、企业杠杆（*FIN－Lev*）及全要素生产率（*TFP*）四个要素进行检验。变量的其余设定皆同前述。

表 6　利率市场化改革影响金融市场稳定的机制：信息水平与财务稳定

	M(1)	M(2)	M(3)	M(4)
	Inform	*Inform*	*Z－Score*	*Z－Score*
LIR	0.260***	0.283***	0.240***	0.379***
	(4.912)	(4.790)	(6.555)	(15.669)
CVs	NO	YES	NO	YES
Ind	YES	YES	YES	YES
N	14385	14176	15154	14922
adj. R^2	0.014	0.027	0.216	0.746

表 6 从“股价信息含量—财务风险稳定”的视角检验了利率市场化影响股价崩盘风险的机制。研究发现，利率市场化改革指数对股价信息含量（*Inform*）的回归系数显著为正（*LIR* 的回归系数为 0.283 且通过 1% 的统计显著性检验），意味着利率市场化改革优化了资本市场信息环境，提升了股价信息含量；并且当信息不对称程度越低时，有助于投资者对企业股价形成正确预期和应对策略，降低股价崩盘风险发生的概率。特别是利率市场化改革所形成的信息流转优化效果，也使资金供给方能够有效识别具有潜力的企业，提高了资金可获得性，从而为企业“降风险”提供了财务基础。据此逻辑，可以推断利率市场化改革在改善企业财务稳定上具有显著促进作用

（*LIR* 对 *Z* - *Score* 的回归系数为 0.379 且通过了 1% 的统计显著性检验）。这是因为，利率市场化改革能推进企业金融资源配置的优化，改善了企业在资本结构设置上被动的局面，通过灵活调整维持财务稳定，有助于企业资本运营能力、债务偿付能力和投资者回报能力的提升，增强抵御股价崩盘风险的能力。综上分析可知，利率市场化改革能够优化信息环境，维护企业财务稳定，从而为降低股价崩盘风险提供支撑。

表 7　利率市场化改革影响金融市场稳定的机制：金融杠杆与全要素生产率

	M(1)	M(2)	M(3)	M(4)
	FIN - *Lev*	*FIN* - *Lev*	*TFP*	*TFP*
LIR	-0.037 *** (-2.787)	-0.053 *** (-4.223)	1.241 *** (19.922)	0.188 *** (13.992)
CVs	NO	YES	NO	YES
Ind	YES	YES	YES	YES
N	15164	14932	15149	14917
adj. R^2	0.077	0.402	0.205	0.973

表 7 从"金融杠杆—全要素生产率"的视角检验利率市场化影响股价崩盘风险的机制。实证结果显示，利率市场化改革对企业金融杠杆（*FIN* - *Lev*）的回归系数为 -0.053 且通过 1% 水平的显著性检验，表明随着利率市场化改革水平的不断提升，能对企业金融资源配置的扭曲现象进行校正，有效降低了企业金融杠杆水平。基于上述逻辑可得，利率市场化改革通过纠正企业资本逐利的脱实向虚行为，一定程度上减弱了推升股价崩盘风险的不利行为。这是因为，一方面，利率市场化改革后贷款定价更加合理、资金配置效率有所提高，缓解了企业投资实体经济的资金压力，降低因流动性储蓄动机而持有金融资产的行为，从而纾解了因金融杠杆过高而造成的高股价崩盘风险；另一方面，在中国金融体系更加关注"金融服务实体经济"的导向下，利率市场化改革能够更好地引导金融机构进行有效竞争，将资源注入实体经济中，从而降低因金融空转而造成的企业不确定性陡增。换言之，利率市场化改革的推进，能够有效推动企业关注实体项目发展，提升核心竞争力。在回归检验中，利率市场化改革对全要素生产率的回归系数为 0.188，且在 1% 显著性水平上的 t 统计量高达 13.992，二者的正向关系印证了上述

推测。本文认为，“打铁还需自身硬”，利率市场化改革驱动下的全要素生产率的提升，是企业高质量发展的重要体现，这会显著平抑自身的股价崩盘风险。综合前述分析，利率市场化改革能够校正企业脱实向虚偏向，更加关注全要素生产率的增长，从而能够有效降低股价崩盘风险。

六、进一步研究：基于“政府约束—市场激励”影响下的经验证据

前文研究发现，利率市场化改革在很大程度上有助于降低股价崩盘风险，以此对金融市场稳定有所裨益，但利率市场化改革背后的潜在风险也应当引起关注。有研究指出，相较于其他金融市场改革措施，利率市场化改革带来的潜在风险最大（王道平等，2018），这种风险包括但不限于银行业危机、主权货币危机和债务危机等。上述问题的存在可能会削弱“利率市场化改革—股价崩盘风险”中的平抑关系。本文认为，想要更好地发挥利率市场化改革的风险治理效应，就需要一定外部条件（不外乎政府和市场基础条件两类）来支撑。考虑到利率市场化改革的金融属性，本文从政府层面的金融监管和市场层面的市场化程度出发，探究在这两种条件下利率市场化改革对企业股价崩盘风险的治理效益是否具有显著变化。第一，金融监管作为政府层面对金融资源调控的重要手段，能够有效引导金融资源流动，为利率市场化改革效用的发挥乃至是改革风险的降低提供保障。于此，金融监管能否增强利率市场化改革对股价崩盘治理效应是本部分将要回答的第一个问题。第二，由于各地区产品市场、要素市场、市场中介组织状况等因素存在显著差异，使市场化程度越高的地区在市场秩序、执法效率等方面表现越好，在此状态下利率市场化改革效力发挥可能会更为充分。基于上述逻辑，本部分内容将市场化程度能否强化利率市场化的股价崩盘风险治理效应作为第二个有待检验的问题。

为回答上述两个问题，本部分内容分别嵌入金融监管强度和市场化程度要素。本文主要借鉴唐松等（2020）的研究方法刻画地方金融监管（*Regulation*）强度；基于《中国各省份市场化指数报告》抽取相关的市场化指数（*Market*）作市场化程度的代理变量；在此基础上，以 25% 和 75% 分位数区分样本差异并再次展开基准回归检验。需要说明的是，本文还设置了回归方程（7）和回归方程（8）来确保研究结论的适当性，即是加入利率市场化

改革与金融监管的交互项、利率市场化改革与市场化程度的交互项进行回归，以探究在金融监管强度及市场化程度不同条件下，利率市场化改革对股价崩盘风险的影响关系。

$$Ncskew_{i,t} = \alpha + \beta_1 LIR_t + \beta_2 (LIR_t \times Regulation_{i,t}) + \beta_3 Regulation_{i,t} + \sum \theta_i CVs_{i,t} + \sum \theta_j Ind + \varepsilon_{i,t} \quad (7)$$

$$Ncskew_{i,t} = \alpha + \beta_1 LIR_t + \beta_2 (LIR_t \times Market_{i,t}) + \beta_3 Market_{i,t} + \sum \theta_i CVs_{i,t} + \sum \theta_j Ind + \varepsilon_{i,t} \quad (8)$$

方程（7）和方程（8）在纳入金融监管（*Regulation*）和市场化指数（*Market*）的基础上，还纳入了利率市场化改革与金融监管的交互项（*LIR* × *Regulation*）、利率市场化改革与市场化程度的交互项（*LIR* × *Market*），模型中的其余设定皆同前述。

表8中的回归结果主要揭示了在考虑政府治理和市场优化差异的条件下，利率市场化改革对股价崩盘风险治理效果。实证研究结果发现，在金融监管较高的组别下，利率市场化改革对股价崩盘的抑制作用更为显著（系数均为负，且通过1%的统计显著性检验）；而在金融监管较低组别下，利率市场化改革无法对企业股价崩盘风险治理起到具有统计显著差异的影响。这说明较好的金融监管是发挥利率市场化改革对股价崩盘风险治理作用的重要基础条件。在表8 M(3) 中对利率市场化改革和金融监管进行交互处理，交互项（*LIR* × *Regulation*）系数为 -17.635 且高度显著，进一步确保了研究结论稳健性。本文认为，金融监管加强后，一方面，有利于缓和利率市场化改革后导致的银行业激烈竞争，降低银行因息差紧缩导致的道德风险，为利率市场化改革平稳运行提供了保障；另一方面，起到了督促银行业“配合”利率市场化改革，消除信贷歧视，为利率市场化改革提供良好的外部约束条件。由此可见，金融监管强度的适度加强保障了利率市场化改革的顺畅进行，进而增强了利率市场化改革平抑股价崩盘的“力量”。同样地，对市场化程度的研究也依循上述处理。M(4) 和 M(5) 展现了在市场化程度“较高—较低”组别条件下，模型检验后的回归结果分别为 -0.631 和 -0.381，且均在1%的水平上显著性。这表示市场化程度越高，利率市场化改革“削弱”股价崩盘风险的能力越强。M(6) 中利率市场化改革和市场化程度交互项系数为 -0.083（通过5%的统计显著性检验），也表明此研究结论是稳健的。

这是因为，在市场化程度高的地区，市场中介组织、要素市场发育程度较优，意味着其市场机制在资源配置上具有更强的主导力量。利率市场化改革关注的金融资源配置与市场化关注的要素配置之间，有着更大的兼容性，能够使利率市场化改革更平稳、顺利进行，进而增强了利率市场化改革对股价崩盘的治理能力。

表8　利率市场化改革发挥作用的外部基础条件：政府治理与市场优化

	M(1)	M(2)	M(3)	M(4)	M(5)	M(6)
	Nsckew	*Nsckew*	*Nsckew*	*Nsckew*	*Nsckew*	*Nsckew*
LIR	-0.599^{***} (−6.717)	−0.210 (−1.403)	-0.284^{***} (−3.306)	-0.631^{***} (−6.075)	-0.381^{***} (−2.755)	0.257 (0.936)
LIR × Regulation			-17.635^{***} (−2.760)			
Regulation			16.538^{***} (3.167)			
LIR × Market						-0.083^{**} (−2.411)
Market						0.062^{**} (2.218)
外部基础条件	政府治理：金融监管强度检验			市场优化：市场化程度检验		
	较高组别	较低组别	交乘处理	较高组别	较低组别	交乘处理
	分组检验（25% ~75%分位数）			分组检验（25% ~75%分位数）		
CVs、*Ind*	YES	YES	YES	YES	YES	YES
N	5688	2762	12731	4167	3682	13860
adj. R^2	0.028	0.051	0.028	0.039	0.031	0.025

进一步地，为更加直观展现出其中的差异，本文采用预测边际效应的方法进行二次检验（见图2和图3）。由图2可见，随着金融监管强度的上升，利率市场化改革对股价崩盘风险的预测边际值为负且不断增大，表明在金融监管程度较强的情况下，利率市场化改革能够发挥更大的风险平抑效果。图3的研究发现，随着市场化指数的上升，利率市场化改革对股价崩盘风险的预测边际值同样为负且不断增大，表明在市场化环境较好的情境下，利率市

场化改革对风险的治理作用更加突出。本部分的研究结论同表 8 的核心逻辑是保持高度一致的。

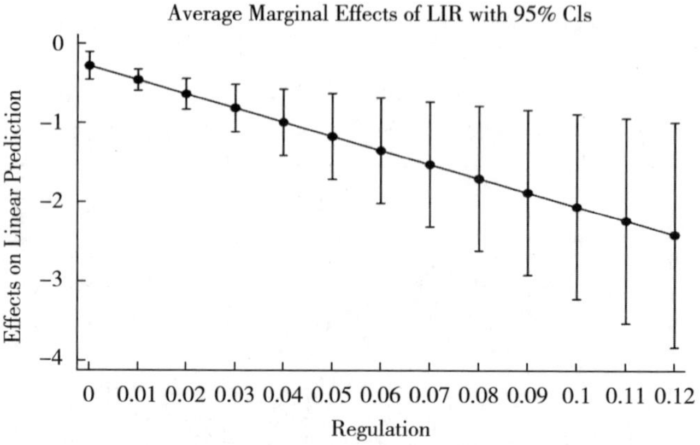

图 2　利率市场化改革、金融监管与股价崩盘风险

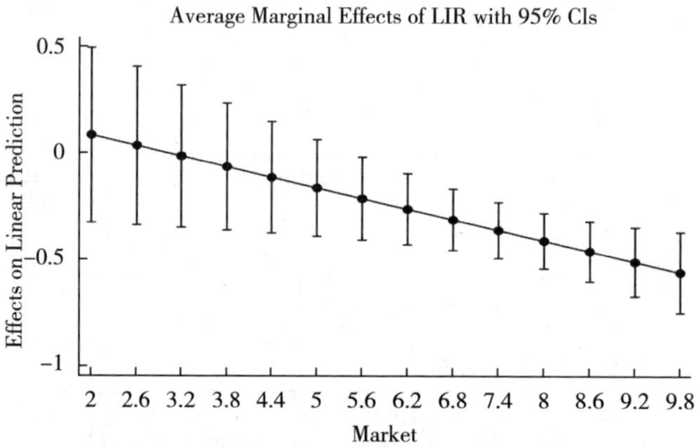

图 3　利率市场化改革、市场化指数与股份崩盘风险

七、研究结论及政策建议

利率市场化改革作为金融供给侧结构性改革的重要手段，是降低金融风险，提升金融服务实体经济质效的重要手段。本文就利率市场化改革对金融市场稳定的影响作用展开研究，利用 2008—2020 年沪深 A 股上市公司的相关数据，检验利率市场化改革对企业股价崩盘风险治理的效果和机制问题，得到三点研究结论和三点政策建议。

（一）研究结论

第一，利率市场化改革是资本市场风险治理实践中的重要抓手，在降低企业股价崩盘风险上具有重要作用；特别是针对环境不确定性较大、投机氛围较强的企业而言，治理效果尤为明显。第二，从财务优化机制来看，利率市场化改革显著改善了企业的信息流转状况，并提升了企业的财务风险稳定性；从生产投资优化机制角度来看，利率市场化改革能校正企业的脱实向虚偏好，并提升企业的全要素生产率水平，这些改善均有助于帮助企业在资本市场中降低崩盘风险。第三，从利率市场化改革发挥作用的“政府约束—市场激励”条件来看，较好的金融监管以及市场化环境，是充分释放利率市场化改革红利的重要外部基础条件，能够在更大程度上降低企业股价崩盘风险。

（二）政策建议

第一，深度推进利率市场化改革，以改革来保障金融市场稳定。具体而言，首先，更加重视政策利率与市场利率在传导渠道上的协同，充分调动二者之间的“联动效应”，为货币政策传导机制顺畅运行提供制度渠道，特别是在当前经济政策不确定性陡增的阶段下，利率市场化改革要更加注重为实体企业后续恢复提供强有力的资金支持；其次，逐步丰富 LPR 的期限结构配置，构建更为完善的 LPR 曲线，为商业银行提供更为精确的定价参考基准。第二，注重改革过程中与金融监管措施的有机结合，以保障利率市场化改革对股价崩盘风险的治理效力。现阶段监管当局要树立对利率市场化改革发展的全局性判断，充分把握好利率市场化改革和监管之间的平衡，以保证改革的平稳性、持续性，同时应舒缓改革自身因银行间剧烈竞争引起的风险，提升金融机构抵抗风险的韧性。监管部门应进一步加强对金融体系的审慎管理（宏观方面），调动金融机构对逆周期管理的主动性（微观方面），防止因过度使用自主定价权利，囤积系统性金融风险；特别是要注重利率市场化改革的过程监管，合理引导金融机构为实体企业提供融资服务，增强利率市场化改革对实体经济服务的有效性。第三，加强市场化环境建设，为推进利率市场化改革降低股价崩盘风险助力。市场化程度的差异对金融服务的可获得性有重要影响，因此，进一步强化市场化环境制度建设，提升市场要素配置的市场力量，通过完善的制度、法制、组织等多元化的环境建设，为利率市场化改革下的风险治理提供多方面的制度保障和要素支撑，从而更好地为高风险企业“降压减负”，均显得十分重要。

参考文献

[1] 陈云贤. 关于创设“国家金融学”的几点思考 [J]. 中山大学学报（社会科学版），2021（2）.

[2] 车维汉，李奇璘. 金融资产配置、融资约束与企业价值 [J]. 求索，2020（4）.

[3] 郭建伟. 利率市场化改革与利率定价机制 [J]. 中国金融，2013（22）.

[4] 胡奕明，王雪婷，张瑾. 金融资产配置动机：“融蓄水池”或“替代”代池产来自中国上市公司的证据 [J]. 经济研究，2017（1）.

[5] 黄大禹，谢获宝. 股市过度投机与企业短贷长投 [J]. 河南社会科学，2022（6）.

[6] 黄莲琴，屈耀辉. 经营负债杠杆与金融负债杠杆效应的差异性检验 [J]. 会计研究，2010（9）.

[7] 姜付秀，蔡欣妮，朱冰. 多个大股东与股价崩盘风险 [J]. 会计研究，2018（1）.

[8] 李华民，邓云峰，吴非. 如何治理企业脱实向虚？——基于利率市场化改革改革的效用识别、异质性特征与机制检验 [J]. 财经理论与实践，2020（4）.

[9] 林乐，郑登津. 退市监管与股价崩盘风险 [J]. 中国工业经济，2016（12）.

[10] 刘丽娜，马亚民. 实体企业金融化、过度负债与股价崩盘风险——基于上市公司投资视角的检验 [J]. 云南财经大学学报，2018（3）.

[11] 马新啸，汤泰秾，郑国坚. 非国有股东治理与国有资本金融稳定——基于股价崩盘风险的视角 [J]. 财经研究，2021（3）.

［12］孟庆斌，侯德帅，汪叔夜．融券卖空与股价崩盘风险——基于中国股票市场的经验证据［J］．管理世界，2018（4）．

［13］倪志良，宗亚辉，张开志，等．金融化是否制约了实体企业主营业务的发展？［J］．经济问题探索，2019（3）．

［14］彭建刚，王舒军，关天宇．利率市场化导致商业银行利差缩窄吗？来自中国银行业的经验证据［J］．金融研究，2016（7）．

［15］施先旺，胡沁，徐芳婷．市场化进程、会计信息质量与股价崩盘风险［J］．中南财经政法大学学报，2014（4）．

［16］司登奎，李小林，孔东民，等．利率市场化改革能降低企业营运风险吗？——基于融资约束和企业金融化的双重视角［J］．金融研究，2023（1）．

［17］苏坤．实体企业金融化、货币政策与股价崩盘风险［J］．云南财经大学学报，2018（9）．

［18］唐松，伍旭川，祝佳．数字金融与企业技术创新——结构特征、机制识别与金融监管下的效应差异［J］．管理世界，2020（5）．

［19］王道平，雍红艳，范小云．金融市场化改革、金融监管与金融危机防范［J］．财经问题研究，2018（6）．

［20］王舒军，彭建刚．中国利率市场化进程测度及效果研究——基于银行信贷渠道的实证分析［J］．金融经济学研究，2014（6）．

［21］王宜峰，王淑慧，刘雨婷．股价崩盘风险、融资约束与企业投资［J］　投资研究，2018（10）．

［22］向海凌，林钰璇，王浩楠．利率市场化改革与企业绿色转型——基于上市企业年报文本大数据识别的经验证据［J］．金融经济学研究，2023（4）．

［23］许年行，于上尧，伊志宏．机构投资者羊群行为与股价崩盘风险［J］．管理世界，2013（7）．

［24］辛兵海，徐红艳，程栋．利率期限结构与银行风险承担［J］．南方金融，2022（9）．

［25］杨筝，王红建，戴静，等．放松利率管制、利润率均等化与实体企业“脱实向虚”［J］．金融研究，2019（6）．

［26］于博，毛奎玄，吴菡虹．客户集中度、融资约束与股价崩盘风险［J］．广东财经大学学报，2019（5）．

［27］战明华，应诚炜．利率市场化改革、企业产权异质与货币政策广义信

贷渠道的效应［J］. 经济研究，2015（9）.

［28］钟覃琳，陆正飞．资本市场开放能提高股价信息含量吗？——基于“沪港通”效应的实证检验［J］. 管理世界，2018（1）.

［29］祝佳，伍旭川，陈柏廷，等．利率市场化、共同富裕与杠杆率［J］. 金融经济学研究，2022（1）.

［30］祝佳，郑文华，吴非．利率市场化、生命周期与企业融资约束［J］. 商业经济与管理，2020（3）.

［31］Aalbers M. B. The Financialization of Home and the Mortgage Market Crisis［J］. Competition and Change, 2008, 12（2）: 148－166.

［32］Altman E. I. Financial Ratios, Discriminant Analysis and the Prediction of Corporate Bankruptcy［J］. Journal of Finance, 1968, 23（4）: 589－609.

［33］Chen J., H. Hong, and J. C. Stein. Forecasting Crashes: Trading Volume, Past Returns, and Conditional Skewness in Stock Prices［J］. Journal of Financial Economics, 2001, 61（3）: 345－381.

［34］Hutton A. P., A. J. Marcus, and H. Tehranian. Opaque Financial Reports, R^2, and Crash Risk［J］. Journal of Financial Economics, 2009, 94（1）: 67－86.

［35］Jin L., and S. C. Myers. R^2 Around the World: New Theory and New Tests［J］. Journal of Financial Economics, 2006, 79（2）: 257－292.

［36］Kim J. B., Y. Li, and L. Zhang. Corporate Tax Avoidance and Stock Price Crash Risk: Firm－level Analysis［J］. Journal of Financial Economics, 2011, 100（3）: 639－662.

［37］Laeven L. Does Financial Liberalization Reduce Financing Constraints?［J］. Financial Management, 2003, 32（1）: 5－34.

［38］Leland H. E., and D. H. Pyle. Informational Asymmetries, Financial Structure, and Financial Intermediation［J］. Journal of Finance, 1977, 32（2）: 371－387.

［39］Levinsohn J., and A. Petrin. Estimating Production Functions Using Inputs to Control for Unobservables［J］. Review of Economic Studies, 2003, 70（2）: 317－341.

［40］Öztekin Ö., and M. J. Flannery. Institutional Determinants of Capital Structure Adjustment Speeds［J］. Journal of Financial Economics, 2012, 103（1）: 88－112.

［41］Shiller R. J. Comovements in Stock Prices and Comovements in Dividends［J］. Journal of Finance, 1989, 44（3）: 719－729.

地方政府债务的信贷挤出：超越"平均效应"的新证据

王　博　刘　娟[①]

摘要：基于 2009—2020 年非金融上市企业的财务数据和融资平台负债数据，实证检验地方政府债务对企业信贷融资规模的总体影响，并重点考察上述影响在 2014 年《国务院关于加强地方政府性债务管理的意见》（以下简称"43 号文"）出台前后的变化及其在不同所有制企业间的差异和作用机理。结果表明，就"平均效应"而言，地方政府债务对本地企业信贷融资总体上具有负向的挤出作用。从超越"平均效应"来看，地方政府债务的信贷挤出效应存在时变特征，2014 年"43 号文"出台后，城投债的挤出效应显著缓解，更具隐性化的银行贷款等非公开债务对企业融资的负面影响依然存在；上述影响也存在截面异质性，国有企业信贷融资受政府债务的负面影响更大。进一步拓展发现，地方政府债务对企业信贷的负向影响是一种"被动挤出"，而不是企业信贷需求减弱下的"自主选择"。因此，建议优化地方政府及融资平台公司的资金投向，推动地方债务显性化，深化银行体系改革、优化信贷资源配置。

一、引言

现代金融体系下国家金融发展战略要求构建金融有效支持实体经济的体制机制（王彩萍和李建平，2022），国家金融资源的布局需要着眼于中小企业发展等关键领域。2020 年末，中国金融机构人民币贷款余额和社会融资规模存量分别为 172.75 万亿元和 284.83 万亿元，达到近年来的较高水平，适

① 作者简介：王博，经济学博士，南开大学金融学院教授，博士生导师，研究方向为宏观金融管理；刘娟，南开大学金融学院博士研究生，研究方向为地方政府债务管理。

当的货币供应增速和扩大的信贷总规模为满足实体经济的融资需求、助力企业发展提供了有力支持。但是，金融资源的有限性意味着 M_2 和信贷规模是一定的（马树才等，2020），尤其是在中国以间接融资为主的金融体系中，企业部门、政府部门和居民部门的融资活动都与银行信贷紧密关联，彼此之间也因此形成竞争关系。图 1 将金融机构人民币贷款作为参照物，反映了政府融资平台借款和上市企业借款的规模差异。2009—2020 年，政府融资平台公司银行借款占同时期金融机构贷款的平均比例为 19.54%，规模始终大于同时期上市公司银行借款的总和。若政府债务过度挤占了有限的信贷资源，私人部门和实体经济本应在宽松货币环境下获得的信贷支持可能被削弱，即政府债务扩张总体上可能会引起企业信贷融资规模的下降。本文将这种政府债务对企业信贷融资规模的总体负面影响定义为政府债务信贷挤出的“平均效应”，考虑到近年来地方债务治理行动的开展以及企业融资特点的差异，本文认为政府债务对企业信贷融资的影响会进一步体现时变性和截面异质性，从而将超越“平均效应”。

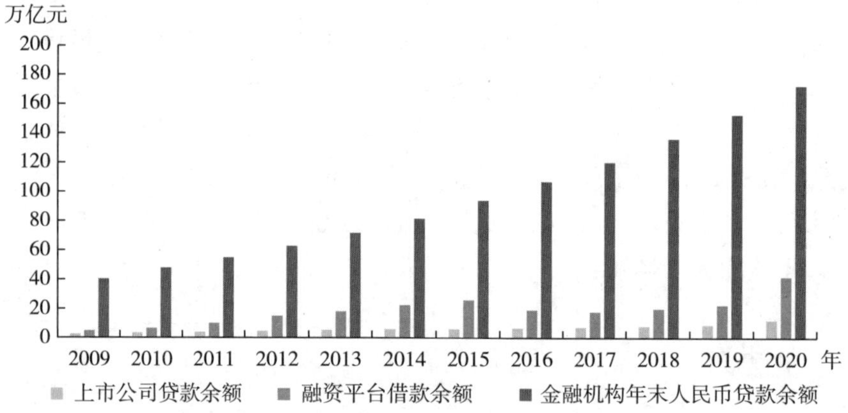

图 1　融资平台借款余额、上市公司贷款余额及金融机构人民币贷款余额

地方债务信贷挤出的“平均效应”根植于信贷资源的有限性以及政府债务在信贷资源分配中的竞争优势。中国资金市场的分割无法平衡不同地区的资金需求差异，无论从安全性角度还是受政府干预的角度来说，银行部门都会将有限的信贷资源优先满足政府融资，减少对企业部门的资金配置。而银行机构的地方债务占款不再进入货币创造系统，经济体系货币总供给的萎缩会进一步降低企业信贷资金可得性。最终，地方债务扩张影响企业信贷融资的“平均效应”可能体现为负向的挤出作用。

同时，这种“平均效应”掩盖了地方债务信贷挤出的时变性和截面异质性特点，需要对其进行外延扩展。一方面，2014 年之后，中国地方政府债务治理逐渐规范化，《国务院关于加强地方政府性债务管理的意见》（以下简称“43 号文”）的出台更是从法律意义上终结了地方融资平台的政府融资职能。因此，伴随地方债务融资工具和融资方式的转变，融资平台债务在信贷资源分配中的竞争优势有可能受到削弱，那么其对企业信贷融资的影响理应也具有时变性特征。另一方面，从企业部门内部来看，其投融资活动也表现出明显的所有制差异。长久以来，国有企业债务因具有政府的显性或隐性担保而被认为可以实现刚性承兑，因此相比于民营企业，国有企业在资金获得方面更加便利。在此背景下，需要关注政府债务会通过何种机制如何差异化影响国有企业和非国有企业。通过对地方债务信贷挤出的“平均效应”进行外延扩展，在时间和截面维度更细致地进行考察，可以实现在地方债务治理、银行资产组合配置、国企转型等更多视域下，为解决企业融资难、融资贵问题提出更切实可行的对策。

与本文所关注的问题联系较为紧密的已有研究体现在两个方面。一是许多研究围绕政府债务对企业投融资的总体影响展开，即对“平均效应”本身进行识别。早期有部分学者认为，政府举债能够增加公共产品的投资支出，改善基础设施和投资环境，公共部门投融资与私人部门投融资之间存在互补关系（魏向杰，2015）。但此后许多针对中国地方政府债务的研究却表明，中国地方政府债务的扩张对企业投融资的“平均效应”往往体现为负向的挤出作用，且主要是通过政府债务资金的直接挤出和提升企业融资成本两个渠道产生影响。马树才等（2020）运用地方政府投资额现金平衡等式计算地方政府债务规模，发现政府债务融资减少了实体企业的信贷融资规模，公共投资和房地产投资是上述挤出效应的两个重要路径，但地方政府债务融资本身的直接挤出效应更为重要。梁虎和张珩（2020）基于中国省级城投债券和商业银行数据，发现地方债务扩张显著挤出了银行的企业贷款和实体行业贷款，这主要是由于地方政府债务扩张会增加影子银行流向地方融资平台的资金数量，并抬高银行贷款利率。二是部分文献开始对政府债务信贷挤出的“平均效应”进行截面维度的外延扩展，主要是基于“信贷歧视”理论，探讨企业银行信贷的所有制差异。在金融市场尚不发达的背景下，信贷配给制度成为银行部门进行资金配置的重要特征（刘小玄和周晓艳，2011）。国有企业和国有银行相同的产权性质被认为是中国目前特殊的制度背景，长期产权不清和政府“父爱主义”带来预算软约束，而中小民营企业在单位交易成本和信息不对称问题上处于劣势，因此有许多文献证实了中国信贷所有制歧视的存在（程六兵和刘峰，2013）。基于此，有相当一部分研究认为，地方债务对企业信贷的挤出作用会在所有制层面上产生差异，且政府债务对企业信贷融资的挤出效应会与信贷歧视产生叠加，进而对非国有企业的负向影响更大（汪金祥等，2020；余海跃和康书隆，2020）。但是，也有少数研究得到相反的结论，认为由于国有企业与当地政府关系紧密，一部分政府债务资金会直接流入国有企业，而且由于中国大型国有企业在转换融资方式时的摩擦更小，因此面对政府债务带来的资金市场变化，国有企业信贷融资的变化会更加敏感（范小云等，2017；车树林，2019）。

尽管上述已有文献为后续研究奠定了良好的基础，但这些研究大多围绕地方债务扩张影响企业投融资的“平均效应”展开，随着近年来一系列地方政府债务治理行动的开展，需要探讨上述地方政府债务的总体挤出效应是否因政策实施而有所改变。除上述时变性特征外，虽然已有文献开始关注地方债务挤出效应在企业所有制方面的异质性，但其往往基于“信贷歧视”的单一角度予以解释，其背后的机理有待进一步探究。从研究设计的角度看，考虑到地方债务口径多样，而不同种类的政府债务具有不同特征，目前尚缺乏对不同类型债务挤出效应的对比分析。此外，在探究政府债务与企业信贷融资两者关系时，由于企业信贷规模受到自身融资需求的影响，因此区分上述挤出效应的“主动性”与“被动性”亦十分必要。基于此，本文可能的边际贡献体现在四个方面。第一，本文以城投平台有息负债测度地方政府债务水平，在避免因口径过小引起偏差的同时，实现区分城投债和其余以银行贷款为主的非公开债务，进行对比分析。第二，通过构建包含时间虚拟变量交互项的固定效应模型，本文关注地方债务挤出效应的时变性特征，以体现近年来地方债务治理行动的制度背景。第三，就政府债务挤出效应在企业所有制层面的差异而言，本文基于投资者的资产替代性理论对这一问题重新认知，将政府债务、国企负债与非国企负债纳入统一资产组合中，补充了仅从“信贷歧视”理论进行的机制分析。第四，在考虑企业的信贷决策时，本文利用现金—现金流敏感度模型进一步对信贷挤出的“被动性”与“主动性”进行区分。

二、理论分析与研究假说

（一）政府债务融资行为对企业信贷融资规模的影响

政府作为社会公共产品的主要提供者，其债务发行的本源目的是弥补财政支出缺口，进行公共投资。基础设施和投资环境的改善会提高私人投资的边际收益，促使企业有激励进行生产扩张，最终会扩大信贷规模（魏向杰，2015）。

但是，从已有研究和中国的实际情况来看，政府部门融资与企业部门融资之间更多表现为显著的竞争关系，具体包括资金数量竞争和价格竞争。前者出现的根源在于中国资金市场的地域分割（Huang 等，2020），即使地方性商业银行在政策层面被允许跨区域经营之后，其主要业务仍然局限在本省域内或扩展到少数几个特大城市，银行的经营很大程度上受到所在地政府的干预。因此在贷款总量或贷款额度存在上限的情况下，这种地域分割无法平衡不同省份的资金需求差异，而无论是从银行部门对安全资产的追求来看，还是从政府主动干预银行信贷来看，银行都会优先满足政府债务融资需求，进而减少企业信贷规模。此外，从宏观角度看，地方债务资金是对银行系统可贷资金的占用，其不进入货币创造过程，而是计入银行货币创造环节的漏出（姚凯辛等，2022），从而会导致货币乘数减小，货币总供给的萎缩使企业信贷资金可得性进一步降低。上述资金数量竞争也会间接加剧资金价格竞争，对企业融资成本带来负面影响。政府债的过量发行会推高市场资金的到期收益率，加之中国权益融资市场发展较为滞后，市场的不完美性致使企业融资方式转换困难，最终企业不得不以更高的收益率吸引投资者。因此，来自资金价格方面的竞争甚至会驱使企业寻求民间借贷，最终退出传统信贷市场。由此，作为本文的基础性检验，提出假说 1。

假说 1：就“平均效应”而言，总体上地方政府债务对本地企业信贷融资具有负向的挤出作用。

（二）“43 号文”对地方政府债务挤出效应的纠偏作用

尽管平均而言，地方政府债务对企业信贷融资可能具有负向挤出作用，但此种影响会在时间维度上发生改变，尤其是面对地方政府债务可能带来的区域性金融风险，近年来，中央政府会同有关部门开展了一系列地方政府债务治理行动，因此在本文的语境下，需要探讨上述地方政府债务的负面挤出效应是否因政策实施而有所缓解。

2014 年 10 月 2 日，国务院发布《关于加强地方政府性债务管理的意见》（以下简称“43 号文”），作为新预算法执行的过渡性文件，其从建立规范的地方政府举债融资机制、实行规模控制和预算管理、加强政府或有负债管理等方面提出未来地方政府债务管理的总体要求，被认为是下一步治理地方政府债务的纲领性文件，一出台便得到广泛关注。文件中明确指出要“划清政府和企业的界限”“剥离融资平台公司的政府融资职能”，并强调地方政府债务融资要做到“谁借谁还，风险自担”“中央政府实行不救助原则”。总的来说，“43 号文”的目标是通过改变地方融资平台的职能和定位，限定并规范地方政府举债融资，进行地方政府债务治理。

在融资平台职能和角色转换方面，“43 号文”终结了其政府融资功能，未来融资平台公司将逐渐作为一般性企业生存。在此背景下，其融资安全性无法因“金边属性”而得到有效保障，之前由政府隐性担保带来的竞争优势有所下降。在限定和规范地方政府举债融资方面，“43 号文”要求对融资平台债务进行清理甄别，以分类处理的方法重新划分责任，债务来源和偿付责任的明确使得城投公司与地方政府之间的责任界限更加明晰。对地方举债融资机制的规范可以防止政府借助融资平台影响银行部门的投资决策，而对于地方债务的直接规模控制和对债务用途的严格限定，也可以直接缓和融资市场上政府与其他主体间的资金需求竞争。因此，“43 号文”实施后，政府债务对银行可贷资金的过度侵占将得到缓解，这不仅直接提高了企业部门的信贷可得性，降低企业融资成本，还由于银行系统货币创造功能进一步得到充分发挥，企业的融资状况也会受到货币总供给带来的改善。

囿于数据可得性，目前大多数学者利用城投债的规模和价格数据来分析“43 号文”对地方政府债务的政策治理效果以及融资平台的转型问题。但正如 Huang 等（2020）所指出的那样，尽管城投债券是融资平台的标准化融资工具，但其占平台负债的比重很低，仅关注于城投债可能会对分析结果带来严重偏差，需要额外考虑包括银行贷款等在内的更隐性部分。实际上，城投债与其余非公开发行的债务在监管难度、信息披露程度、地方政府可操作性、对本地资金市场的影响大小等方面都具有显著的差异。目前城投债券的发行主体信用评级均在 AA－级及以上，其在发行审批方面比银行贷款要严格很多，以城投债渠道进行违规担保和违法融资的情况较少，银行贷款、BT 融资和信托融资是政府隐性债务最可能的来源（李一花等，2021）。尤其近年来债券市场风险逐渐暴露，AA 级以下融资主体的债券融资被迫收紧，即使在发行之后，其交易和资金使用也受到更严格的监管，因此相比之下，地方政府对融资平台银行贷款的依赖更加难以在短时间内消除。由于地方政府所面临的事权和财权不对等的矛盾依然存在，在当前正规融资渠道受限以及地方建设资金需求旺盛的背景下，平台借贷的规模可能会持续扩张（毛振华等，2018）。基于以上分析可以合理预期，相比于城投债，“43 号文”对银行贷款等更具隐性化债务所带来的挤出效应的纠偏作用有限，由此可以提出假说 2。

假说 2：“43 号文”的出台使得政府债务信贷挤出的“平均效应”具有时变性，且对不同类型政府债务挤出效应的影响存在差异，由城投债带来的信贷挤出将得到显著缓解，但对银行贷款等非公开债务的纠偏作用有限。

（三）不同所有制企业的信贷融资规模受政府债务的影响差异

探讨地方政府债务对企业信贷融资规模的影响，除了从“平均效应”及其在时间维度上的变化的角度之外，还有必要从截面角度分析政府债务对不同所有制企业的影响差异。

一方面，信贷歧视理论表明，中小民营企业在单位交易成本和信息不对称问题上具有天然的劣势。同时，由于中国国有银行和国有企业拥有相同的产权性质，利益关系更加紧密，在预算软约束下，双方没有严格履行参与贷款活动所应尽的审查和还款义务，这使得所有制歧视问题更加突出（Qian，1994）。而中国地方政府举债所获得的资金一般用于市政建设、交通运输、科教文卫等基础性和公益性项目，其主要的社会参与方为央企和地方国企，尤其在经济下行压力加大时期，国有企业更应发挥其“逆周期”调节作用。那么，当政府债务占据了更多的金融资源后，银行会对风险性更高的企业进一步收紧信贷，这些企业往往是抵押品更少、政治关联性较弱的中小民营企业，承载政府隐性信誉和公共职能的国有企业则几乎不受影响（马树才等，2020）。因此，从这个角度来看，政府债务对企业信贷融资的挤出效应会与信贷歧视产生叠加，最终使非国有企业受到的影响更大。

另一方面，由于信贷歧视理论更加强调国有企业信贷和非国有企业信贷两者之间的竞争，但在探讨政府债务对不同所有制企业融资的影响差异时，关键在于政府债务与国有企业信贷、非国有企业信贷三者之间的关系，因此还需要从其他角度予以补充。Graham 等（2014）基于投资者的资产组合效应，指出政府债务以及不同类型的企业债务对于投资者而言都是属性不同的资产，那么政府债务之所以会对企业债务融资产生影响，根本原因是投资者面对市场变化会动态调整其资产组合。在这一优化过程中，政府债务的发行会根据资产之间的替代性强弱来改变资产的相对价格，因此如果某种实体资本与政府债务的替代性更强，其资本成本将会提高更多，在财富效应作用下，表现出对该种实体资本更多的“挤出”（Friedman，2007）。例如相比于 Baa 级的企业债券，评级更高、更具安全性的企业债券与政府债务之间的替代性更强，因此其受政府债务的影响更大（Friedman，1978）。Krishnamurthy 和 Vissing - Jorgensen（2015）的研究同样发现，政府债务的供给增多会改变投资者为持有安全、高流动性资产所愿支付的价格。就中国的实际情况而言，范小云等（2017）认为国有企业与当地政府关系紧密，甚至一部分政府债务资金直接流入了国有企业，因此国有企业债务与政府债务之间替代性更强，且政府债务对国有企业债务融资成本的推动作用更大。此外，面对政府债务带来的资金市场变化，企业也会主动寻求融资方式上的转变，但中国大型国有企业和中小民营企业面对的融资摩擦有所差异，国有企业债务融资的变化会更加敏感（车树林，2019）。

总体来看，基于以上所有制歧视和资产替代性这两种视角，无法从理论上得到关于政府债务对企业融资异质性影响的一致结论，需要利用实际数据进行验证，并对机制进行考察，因此可先提出对立假说 3a 和假说 3b。

假说 3a：政府债务信贷挤出的“平均效应”具有企业产权异质性，挤出效应与信贷歧视会产生叠加影响，使得地方政府债务对非国有企业信贷融资的挤出效应更大。

假说 3b：政府债务信贷挤出的“平均效应”具有企业产权异质性，由于国有企业债务与政府债务的相似性和替代性更高，地方政府债务对国有企业信贷融资的挤出效应更大。

三、研究设计

（一）数据说明与变量定义

本文旨在探究地方政府债务对企业融资规模的影响，而中国地方政府债务水平主要在 2009 年之后大幅提高，因此本文的研究区间选择 2009—2020 年。实证检验所使用的数据包括省份层面数据和企业微观数据。其中，省份层面债务信息主要来源于万得数据库（Wind），经济指标数据来自各省历年统计年鉴、区域金融运行报告及中经网统计数据库。企业层面，本文采用国泰安数据库（CSMAR）中沪深 A 股、中小板和创业板的上市公司数据，且样本按下列标准进行筛选：剔除证券、银行和保险等金融行业企业；剔除关键数据缺失、数据异常和已退市的样本；剔除 ST 和 PT 类企业。参照中国证监会的行业分类标准，企业所属行业均取一位代码。此外，按照实际控制人性质将企业分为国有与非国有，相关信息来源于中国经济金融研究数据库（CCER）。根据企业注册地将企业信息与各省区数据进行匹配，最终组成共 20658 个样本观测值的非平衡面板数据。为排除变量极端值对模型结果的影响，本文对所有连续变量进行了 1% 和 99% 水平的 Winsorize 缩尾处理。

企业信贷融资规模和地方政府债务水平是本文主要关注的两大变量，因此对其代理指标的选取尤为关键，为了回归结果的稳健性，本文基于已有文献，选用多个替代指标进行检验。

1. 被解释变量。已有研究主要以长短期借款作为企业信贷融资水平的代理指标（张路等，2021），但由于该指标包含的是存量信息，因此在实证中用其增量值来反映企业当年的融资水平，并常以总资产对其进行标准化（记为 *Bank_1*）。同时，参照李军林和朱沛华（2020）的研究，还采用了（负债 - 应付账款）/总资产（*Bank_2*）以及企业现金流量表中“借款收到的现金”除以总资产（*Bank_3*）来重新定义借款比率。

2. 核心解释变量。由于目前暂没有省级层面较长时间序列的政府债务官方数据，因此许多学者基于融资平台的“金边属性”，以城投债为研究对象来分析中国的地方政府债务问题。如前所述，仅关注于城投债可能会对分析结果带来严重偏差。在中国，发行债券的实体按规定必须披露当年以及至少前三年的资产负债表，因此最近一些学者开始将融资平台有息负债作为政府债务的代理指标（Huang 等，2020；余海跃和康书隆，2020）。本文选用融资平台有息负债的另一个原因在于，通过对平台有息负债进行分解，可以探究城投债和其余以银行贷款为主的负债所带来的影响差异。最后需要考虑的问题是平台有息负债的口径差异，余海跃和康书隆（2020）在计算时未考虑应付票据，但实际上有些应付票据附带利息，因此本文借鉴 Huang 等（2020）和张路等（2021）的做法，在其基础上考虑了应付票据这一项①。接着参照其做法，将平台有息债务减去城投债余额（*Debt_2*），得到平台非公开债务（主要为银行贷款，记为 *Debt_3*），在实际回归时除以 GDP 获得相应负债率②。

3. 控制变量。这里主要考虑影响企业融资状况的企业特征因素和宏观经济因素。（1）企业偿债能力，包括企业规模（以总资产规模来指代，记为 *Size*）、资产负债率（*Lev*）、固定资产净值比例（*Tangible*）、经营产生的现金流比例（*Cash_flow*）；（2）企业盈利能力，以资产收益率（*ROA*）及其三年标准差（*ROA_sd*）来指代；（3）企业发展能力，为了避免托宾 Q 值带来内生性以及本身的测度偏误问题，本文用营业收入增长率（*G_inc*）来代表；（4）宏观经济因素，包括生产总值水平（Ln_*gdp*）和通货膨胀水平（以消费者价格指数的年均增长率来衡量，记为 *G_cpi*）；（5）考虑到企业所处行业以及未控制的宏观经济环境因素会带来影响，在回归时，还固定了行业效应（*Dum_industry*）和年度时间效应（*Dum_year*）。

（二）基准模型设定

根据假说 1，需要识别政府债务影响企业信贷融资规模的“平均效应”，本文构建式（1）作为基准回归的模型设定。其中，*Bank* 表示企业 i 在 t 年度的信贷融资规模，*Debt* 为其注册地当年的政府债务水平，X 是所选取的控制变量，γ_t、μ_j 和 $\varepsilon_{i,t}$ 分别为时间固定效应、行业固定效应以及误差项。其中 β_1 是本文重点关注的系数，若其显著为负，则表明地方政府债务对本地

① 实际上由“应付票据”带来的计算差异并不大，最终本文基准回归中“融资平台有息负债”（*Debt_1*）的计算方法为：长期借款 + 短期借款 + 应付债券 + 应付票据 + 一年内到期的非流动负债。

② 为验证平台带息债务数据的合理性，本文将该数据与各省区审计部门公布的地方政府负有偿还义务的债务总额数据进行拟合，Pearson 相关系数可以达到 0.8，因此本文构造的债务指标与审计署口径下地方政府债务的地域分布情况具有较高的相关性。

企业信贷融资的影响主要为负向的挤出效应，反之则反。

$$Bank_{i,t} = \beta_0 + \beta_1 \times Debt_{i,t} + \lambda \times \sum X_{i,t} + \gamma_t + \mu_j + \varepsilon_{i,t} \tag{1}$$

接着本文超越“平均效应”，探讨政府债务的影响在时间维度的变化和在截面维度的差异。首先，本文利用式（2）对“43号文”是否发挥纠偏作用进行探究。其中，D_t 为时间虚拟变量，2014年及之前年份为0，2014年之后取1。因为模型已经固定了时间效应，所以未单独引入 D_t 变量。若回归后交互项系数显著，则表明在政策前后企业信贷融资对政府债务的敏感性发生了改变，尤其当其显著为正时，说明“43号文”对政府债务产生的挤出效应具有纠偏作用。

$$Bank_{i,t} = \beta_0 + \beta_1 \times Debt_{i,t} + \beta_2 \times Debt_{i,t} \times D_t + \lambda \times \sum X_{i,t} + \gamma_t + \mu_j + \varepsilon_{i,t} \tag{2}$$

其次，为了考察政府债务对不同所有制企业的异质性影响，本文构建式（3）进行验证。其中，虚拟变量 SOE 对应于国有企业和非国有企业分别取1和0，若交互项 $Debt_{i,t} \times SOE_{i,t}$ 系数显著小于0，则表明政府债务对国有企业信贷融资规模的负向影响更大，从而假说3b得证，反之则假说3a得证。

$$\begin{aligned} Bank_{i,t} = {} & \beta_0 + \beta_1 \times Debt_{i,t} + \beta_2 \times SOE_{i,t} + \beta_3 \times Debt_{i,t} \times SOE_{i,t} \\ & + \lambda \times \sum X_{i,t} + \gamma_t + \mu_j + \varepsilon_{i,t} \end{aligned} \tag{3}$$

四、实证结果分析

（一）对于假说1的验证：平均效应

表1展示了对假说1的验证过程，回归（1）~（3）为先后引入政府债务指标、公司特征指标和宏观经济指标的逐步回归结果，而回归（4）~（7）为替换被解释变量和主要解释变量代理指标后的结果。括号内为聚类稳健标准误，并以此得到相应的显著性水平。

由表1可知，在回归（1）~（7）的所有检验中，本文的核心解释变量基本上都在1%或5%的水平上显著为负，即以融资平台有息负债衡量的地方政府债务水平提高时，会挤出本地上市企业的信贷融资，假说1得证。当把政府债务区分为城投债和非公开债务时，可以得到类似的结果。

表 1　　　　政府债务水平与企业信贷融资规模

Variables	(1)	(2)	(3)	(4)	(5)	(6)	(7)
	Bank_1	*Bank_1*	*Bank_1*	*Bank_2*	*Bank_3*	*Bank_1*	*Bank_1*
Debt_1	-0.004***	-0.004**	-0.005***	-0.006***	-0.030***		
	(0.002)	(0.002)	(0.002)	(0.002)	(0.003)		
Debt_2						-0.022**	
						(0.012)	
Debt_3							-0.004***
							(0.002)
Dum_industry	控制	控制	控制	控制	控制	控制	控制
Dum_year	控制	控制	控制	控制	控制	控制	控制
N	20658	19147	19147	21156	23288	19120	19120
R^2	0.011	0.166	0.166	0.216	0.364	0.166	0.166

注：*、** 和 *** 分别表示在 10%、5% 和 1% 的水平上显著，表 2 ~ 表 5 同。

（二）对于假说 2 的验证："43 号文"的纠偏作用

上述对于假说 1 的验证仅是从整个研究区间内考察地方政府债务对企业信贷融资规模的"平均效应"，"43 号文"的出台可能会使得该种影响有所缓解，为了验证这一点，本部分对式（2）进行回归。从表 2 中可以看出，虽然交互项系数均为正，但债务总体 *Debt_1* 和非公开债务 *Debt_3* 的交互项在统计意义上不显著，*Debt_2* 的交互项在 1% 或 5% 的水平上显著为正。这说明在"43 号文"出台之后，从不同债务类型看，其对以银行贷款为主的非公开债务的政策纠偏作用有限，而城投债对企业信贷融资的挤出效应显著减弱，即"43 号文"对城投债的负面影响具有显著的纠偏作用，假说 2 得证。而且通过对列（2）的 *Debt_2* 系数和交互项系数进行计算，可以发现，"43 号文"出台之后，此种挤出作用较之前下降了八成。

表 2　　　　"43 号文"前后政府债务挤出效应的改变

Variables	(1)	(2)	(3)	(4)	(5)	(6)
	Bank_1	*Bank_1*	*Bank_1*	*Bank_2*	*Bank_2*	*Bank_2*
Debt_1	-0.006**			-0.016***		
	(0.003)			(0.004)		

续表

Variables	(1)	(2)	(3)	(4)	(5)	(6)
	Bank_1	*Bank_1*	*Bank_1*	*Bank_2*	*Bank_2*	*Bank_2*
Debt_2		-0.080*** (0.028)			-0.172*** (0.037)	
Debt_3			-0.006** (0.003)			-0.017*** (0.004)
Debt_1 × D	0.002 (0.003)			0.007 (0.005)		
Debt_2 × D		0.068** (0.030)			0.172*** (0.040)	
Debt_3 × D			0.001 (0.003)			0.007 (0.006)
Control_variables	控制	控制	控制	控制	控制	控制
Dum_industry	控制	控制	控制	控制	控制	控制
Dum_year	控制	控制	控制	控制	控制	控制
N	19147	19120	19120	21156	21129	21129
R^2	0.162	0.162	0.162	0.216	0.216	0.216

“43 号文”出台之后，市场对城投债具有的中央救助和地方兜底的双重预期有所减弱，再加上近年来债券市场风险逐渐暴露，不确定性增加，投资者的决策更加审慎。其在与企业融资的竞争中，之前由安全性和担保属性所带来的竞争优势显著下降，进而使得城投债发行对企业信贷融资的挤出随之缓解。但是，即使在政策出台后，地方融资平台与地方政府之间的双向依赖积重难返，地方融资平台的经营和管理长期受到地方政府的干预，财政补贴仍是其资金的重要来源。另外，目前地方政府的正规融资渠道有限，而资金需求有升未降，在城投债受到广泛关注和严格监管的情况下，更具隐性化的非公开债务被遏制的程度不足。因此相比之下，“43 号文”对银行贷款等非公开债务的纠偏作用有限。同时，“43 号文”对政府债务的总体纠偏作用同样符合直觉，因为城投债在平台负债中所占比重较低，最终其总体影响与非公开债务基本保持一致。

（三）对于假说3的验证：对不同所有制企业的影响差异

1. 基准回归。为了探究政府债务对不同产权性质企业的影响差异，利用所构建的式（3）进行回归。从表3的结果可以看出，无论选用哪种政府债务和企业融资的代理指标，除回归（3）外，其余回归中交互项的系数都在1%或5%的水平上显著为负，这表明政府债务对国有企业信贷融资规模的负向作用更大，这与范小云等（2017）的分析更为吻合，假说3b得到验证。由于在银行等金融机构的资产组合中，政府债务与国有企业债务在安全性等方面具有更强的相似性和替代性，因此当政府债务水平激增时，国有企业信贷在投资者重新优化资产配置的过程中会受到更大的冲击。

表3　　政府债务对不同产权性质企业的影响差异

Variables	(1)	(2)	(3)	(4)	(5)	(6)
	Bank_1	*Bank_1*	*Bank_1*	*Bank_2*	*Bank_2*	*Bank_2*
SOE	-0.008***	-0.009***	-0.011***	-0.015***	-0.015***	-0.016***
	(0.002)	(0.002)	(0.002)	(0.002)	(0.002)	(0.002)
Debt_1	0.001			0.004		
	(0.004)			(0.003)		
Debt_1 × SOE	-0.009**			-0.015***		
	(0.004)			(0.004)		
Debt_2		0.002			0.026	
		(0.014)			(0.017)	
Debt_2 × SOE		-0.042**			-0.099***	
		(0.019)			(0.025)	
Debt_3			-0.002			0.004
			(0.003)			(0.003)
Debt_3 × SOE			-0.002			-0.016***
			(0.003)			(0.004)
Control_variables	控制	控制	控制	控制	控制	控制
Dum_industry	控制	控制	控制	控制	控制	控制
Dum_year	控制	控制	控制	控制	控制	控制
N	19127	19100	19100	21132	21105	21105
R^2	0.171	0.171	0.171	0.225	0.225	0.225

2. 机制检验：基于中介效应模型。基准回归结果表明，政府债务对国有企业信贷融资的挤出作用更大。根据前文的理论分析，一个可能的原因是资产间的相互替代性（Friedman，1978；Friedman，2007；Krishnamurthy 和 Vissing－Jorgensen，2015；范小云等，2017），当政府债务水平上升时，投资者会调整自身的资产组合，由于国有企业债务在安全性等方面与政府债务的相似性和替代性更高，其资本成本会提高更多，进而国有企业信贷融资规模会受到更大冲击。本部分将就该理论能否解释基准回归结果进行实证检验，这里选取企业融资成本作为中介变量，构建中介效应模型，从全样本、国有企业样本和非国有企业样本分别进行考察。这里选择最常用的逐步检验法来进行中介效应检验（Baron 和 Kenny，1986），本文中需要依次进行以下回归。

$$Bank_{i,t} = \beta_0 + \beta_1 \times Debt_{i,t} + \beta \times \sum X_{i,t} + \gamma_t + \mu_j + \varepsilon_{i,t} \tag{4}$$

$$Cost_{i,t} = \alpha_0 + \alpha_1 \times Debt_{i,t} + \alpha \times \sum X_{i,t} + \gamma_t + \mu_j + \varepsilon_{i,t} \tag{5}$$

$$Bank_{i,t} = \varphi_0 + \varphi_1 \times Debt_{i,t} + \varphi_2 \times Cost_{i,t} + \varphi \times \sum X_{i,t} + \gamma_t + \mu_j + \varepsilon_{i,t} \tag{6}$$

其中，企业融资成本 *Cost* 选取利息支出/平均借款作为代理变量（程六兵和王竹泉，2015）。如果上式中 β_1、α_1 和 φ_2 均显著不为 0，则中介效应成立，若在此基础上式（6）中 φ_1 不显著，则完全中介效应成立。但如果式（5）、式（6）中 α_1 和 φ_2 有一个不显著，则暂定中介效应不成立，可以进行额外的检验以进一步确认。表 4 中（1）、（2）、（3）分别表示全样本、国有企业样本和非国有企业样本的中介效应结果。

表 4　　政府债务对不同产权性质企业异质性影响的中介效应检验

Variables	(1)		(2)		(3)	
	Cost	*Bank_1*	*Cost*	*Bank_1*	*Cost*	*Bank_1*
Debt_1	0.007***	−0.005***	0.010***	−0.003	0.004	−0.003
	(0.002)	(0.002)	(0.003)	(0.003)	(0.003)	(0.003)
Cost		−0.063***		−0.036***		−0.089***
		(0.007)		(0.012)		(0.010)
Control_variables	控制	控制	控制	控制	控制	控制
Dum_industry	控制	控制	控制	控制	控制	控制

续表

Variables	(1)		(2)		(3)	
	Cost	*Bank_1*	*Cost*	*Bank_1*	*Cost*	*Bank_1*
Dum_year	控制	控制	控制	控制	控制	控制
Sobel 检验 p 值	0. 001		0. 013		0. 144	
N	17105	17105	7748	7748	9357	9357
R^2	0. 033	0. 170	0. 049	0. 166	0. 033	0. 186

由表4可知，在全样本和国有企业样本中，式（5）的 *Debt_1* 和式（6）中的 *Cost* 变量系数均显著不为0，中介效应成立，而且由于国有企业组中 *Debt_1* 变量系数不显著，体现出完全中介效应。相比之下，民营企业组未通过中介效应检验。为了检验结果的准确性，进一步进行 Sobel 检验，并计算得出相应 p 值，最终得到了同样的结论。由此说明，面对政府债务水平的升高，投资者在动态优化资产组合的过程中，根据资产之间的替代性强弱改变了资产的相对收益，在此处表现为国有企业融资成本的提高，进而降低了其信贷融资规模，因此可以解释本文中政府债务对企业融资影响的异质性。

五、进一步说明与稳健性检验

（一）进一步说明：挤出效应或自主选择？

从上述实证结果来看，当政府债务水平上升时，总体上对企业信贷融资表现出挤出效应，尤其是相比于非国有企业，国有企业债务融资规模受此影响更大。但当探究其原因时，应当注意到，企业银行借款的减少并不一定归因于被动的信贷配给，还应该考虑是否是企业的一种自主决策（苟琴等，2014）。根据世界银行环境调查（World Bank Environment Survey）提供的“中国投资环境调查2003”数据，被调查企业中有68. 4%没有银行贷款，其中37. 5%是不需要银行贷款，30. 9%才是受到信贷配给的部分。尽管企业信贷融资在其总融资活动中仍扮演着主要角色，但近年来中国债券市场和股票市场都得到了长足的发展，尤其对于上市企业，股权融资的权重在日益增多，那么地方政府债务对企业信贷的负向影响究竟是一种挤出还是一种企业自主决策？

由于企业对信贷资源的需求是由企业自身特征所决定，具有主观性，对其进行直接考察具有一定难度。本文选择从侧面进行验证，将企业融资的范围由信贷融资扩展到包括债券、股权、非正规金融机构融资、租赁融资等在内的整体外部融资，如果企业信贷融资的减少是因为具有其他外部融资渠道而导致不需要银行贷款，那么政府债务的上升不会导致企业整个外部融资状况的恶化。本文参照 Almeida 等（2004）的研究，选用现金—现金流敏感性作为融资约束的代理变量。具体模型设定如式（7）所示，当 α_3 显著大于 0 时，说明政府债务水平越高，企业倾向于从其内部现金流中存储更多的现金，以应对未来的投资机会，即企业受到的外部融资约束程度加深。

$$Cash_{i,t} = \alpha_0 + \alpha_1 \times Debt_{i,t} + \alpha_2 \times Cash\_flow_{i,t} + \alpha_3 \times Debt_{i,t} \times Cash\_flow_{i,t} + \alpha \times \sum X_{i,t} + \gamma_t + \mu_j + \varepsilon_{i,t} \tag{7}$$

在本文的语境下，如果系数 α_3 不显著或者为负，那么政府债务对企业信贷融资的负向影响可能是由于企业可以进行债券或股权融资，而不再依赖银行借款，那么政府债务对微观主体的负面影响将被放大。而且本部分重点关注政府债务对国有企业信贷融资的影响，因为根据对假说 3 的验证，国有企业信贷融资受到的负向影响更大，考虑到一部分政府债务资金会直接流入国有企业（范小云等，2017），以及国有企业融资方式的转换更加灵活，其自主选择不依靠银行贷款的可能性更大。回归结果如表 5 所示，其中（1）和（2）为全样本回归，（3）和（4）为重点关注的分所有制回归。由表可知，在国有企业样本中，交互项系数在 5% 的水平上显著为正，表明政府债务的上升恶化了包括银行借款在内的企业外部融资状况，进一步说明本文所得到的“政府债务对企业信贷融资规模具有挤出效应”这一结论并不是由于企业自主选择其他外部融资方式而不依赖银行贷款。第（4）列非国有企业回归的交互项并不显著，实际上从分组回归的角度再一次验证了本文假说 3 的结论，即地方政府债务对国有企业信贷融资的挤出效应更大。

表 5　　政府债务对企业融资约束的影响

Variables	(1)	(2)	(3)	(4)	
			国有企业	国有企业	非国有企业
Debt_1	-0.005**			-0.004	-0.004
	(0.002)			(0.003)	(0.004)

续表

Variables	(1)	(2)	(3)	(4)	
			国有企业	国有企业	非国有企业
Debt_3		-0.006** (0.003)	-0.005 (0.003)		
Cash_flow	0.242*** (0.016)	0.241*** (0.016)	0.261*** (0.020)	0.260*** (0.021)	0.236*** (0.023)
Debt_1 × Cash_flow	0.089*** (0.031)			0.086** (0.038)	0.062 (0.047)
Debt_3 × Cash_flow		0.107*** (0.036)	0.098** (0.043)		
Control_variables	控制	控制	控制	控制	控制
Dum_industry	控制	控制	控制	控制	控制
Dum_year	控制	控制	控制	控制	控制
N	18025	18000	8133	8152	9873
R^2	0.120	0.120	0.133	0.133	0.127

（二）稳健性检验

本文接着从不同角度进行稳健性检验，最终说明实证回归结论的准确性和可靠性①。

1. 变更主要变量的度量方式。第一，参照国际货币基金组织（IMF）的做法，采用各地方政府债务率衡量地方政府债务水平，避免结果受 GDP 驱动而导致偏误。第二，基于基准回归中对融资平台带息负债的计算口径，这里首先除去“应付票据”项目，重新得到平台有息负债率，其次在 Huang 等（2020）的基础上，借鉴宋科等（2023）的补充，重新计算平台有息负债的广义口径②，得到新的政府债务指标。结果表明，政府债务对企业信贷融资总体上仍表现出挤出效应，且政府债务对于国有企业的负向影响更强。

2. 对样本进行修正。因为本文所选取的地方政府债务的代理指标是平台

① 限于篇幅，稳健性回归结果未报告于正文中，备索。

② 平台广义有息债务 = 短期借款 + 长期借款 + 一年内到期非流动负债 + 应付债券 + 应付票据 + 其他流动性负债 + 长期应付款。

债务，而企业样本中包含部分平台企业，所以这里将总样本中的平台公司样本去除，重新进行检验。此外，由于国企按照国有资产管理权限又可进一步划分为中央国企和地方国企，两者具有不同的政治特性和业务范围，将央企仅仅按照注册地信息匹配可能会给结果带来偏误，因此这里进一步剔除国企中的央企重新进行考察。

3. 改变回归方式。鉴于模型设定可能受其他遗漏变量的影响，从而产生内生性，这里选取地方债务指标的滞后一期作为工具变量（梁虎和张珩，2020），采用 2SLS 方法重新回归。而且根据 Kleibergen – Paaprk LM 统计量和第一阶段回归结果也拒绝了工具变量不可识别和弱工具变量的假设，由于工具变量与内生解释变量均为一个，不需要进行冗余检验。结果表明，假说 1 和假说 3b 依然得到验证，与基准回归的结果保持一致。

4. 子样本回归与反事实分析。本部分在表 2 回归的基础上，以 2014 年为节点，将样本划分为 2014 年之前和之后，进行分组回归。分组回归的结果与主实证分析保持了一致，此外，由于上述政策纠偏作用可能是由其他遗漏变量或其他事件所引起，而与“43 号文”本身没有关系，因此本文进一步引入反事实分析框架，即设定假想的政策出台时间（陈刚，2012），按照同样的方法对样本进行回归，如果交互项的符号和显著性与主实证分析一样，则本文的结论可能是由其他变量而非“43 号文”导致。这里假定冲击发生在 2010 年和 2011 年，对 2014 年之前的样本进行回归，此时城投债交互项并不显著，这表明政府债务对企业信贷融资的负向作用是受到“43 号文”的政策影响而得到缓解。

六、结论与政策启示

本文一方面识别政府债务影响企业信贷融资的“平均效应”，另一方面超越上述“平均效应”，还着重关注该影响如何受政策作用以及不同所有制企业所受影响的差异。主要研究结果包括：首先，在研究期内，地方政府债务水平影响企业信贷融资规模的“平均效应”体现为负向的挤出作用；其次，2014 年之后，随着国务院“43 号文”的出台，城投债扩张引起的信贷挤出效应较之前下降八成，但政策对债务总体和银行贷款类非公开债务的纠偏作用并不显著；再次，与传统信贷歧视的观点不同，从企业产权性质来看，政府债务扩张对国有企业信贷融资的负面影响更大，并通过构建中介效应模型发现，这主要是由于国有企业债务与政府债务之间具有更高的相似性和替代性，与“资产组合效应理论”更为吻合；最后，通过将企业融资的范围由信贷融资扩展到整体外部融资状况，进一步说明地方政府债务的上述挤出效应并不是因为企业自主选择其他外部融资渠道而不再依赖银行信贷。

对应于正文的三个假说，本文的研究结论具有以下政策启示。第一，从政府债务对企业信贷融资的挤出效应来看，尽管当前财政扩张是拉动经济增长的必要手段，但仍需稳控政府债务规模，在稳增长与债务所带来的微观负面影响之间取得平衡，通过优化地方政府及融资平台公司的资金投向，改善基础设施和投资环境，扩大外部性以推动企业生产扩张，这有利于经济长期增长。第二，从债务治理对挤出效应的纠偏作用来看，相比于被广泛关注的城投债，银行贷款、影子银行业务、信托基金等更具隐性化的政府债务可能带来的负向影响和风险问题值得警惕，因此应进一步推动地方债务显性化，规范地方政府融资渠道，坚决取缔各类违法违规融资行为，并加强债务置换、提高债务发行有关的信息披露程度。第三，从政府债务挤出效应的所有制差异来看，银行等投资者在配置金融资源时会从市场化的理性角度出发，动态优化自身的资产组合，而不是一味将资金优先给予国有企业，因此，应继续深化银行体系改革、优化信贷资源配置，防止信贷资金“脱实向虚”。国企本身也应加快转型步伐，规范地方政府、地方性银行与地方性国企之间的关系，为不同所有制企业提供良好的融资环境。

参考文献

[1] 车树林. 政府债务对企业杠杆的影响存在挤出效应吗？——来自中国的经验证据 [J]. 国际金融研究，2019（1）.

[2] 陈刚. 法官异地交流与司法效率——来自高院院长的经验证据 [J]. 经济学（季刊），2012（4）.

[3] 程六兵，刘峰. 银行监管与信贷歧视——从会计稳健性的视角 [J]. 会计研究，2013（1）.

[4] 程六兵，王竹泉. 信贷歧视与银行股份制改革——基于借款逾期公司的经验证据 [J]. 财经研究，2015（6）.

[5] 范小云，方才，何青．谁在推高企业债务融资成本——兼对政府融资的“资产组合效应”的检验［J］．财贸经济，2017（1）．

[6] 苟琴，黄益平，刘晓光．银行信贷配置真的存在所有制歧视吗？［J］．管理世界，2014（1）．

[7] 李军林，朱沛华．经济危机冲击与企业信贷配置——基于中小企业融资的视角［J］．经济学家，2020（10）．

[8] 梁虎，张珩．地方债务扩张是否挤出了商业银行贷款？［J］．现代财经（天津财经大学学报），2020（12）．

[9] 刘小玄，周晓艳．金融资源与实体经济之间配置关系的检验——兼论经济结构失衡的原因［J］．金融研究，2011（2）．

[10] 马树才，华夏，韩云虹．地方政府债务如何挤出实体企业信贷融资？——来自中国工业企业的微观证据［J］．国际金融研究，2020（5）．

[11] 毛振华，袁海霞，刘心荷，等．当前我国地方政府债务风险与融资平台转型分析［J］．财政科学，2018（5）．

[12] 王彩萍，李建平．国家金融视角下现代金融体系理论的衍化和创新——基于“六要素论”体系的新思考［J］．金融经济学研究，2022（2）．

[13] 汪金祥，吴世农，吴育辉．地方政府债务对企业负债的影响——基于地市级的经验分析［J］．财经研究，2020（1）．

[14] 李一花，骆熙，张芳洁．集体决策权力结构与地方政府隐性债务规模——基于省级党委常委会的研究视角［J］．上海财经大学学报，2021（6）．

[15] 魏向杰．政府支出类型和融资方式对私人投资的影响［J］．经济经纬，2015（5）．

[16] 姚凯辛，李为，项后军．财政压力、地方债务与企业杠杆率分化［J］．南方金融，2022（6）．

[17] 宋科，孟源祎，尹李峰．地方政府隐性债务的金融风险传导机制研究［J］．经济学家，2023（3）．

[18] 余海跃，康书隆．地方政府债务扩张、企业融资成本与投资挤出效应［J］．世界经济，2020（7）．

[19] 张路，尹志超，王姝勋．地方政府隐性债务与企业研发——来自中国非金融上市公司的证据［J］．财经研究，2021（4）．

[20] Almeida H.，M. Campello，and M. S. Weisbach. The Cash Flow Sensitivity of Cash［J］. The Journal of Finance，2004，59（4）：1777－1804.

[21] Baron R. M. , and D. A. Kenny. The Moderator – mediator Variable Distinction in Social Psychological Research：Conceptual，Strategic，and Statistical Considerations [J]. Journal of Personality and Social Psychology，1986，51 (6)：1173.

[22] Friedman B. M. Crowding Out or Crowding In? Economic Consequences of Financing Government Deficits [J]. Brookings Papers on Economic Activity，1978，9 (3)：593 – 641.

[23] Friedman B. M. Implications of Government Deficits for Interest Rates，Equity Returns and Corporate Financing [M]. Chicago：University of Chicago Press，2007.

[24] Huang Y. ，M. Pagano，and U. Panizza. Local Crowding – Out in China [J]. The Journal of Finance，2020，75 (6)：2855 – 2898.

[25] Krishnamurthy A. ，and A. Vissing – Jorgensen. The Impact of Treasury Supply on Financial Sector Lending and Stability [J]. Journal of Financial Economics，2015，118 (3)：571 – 600.

[26] Qian Y. A Theory of Shortage in Socialist Economies Based on the "Soft Budget Constraint" [J]. The American Economic Review，1994，84 (1)：145 – 156.

金融利润膨胀阻碍了经济增长吗

——基于金融业与实体经济的利润分享视角

何美玲　张硕楠　莫建明①

摘要：在分析金融分享实体利润“质”的合理性基础上，以 2007—2019 年城市层面数据为样本，探讨金融分享实体利润“量”的合理值并实证检验金融利润对经济增长的非对称影响。研究结果表明，在金融分享实体利润的合理区间内，金融利润适度提高有助于经济增长，但金融分享实体利润超过合理值后，继续膨胀则会阻碍经济增长。不同区制内，金融利润非对称地调整民营和国有经济增长速度是其非线性影响经济增长的机制之一。具体而言，金融利润适度上升时，民营经济融资水平的边际改善效应较强，将带动经济更快增长；若金融利润过度膨胀，则会对民营经济产生较强抑制，从而制约经济增长。这一机制在微观层面得到更充分诠释：金融适度逐利，民企融资难得到缓解，净资产收益率显著上升；金融利润过度膨胀后，民企融资环境恶化，并受高额金融利润吸引持有更多金融资产，出现实业投资挤出、主营业务萎缩以及利润率下降等问题。进一步分析发现，当国有企业利用融资优势充当“信用中介”并参与金融利润分割情况下，民营经济的实业投资和经营绩效未受到显著影响。

一、引言

改革开放以来，中国现代金融体系逐步建立和完善，在创造经济增长的“中国奇迹”中发挥了独特作用。但近年也出现了金融“侵蚀”实体、资金

① 作者简介：何美玲，南京邮电大学经济学院讲师，研究方向为金融发展、经济金融化；张硕楠，浙江财经大学金融学院讲师，研究方向为宏观金融；莫建明，西南财经大学中国金融研究院教授，研究方向为宏观金融。

空转和实体债务负担过重等问题。实体经济经营疲软叠加金融供需矛盾尖锐化，社会各界高度关注金融机构向实体经济合理让利、化解企业债务风险的问题。金融体系能否持续向实体经济提供低成本的发展资金，是提振市场主体信心和促进经济强劲发展的关键。金融对经济的影响体现在诸多维度，本文聚焦于金融利润对经济增长的影响，对这一问题的关注源于以下典型事实：2020 年国务院明确提出金融体系向实体部门让利 1.5 万亿元；2021 年国务院指出多项让利政策延续实施至 2021 年底；2022 年，国务院常务会议又提出要用市场化法治化办法促进金融机构向实体经济合理让利；党的二十大再次强调坚持把发展经济着力点放在实体经济上；2023 年初，针对金融业高利润带来的高薪炫耀和巨额贪腐等问题，党中央提出坚决破除“金融精英论”，这些均体现了中央从金融利润角度持续协调金融和实体经济关系的坚定决心。

从金融和实体经济利益分配角度，探究金融如何影响经济增长，有利于加深对金融和实体经济关系的认识。同时，中国金融市场具有典型的“二元分割”和“利率双轨制”特征，基于此，本文以 2007—2019 年城市层面数据为样本，围绕金融利润和经济增长这一主题，探讨金融利润变动对国有与民营经济产生的异质性影响以及该影响如何传递到最终的经济增长。

和现有文献相比，本文边际贡献主要有以下三点：第一，从研究问题看，基于金融与实体利润分享理论，考察金融利润膨胀如何非线性地影响经济增长。大量文献讨论了金融发展与经济增长的关系，但对金融利润的系统研究较少。在作者文献搜索范围内，仅林键等（2021）检验了银行利润对实体部门的影响如何随银行盈利能力的变化而变化。本文选择金融和实体间利润分享比例而非银行盈利能力作为结构性变量，更能凸显金融和实体经济的相对地位。第二，从研究机制看，本文关注到金融利润适度提高以及过度膨胀对不同实体部门的非对称影响，探讨随着金融分享实体利润比例的变化，金融部门对国有和民营经济的支持服务作用与竞争攫取作用之间转化关系的差异性，并从微观层面细致地探讨了金融利润变动对不同所有制企业投融资和绩效的异质性影响，搭建了宏观效应与微观机制之间的桥梁。第三，从研究方法看，本文计量模型的设计考虑到解决金融与实体利润分享比例的内生性问题，科学地估计金融利润对经济增长的影响，且将研究样本细化至地级市，最大限度降低阈值搜索过程中因数据量不足而导致的参数估计稳健性存疑问题，是对金融利润与经济增长之间非线性关系更为科学的实证检验方法。

二、文献综述

中国金融行业利润率碾压实体经济利润率，获取高额利润已成为不争的事实（杜勇等，2017）。2017—2021 年，中国金融业增加值占 GDP 比例约为 8%，是对 GDP 贡献率最高的行业。不仅大大超出同等收入水平国家，也超出金融业更加成熟的发达国家平均水平。那么，金融行业利润来自哪里，如此高的回报是否合理？这就涉及金融利润“质”的合理性和“量”的适度性分析。关于金融利润的本质来源，马克思在利息理论中论述生息资本时，提出了重要的利润分享观：货币资本家把借贷资本的支配权移交给产业资本家，就把货币作为资本生产平均利润的能力让渡给产业资本家，因此货币资本家应该分享产业资本家所生产的利润或者剩余价值。利息来源于产业资本积累，其本质是生产过程中劳动创造的新价值。后来的马克思主义研究者在马克思的利润分享观基础上，详细分析了其他各类金融活动的收入，形成了完整的金融利润理论。该理论指出中介费、佣金和资本利得在内的各种金融利润最终来源都是实体产业（Lapavitsas，2011；Levina，2012；Foley 等，2019；赵峰和陈诚，2022）。

那么实体部门为什么要把一部分利润让渡或者分配给金融部门？马克思主义和西方主流经济学都给出了相应解释。马克思主义学者从资本循环周转角度出发，指出金融资本能够加快资本循环周转速度和提高资本周转效率，使剩余价值创造的过程更为顺利。西方主流经济学者从金融功能观出发，强调金融在资源配置、风险分担、公司治理以及交易成本降低等方面的价值，促进了物质生产（庄毓敏等，2020）。这与马克思主义学者提出的金融循环加速资本积累相一致。双方的研究结论都回答了金融为什么能从实体经济获得利润，或者说实体部门为什么愿意将利润让渡给金融部门。综上所述，金融自身并不创造实物财富，金融实现的利润是从产业资本创造的剩余价值（实现的利润）中让渡出来的。但金融确实是有“价值的”，其分享实体利润存在“质”的合理性。

除了金融分享实体利润“质”的合理性问题外，金融分享实体利润

“量”的合理性问题更加值得讨论。直接探讨金融利润适度值的研究不多，大多文献从金融发展水平存在适度区间的角度进行分析。马克思主义学者较早指出了信用过度的负面效应：大量产业资本转化为金融资本，脱离资本循环，形成“G—G′”的金融投机活动。金融资本成为控制生产、流通和分配的主导力量，通过不断增殖和扩张，加深了与产业资本的对抗和矛盾（赵峰和陈诚，2022），其中金融和实体在总体利润中的分配关系是双方冲突对抗的具体表现之一（谢富胜和匡晓璐，2019；文书洋等，2020；张成思等，2020）。2008 年国际金融危机后，西方主流经济学者也加强了对金融发展负面效应的研究。针对资金脱实向虚，在金融体系中空转以及金融系统稳定性下降等现象，西方主流经济学者从实体经济对金融容纳程度有限、金融自身脆弱性以及“金融加速器”带来的波动效应等方面进行了解释（Sanfilippo - Azofra 等，2018；孙红燕等，2021；永谈等，2021）。马克思主义和经典西方经济学从不同理论视角解释了金融负面效应的来源，结论却高度一致：金融发展和经济增长之间存在一个匹配关系，金融适度发展会促进经济增长，反之，金融过度膨胀则会阻碍经济增长。

实证方面，大部分研究以信贷（或股票市值）占 GDP 比重、M_2 占 GDP 比重、金融增加值占 GDP 比重刻画金融发展，关注不同发展水平下金融对经济发展的异质性影响。若金融发展水平对经济增长有促进作用或促进作用较为明显，则认为金融发展水平适度；若超过一定比例后对经济增长产生负向影响，则认为金融存在过度扩张和膨胀（王俏茹等，2020）。杨友才等（2014）利用门槛模型发现当金融发展程度超过 0. 908 时，金融发展会抑制经济增长。黄宪和黄彤彤（2017）在 OLS 回归中加入二次项，发现金融对经济增长的影响存在“倒 U 形”特征。还有部分学者考察了金融发展速度和实体经济发展速度是否匹配的问题。如 Zhu 等（2020）发现，当私人信贷达到 GDP 的 60% 时，金融发展程度过高，企业创新率相对较低，且创新对产出增长的影响开始不明显。王爱萍等（2021）发现金融增长率与实体经济增长率的差异超过 13% 时，会抑制经济发展。少数学者考察了金融利润或银行利润与经济增长的非线性关系，如林键等（2021）研究发现，只有当银行利润率保持在 0. 491% ~0. 801% 时，继续提高银行盈利水平能较快促进经济增长。从研究方法看，面板门槛效应难以处理内生性问题，回归结果可能出现偏误。OLS 回归中加入二次项，假设了拐点两边，金融促进经济发展和金融阻碍经济发展的效应大小对称，与实际不符。也有部分学者利用分组方法检验金融与经济之间的非线性关系。在每组内设置线性模型，通过比较系数组间差距来判断是否存在非线性关系（Arcand 等，2015；李强和李书舒，2017）。线性模型能够较容易地解决内生性问题，但是人为设置分组标准具有随意性，估计结果很大程度上依赖于样本的分组方式。

在中国，所有制差异是影响金融发展水平与实体经济关系的重要因素，国有经济和民营经济在正规金融体系中具有不平等地位。由于信息不对称、经营风险高以及发展不规范等原因，民营企业在正规金融体系中受到强烈的“所有制歧视”，融资难、融资贵一直是制约民营经济发展的重要问题（田国强和赵旭霞，2019）。而国有企业不仅与国有银行联系紧密，贷款议价能力强，还享受政府补贴等优惠政策，外部融资渠道更多。因此金融发展主要缓解了民营企业的融资约束问题，提高了民营企业贷款可得性（刘行和叶康涛，2014）。在金融发展水平较高的地区，银行市场化水平更高，受政府干预程度较低，出于逐利目的有动机向优质民营企业发放贷款，提高信贷资源分配的公平性（刘海明和曹廷求，2015）。另外，随着金融发展水平的提升，金融机构贷前信息识别和贷后风险控制能力也在提高，关系型贷款技术以及金融科技的应用降低了民营企业与银行之间的信息不对称，提高了金融机构向民营企业提供信贷的意愿（Bollaert 等，2021；Di Maggio 和 Yao，2021）。

总体而言，已有研究提供了诸多有益思考，本文将从以下几方面更深入和细致地探讨金融和经济的关系：首先，从传统金融发展角度拓展到金融和实体利益分配角度，研究金融利润与经济增长的非线性关系。利润分享比例的变化反映了经济社会资本积累方式的转变，而资本积累的多寡决定了金融和实体的相对地位。区别于强调金融脆弱性的文献，本文从金融和实体之间的竞争挤出关系分析金融过度发展的负面影响，探讨随着金融分享实体利润程度的变化，金融部门对实体经济的支持服务作用是否会演变为竞争攫取的负作用，具有重要理论和实践价值。其次，在中国特殊的“二元分割”和“利率双轨制”背景下，明晰金融逐利性通过什么机制影响经济增长，以及金融利润对国有和民营经济的影响效应有何区别。这对于有针对性地调整金融和实体关系具有重要借鉴意义。最后，为了更加科学地刻画金融和经济间的非线性关系，本文利用计量模型估计金融利润对经济增长影响的拐点，能较好避免人为设置拐点的随意性，且模型设计考虑了经济增长与金融利润间存在双向因果关系的可能性，兼顾内生性问题的解决。

三、理论分析与假说提出

（一）金融利润膨胀的机理

金融利润膨胀的路径既包括金融资本配置到实体经济发展而产生的积累部分，也包括在虚拟经济中低买高卖而产生的增殖。无论是哪种利润积累方式，本质上都来自实体经济，且受到实体利润的制约，那么为什么金融利润会出现过度膨胀或者产生偏离?

宏观经济理论从经济要素的社会作用出发，提出了现代社会经济系统中信息流、资金流和物流的概念（李强等，2012）。三者在商品价值形态的转化过程中有机的统一起来，共同完成商品的生产→分配→交换→消费→生产的循环。在信息流的帮助下，资金流可以脱离物流并快于物流单独流动。一方面，这有助于信息传递、价值发现和提高实体经济效率；另一方面，这意味着资金流或者说资本本身是可以单独交易和定价的。因此，金融资本不仅比实物商品具有更大的流动性，而且还可以跨越时空交易。在资金流动基础上发展出来的各类金融活动所具有的跨越时空快速流动性，决定了实体经济的运行可能滞后于金融活动，金融运行脱离实体运行成为常态（黄群慧，2017；王彩萍和李建平，2022）。这在利润积累方面就表现为金融利润脱离实体利润而独立膨胀。

同时，这两条金融利润膨胀的路径并不独立，而是相互影响。金融资本在虚拟经济（如金融业和房地产业）中自我循环扩张，提高金融资本回报的同时也消耗了资本的耐心和抬高了其要求的回报率。配置到实体经济的金融资本也会要求更高的回报率，从而加剧金融业利润率与实体利润率的分化。伴随实体利润率下降和虚拟经济持续繁荣，越来越多的企业难以承担高额借贷成本，导致更多金融资本退出实体，流入回报率更高的虚拟经济，推动金融资本在虚拟经济中进一步增殖，形成更大泡沫。同样地，配置到实体经济的金融资本回报率的持续提高，也会吸引更多资金进入金融系统。实体经济除了支付正常资金使用费外，还需要支付咨询费、服务费、年检报告费等由信贷衍生的各种金融服务费。资本以增加金融服务环节并拉长金融服务链条的方式分割高额利润，基础信贷产品发展为各种衍生品，低买高卖，脱实向虚不断空转，导致金融相对实体的利润膨胀程度加深。

（二）金融利润对经济增长的影响分析

第一，从金融资本配置到实体经济而实现增殖的路径分析金融利润对经济增长的影响。金融适度逐利不仅有助于闲散资金集聚，还能够提高资本配置效率。资金盈余方持有现金及其等价物有很高的机会成本，出于增殖考虑，需要将资本不断投入产业生产。金融通过提供交易场所和降低信息不对称能够达到快速集聚闲散资金的作用。金融资本事前收集市场信息，事后监督项目实施，动态追逐高效率的行业和企业，在实现利润积累的同时也促进了经济增长。但是当配置于实体经济中的金融资本要求过高的回报率，就会引发实体经济融资难融资贵问题。此外，部分难以承担高额借贷成本的实体企业还会被挤出信贷市场，不利于经济增长。

第二，从金融资本脱离实体经济而独立增殖的路径分析金融利润对经济增长的影响。金融资本所具有的跨越时空的快速流动性和可交易性使得金融能够承担资源优化配置、跨期风险分担以及价值发现等功能。金融资产的价格往往还是实体经济的晴雨表。但这种流动性和可交易性并不能完全脱离实体经济，背后需要有真实的生产和商品交易做支撑。金融资本在虚拟经济（金融业和房地产业）中自我循环扩张，提高金融资本回报的同时，也消耗了资本的耐心和抬高了其要求的回报率。配置到实体经济的金融资本也会相应要求更高的回报率，催生影子银行繁荣，进而提高企业财务成本和降低企业融资可得性，最终会降低实体经济的回报率。而实体经济自身回报率的下降，又会加剧更多金融资本的退出，对其形成更大的“挤出效应”。综上所述，提出研究假说 1。

假说 1：当金融利润低于合理值时，金融利润适度提高有利于经济增长；而当金融利润高于合理值时，金融利润继续膨胀则会阻碍经济增长。

（三）中国金融利润影响经济增长的机制分析

中国金融体系具有较为明显的政府干预和管制特征，“信贷二元分割”和“利率双轨制”现象一直存在。金融利润影响经济增长的机制也具有明显的中国特征。金融利润低于合理值时，其上升往往伴随着金融发展水平上升。金融通过降低资金融通成本或者识别高效率项目获得更多回报。因此，在服务国有经济为主的国家控制型金融体系中，金融适度逐利意味着更多资本流入更高效率的民营经济，对民营企业融资水平的边际改善程度更大。这是因为：第一，为追求更多利润，银行等金融机构将提高自身信息收集和处理能力，缺少抵押物的民营企业获得贷款的可能性提高；第二，为获取更多利润，金融资本会提高自身风险承担能力，而不是一味涌向债务风险和破产风险更低的国有企业；第三，逐利动机下的金融机构有激励主动参与企业公司治理，监督防范企业逆向选择和道德风险，这在公司治理机制灵活的民营企业中更易实现。国有企业有得天独厚的融资优势，比民营企业更容易获得政府优惠政策和金融机构信贷资源支持。即使在金融发展落后的地区，国有企业在当地政府的政策支持下也能够优先获得金融资本，因此融资改善效应相对有限。

当金融利润过度膨胀，意味着金融资本的成本提高，甚至开始自我增殖。大量金融资源流出实体部门，国有经济和民营经济发展都受到抑制。但是国有经济天然具有融资优势。当金融利润超过合理水平且金融资本变得更加稀缺时，实体经济中有限的金融资源将向国有企业集中，其投融资水平受金融部门利润膨胀的影响程度较小（李艳和杨汝岱，2018）。因此金融利润膨胀首先挤出了民营经济部门的信贷额度，压制了民营经济的融资需求，拉大了国有和民营经济受到的金融资源支持力度差异。面对金融高利润引发的融资难问题，大量难以从正规金融体系融得资金的民营企业转向资金价格更高和风险更高的影子银行，以融资贵化解融资难问题，成为影子银行资金需求者。而部分资金充裕的实体企业，例如国有企业或大型上市企业受金融高利润吸引，充当银行资金的“二传手”，攫取实体部门利润，成为影子银行的资金提供者。

已有文献已经证明，国有经济效率低于民营经济（Song 等，2011）。如果考虑国有企业和民营企业获取资源的难易程度以及要素价格差异，那么国有经济和民营经济的效率差异将会更大，同时国有工业企业亏损数额和亏损比例都远高于民营工业企业。综上所述，金融利润适度上升时，民营经济融资水平的边际改善效应更强，鉴于民营企业的生产效率更高，在融资环境得到改善后，民营经济将带动经济更高速增长。当金融利润过度膨胀，与民营经济相比，低效国有经济的资金来源更加稳定，获得了相对更多的资本，但由于自身生产效率不高，更大程度降低了经济增长速度。基于以上分析，提出如下假说 2。

假说 2：当金融利润低于合理值时，金融利润适度上升对民营经济的促进作用较强；而当金融利润过高且继续膨胀时，民营经济受到的抑制作用更强。金融利润在不同区间，非对称地调整地区国有经济和民营经济结构而影响到经济增长。

四、研究设计

需要明确的是，本文所指的金融利润并非金融利润的绝对值，而是金融利润的相对值，也即金融—实体利润分享比例。由分析可知，理论上存在一个金融—实体利润分享的“适度”水平。当低于和高于“适度”水平时，国有经济和民营经济可能受到差异化影响。那么，金融分享实体利润的“适度”水平是多少，当前金融利润是否已经严重偏离“适度”水平，金融利润变化如何影响国有经济和民营经济的相对发展，这些都需要进一步严谨论证。

（一）样本选择及数据来源

本文以 2007—2019 年 303 个城市（包含地级市、直辖市、自治州和盟）为研究对象。地区经济增长变量、产业结构变量、财政变量等来自《中国城市统计年鉴》，国有经济和民营经济变量来自《中国城市统计年鉴》。少量缺失值采用前后年份的平均值进行代替。某些地区工业企业利润总额为负值，已做剔除处理。

（二）模型和变量解释

1. 动态面板门槛模型的估计方法。首先需要检验金融利润对经济增长的影响是否具有非线性特征，以及金融利润“适度”比例是否存在。尽管学术界没有提出金融利润“适度”比例的绝对标准，但借鉴金融和经济关系研究中，金融发展水平是否适宜是以其对经济的影响为标准的思想，金融利润是否过度膨胀，也应以其是否损害经济增长为标准。利用非线性模型实证促进观和抑制观的成立条件成为研究关键。

Hansen（1999）提出的面板门槛模型能够较好地刻画不同门槛区间内，解释变量对被解释变量的异质性影响，但该门槛估计量的一致性要求门槛变量和协变量必须强外生，现实数据往往难以满足这一条件。Seo 和 Shin

（2016）以及 Kremer 等（2013）将普通面板门槛模型扩展到带有内生阈值变量的动态面板模型，允许滞后因变量和内生门槛变量，能有效解决金融利润的内生性问题，并准确刻画金融利润与实体经济的非线性关系。

动态面板门槛模型可设置为如式（1）所示。其中 X_{it} 是控制变量组，包含有被解释变量 y_{it} 的滞后项。q_{it} 是门槛变量。$I\{\cdot\}$ 代表示性函数，如果括号内为真，则该函数取 1，否则取 0。

$$y_{it} = x'_{it}\beta + (1, x'_{it})\delta\{q_{it} > \gamma\} + \mu_i + \varepsilon_{it} \qquad (1)$$

2. 模型构建和变量说明。为检验假说 1，本文设置动态面板门槛模型如式（2）所示，下标 j 为城市，t 为年份。门槛模型需要在门槛变量的定义域内搜索门槛值，如果以省为研究对象，则存在门槛值搜索数量过少，参数估计不准确的问题，因此本文以城市为研究对象。被解释变量是各城市 GDP 实际增长率（*grgdp*），城市 GDP 平减指数使用相应省份数据。解释变量是各城市金融利润（*fpft*），由于地级市层面金融利润不可得，借鉴文书洋等（2020）和林键等（2021）的指标构造思想，以金融业增加值占比作为金融利润的代理变量。具体以各城市金融业增加值占规模以上工业企业利润的比例进行衡量。工业是实体部门的代表，也是与金融最为相关的实体部门。金融业增加值占规模以上工业企业利润的比例不仅反映了金融和实体的相对地位，也蕴含金融利润来自实体利润的本质。金融业增加值反映了总产出和中间投入的差异，不仅包含营业盈余，也包含金融从业者报酬和固定资产折旧等部分，而这部分也来自实体利润。国家统计局在具体核算金融增加值时，根据《国民经济行业分类》（GB/T 4754—2017），将金融业划分为货币金融服务、资本市场服务、保险业和其他金融业四大类，分别核算，最后进行汇总。也即金融增加值核算不仅包含了银行等金融机构，也考虑了与资本市场相关的金融利润。我国金融年鉴仅公布各省金融业增加值，考虑到银行在我国金融体系中的基础性地位，以及人民币贷款是社会融资规模中最主要构成，与各地金融业增加值密切相关，本文以各城市金融机构人民币贷款余额为权重，将省级金融业增加值划分至各城市。

x_{jt} 为控制变量集合，主要有：（1）滞后期经济增长率（L. *gdpgr*），控制金融和经济之间的双向因果关系；（2）经济结构变量，第二产业占比（*stru*2）和第三产业占比（*stru*3）；（3）城镇化程度（*urban*），用户籍人口城镇化率衡量。大量农民工无法享受城镇化红利，用户籍人口城镇化率而非常住人口城镇化率衡量城镇化水平更为客观：（4）政府干预程度（*gov*），用地区财政赤字占公共财政收入的比例进行衡量。控制变量数据来自城市统计年鉴。δ_1 表示当金融利润低于门槛估计值 $\hat{\gamma}$ 时，金融利润对经济增长率的影响；δ_2 表示当金融利润高于门槛估计值 $\hat{\gamma}$ 时，金融利润对经济增长率的影响。只要 δ_1 和 δ_2 在统计意义上不全为0，则代表在不同金融利润区制内，金融利润对经济增长的影响具有非对称性。金融利润是否具有“适度”比例，需要依据变动方向进一步判断。若 δ_1 为正而 δ_2 为负，则门槛估计值 $\hat{\gamma}$ 代表金融利润的“适度”比例。

$$gdpgr_{jt} = \alpha \times L.gdpgr_{jt} + \delta_1 \times fpft_{jt} \times I\{fpft_{jt} < \gamma\} + \delta_2 \times fpft_{jt} \times I\{fpft_{jt} > \gamma\} + x'_{jt}\beta + \mu_j + \varepsilon_{jt} \tag{2}$$

为检验研究假说2，即金融利润变动通过非对称地调整地区国有经济和民营经济结构而影响到经济增长。本文设置动态面板门槛模型如式（3）所示。被解释变量 *gap* 代表民营经济与国有经济的结构差异。一是用民营经济与国有经济的规模占比差异进行衡量：民营经济规模占比分别以各地区私营企业的资产总计、主营业务收入和利润总额占全部国有及规模以上非国有工业企业资产总计、主营业务收入和利润总额进行衡量，国有经济规模占比分别以各地区国有及国有控股工业企业的资产总计、主营业务收入和利润总额占全部国有及规模以上非国有工业企业资产总计、主营业务收入和利润总额进行衡量，民营和国有经济差异记为 *gap_ast*、*gap_rvn* 以及 *gap_pft*；二是用民营经济增长率和国有经济增长率的差异进行衡量，主要包括资产增长率差异、主营业务收入增长率差异和利润总额增长率差异，分别记为 *gap_astr*、*gap_rvnr* 以及 *gap_pftr*。δ_1 表示当金融利润低于门槛估计值 $\hat{\gamma}$ 时，金融利润对国有经济和民营经济的相对影响；δ_2 表示当金融业利润高于门槛估计值 $\hat{\gamma}$ 时，金融业利润对国有经济和民营经济的相对影响。只要 δ_1 和 δ_2 在统计意义上不全为0，则代表随着金融利润变动，金融利润对民营经济和国有经济的相对发展程度具有非对称性影响。

$$gap_{jt} = \alpha \times L.gap_{jt} + \delta_1 \times fpft_{jt} \times I\{fpft_{jt} < \gamma\} + \delta_2 \times fpft_{jt} \times I\{fpft_{jt} > \gamma\} + x'_{jt}\beta + \mu_j + \varepsilon_{jt} \tag{3}$$

（三）描述性统计

表1为主要变量的描述性统计结果。金融利润变量均值为10.551%，

中位数为7.723%，总体分布呈右偏状态，说明在均值左侧的样本点更多。进一步查看金融利润变量分位数，25分位的数值为5.101%，75分位的数值为12.373%。结合金融利润最小值1.852%、最大值53.824%与均值10.551%的事实，可知存在部分金融利润较高的城市，提高了样本均值。民营经济的资产和主营业务收入相对国有经济在均值上为负数，利润总额相对国有经济在均值上为正，说明平均而言，民营经济资产和收入规模小于国有企业，但盈利能力更高。从增长率差异来看，无论是资产、主营业务收入还是利润总额的增长率差异在均值上都为正，即民营经济增长率更高，活力更强。

表1　　主要变量描述性统计

符号	变量名称	Mean	P50	Sd	Min	Max	N
fpft	金融利润	10.551	7.723	9.069	1.852	53.824	3158
gdpgr	GDP增长率	8.857	9.158	8.027	-16.843	23.461	3158
gap_ast	资产占比差异	-24.813	-25.794	23.058	-77.851	-24.808	3482
gap_rvn	主营业务收入占比差异	-1.938	5.421	25.650	-78.482	-1.942	3482
gap_pft	利润总额占比差异	0.381	7.140	31.946	-90.328	0.380	3440
gap_astr	资产增长率差异	8.075	6.228	13.809	-49.324	109.237	3482
gap_rvnr	主营业务收入增长率差异	8.523	9.914	16.756	-111.432	95.328	3482
gap_pftr	利润总额增长率差异	16.473	9.915	56.028	-131.132	783.839	3153

注：表中资产差异等指标均为民营经济相关指标与国有经济相关指标的差值（民营-国有），单位均为%。

五、实证分析

（一）基础回归

表2给出了动态面板门槛模型式（2）的估计结果。首先，第（1）列是式（2）的回归结果。第（2）列删除北京、上海、天津和重庆四个直辖市，降低行政级别对实证结果的影响。第（3）列进一步删除省会城市，这些城市往往是地区金融中心和资金集聚地。表2第（1）~（3）列结果表明，当金融利润较低时（$fpft<\gamma$），继续提高金融利润，经济增长速度加快；但是当金

融过度分享实体利润，超过门槛值后（$fpft>\gamma$），金融利润继续膨胀降低了经济增长率。假说 1 得到验证。其次，第（1）～（3）列结果中，门槛显著性检验的 bootstrap 抽样 P 值均小于0.01，表明门槛效应显著。不同样本下，门槛估计值的变动范围较小，约为5.08%，结果较为稳健。最后，加入教育水平以及科技水平等控制变量后，不影响实证结论，限于篇幅未列示。

表 2　　　　动态面板门槛模型

	(1)	(2)	(3)
	gdpgr	*gdpgr*	*gdpgr*
	基础回归	去除直辖市	去除直辖市和省会
$fpft(fpft<\gamma)$	0.407*** (4.213)	0.406*** (4.189)	0.466*** (5.247)
$fpft(fpft>\gamma)$	-0.086** (-2.562)	-0.087** (-2.503)	-0.060* (-1.793)
L. *gdpgr*	-0.106** (-2.194)	-0.005 (-1.135)	-0.005 (-1.110)
stru2	-0.005 (-1.108)	-0.003 (-0.764)	-0.004 (-0.933)
stru3	-0.003 (-0.707)	0.583** (2.016)	0.604** (2.017)
urban	0.552** (1.983)	0.037** (2.414)	0.030** (2.132)
gov	-0.037** (-2.422)	-0.005 (-1.136)	-0.005 (-1.108)
常数项	0.319 (0.833)	0.329 (0.853)	0.319 (0.815)
N	3158	3110	2833
chi2	171.894	167.295	154.253
门槛值	5.081	5.080	5.077
门槛 P 值	0.000	0.000	0.000

注：***、**和*分别表示在1%、5%和10%的水平上显著相关；括号内为经过稳健标准误差调整的 t 统计量。

（二）金融利润影响经济增长的机制分析

由表2的结果可知，不同金融利润区制内，金融利润对经济增长的影响并不相同。那么这种不同是否与金融利润非对称地影响国有经济和民营经济的相对结构有关呢？表3给出了动态面板门槛模型式（3）的估计结果，也即检验不同金融利润区制内，金融利润是否通过影响国有经济和民营经济的相对结构而影响经济增长。门槛显著性检验的bootstrap抽样P值均小于0.001，表明门槛效应显著。且门槛两侧系数估计值和显著性差异较大，反映出金融利润对国有经济和民营经济结构的非对称影响效应。第（1）～（3）列被解释变量为民营经济规模占比与国有经济规模占比的差异，分别从资产、主营业务和利润总额角度衡量。第（1）列结果表明，当金融分享实体利润的比例较低时（$fpft<\gamma$），继续提高金融利润，民营经济相对于国有经济的资产规模显著增加1.724%，这与金融发展有助于改善民营经济融资环境有关；当金融分享实体利润的比例超过门槛值后（$fpft>\gamma$），尽管金融利润膨胀依然提高了民营经济相对于国有经济的资产规模，但提高幅度仅为0.365%，远小于门槛值之下的影响程度。这说明，金融利润过度膨胀下，民营融资环境恶化导致投资不足，总资产积累速度相对降低。第（2）列和第（3）列分别以主营业务收入和利润总额代理国有和民营结构性差异，实证结果与第（1）列一致，假说2得到验证。

表3　　金融利润与国有经济和民营经济的相对结构

	(1)	(2)	(3)	(4)	(5)	(6)
	gap_ast	*gap_rvn*	*gap_pft*	*gap_astr*	*gap_rvnr*	*gap_pftr*
$fpft(fpft<\gamma)$	1.724***	0.957***	3.862***	7.482***	8.289***	20.035***
	(4.591)	(2.842)	(3.293)	(4.108)	(3.053)	(2.968)
$fpft(fpft>\gamma)$	0.365***	0.437**	1.954***	−0.067	1.535	5.506***
	(2.626)	(2.547)	(3.853)	(−0.114)	(1.403)	(3.790)
L. *gap*	0.610***	0.699***	0.379***	−0.064	−0.021	−0.134***
	(10.152)	(13.736)	(7.970)	(−1.468)	(−0.414)	(−4.948)
stru2	0.006**	−0.002	0.013**	−0.037***	−0.071***	−0.155***
	(2.253)	(−0.723)	(2.053)	(−4.107)	(−5.732)	(−4.338)
stru3	0.003	−0.010***	−0.009	−0.022**	−0.083***	−0.171***
	(1.163)	(−3.065)	(−1.302)	(−2.220)	(−5.462)	(−3.583)

续表

	(1)	(2)	(3)	(4)	(5)	(6)
	gap_ast	*gap_rvn*	*gap_pft*	*gap_astr*	*gap_rvnr*	*gap_pftr*
urban	0.319***	0.222	0.813**	0.272	0.759	4.995**
	(3.006)	(1.148)	(2.050)	(0.615)	(1.164)	(2.353)
gov	0.000	0.019**	-0.010	0.091***	-0.000	-0.042
	(0.093)	(2.002)	(-0.412)	(3.116)	(-0.000)	(-0.042)
gdpgr	-0.053**	-0.103***	-0.173	-0.108	-0.218	0.684
	(-2.212)	(-2.684)	(-1.564)	(-0.983)	(-1.192)	(1.214)
常数项	-0.637**	0.448*	-0.639	2.640***	6.290***	12.487***
	(-2.544)	(1.663)	(-1.162)	(3.422)	(5.644)	(3.592)
N	3482	3482	3440	3482	3482	3153
chi2	1024.644	1376.626	252.833	56.785	67.946	84.488
门槛值	7.702	8.912	8.749	8.912	13.378	8.269
门槛 P 值	0.000	0.000	0.000	0.000	0.000	0.000

注：***、** 和 * 分别表示在1%、5%和10%的水平上显著相关；括号内为经过稳健标准误差调整的 t 统计量。

表3第（4）~（6）列被解释变量为民营经济增长率与国有经济增长率差异，分别从资产、主营业务和利润增长率角度进行衡量。以第（4）列为例，当金融分享实体利润的比例较低时，金融利润适度提升对民营经济相对于国有经济的资产增长率的正向影响为7.482%；当金融分享实体利润的比例超过门槛值后，继续提高金融利润，民营经济增长动力降低，与国有经济增长率的差异不再显著。从实证结果看，金融利润过度膨胀，民营经济相对国有经济规模的变化以及增长率变化不再显著，假说2再次得到验证。

六、基于微观企业所有制异质性的进一步分析

宏观经济的微观承担者是企业。为进一步厘清在不同区间内，金融利润变动对国有和民营经济的差异化影响，本文利用微观层面更加丰富的数据，研究金融利润变动条件下，不同所有制企业的异质性影响及其差异化应对策略。

在2007—2019年沪深A股企业中，删除房地产业（行业大类代码以“K”开头）和金融业（行业大类代码以“J”开头）公司以及其他财务指标异常的公司。公司层面数据来自国泰安数据库和中国研究数据服务平台。设计式（4）的双向固定效应模型，下标 i 为企业，j 为城市，t 为年份。以门槛值5.081%为界，按照上市公司注册地的金融——实体利润分享比例划分高于合理值的企业样本和低于合理值的企业样本，分别进行回归。首先关注金融利润水平相对较低时，其变动对国有和民营企业的影响。被解释变量包括：（1）财务费用（*finfee*），用财务费用占总资产比例衡量，刻画上市公司融资成本；（2）银行贷款（*bank - debt*），用短期借款和长期借款占总资产比例衡量，刻画上市公司信贷融资难度；（3）经营绩效，用净资产收益率（*roe*）衡量。解释变量是金融利润与国有企业（*soe*）、民营企业（*nsoe*）以及其他企业（*ot*）的交乘项，主要关注交乘项前系数。国有、民营及其他公司（外资、集体以及公众企业）的划分根据实际控制人性质。除了式（2）的控制变量外，还加入企业规模（*size*）、资产负债率（*lev*）、企业上市时间（ln*age*）、人均GDP（*gdpavg*）等。表4第（1）列回归的被解释变量为财务费用（*finfee*），第（2）列被解释变量为银行贷款（*bankdebt*），结果表明相比于国有企业，金融利润适度增加提高了民营企业的融资成本，但是融资难度却显著下降。结合第（3）列结果可知，民营企业以融资成本上升换取更大的融资规模后，净资产收益率上升更快。民企盈利水平的增加表明其提高银行负债率的合理性，以及金融适度逐利带来的效率提高。国有企业的融资相对减少，可能与部分资本流入民企有关，其总体效率也在提升，但提升幅度小于民企，这与宏观层面的分析相一致。

$$y_{ijt} = \alpha + \beta_1 \times fpft_{jt} \times soe_{ijt} + \beta_2 \times fpft_{jt} \times nsoe_{ijt} + \beta_3 \times fpft_{jt} \times ot_{ijt} + x'_{jt}\beta + \mu_j + \mu_t + \varepsilon_{jt} \quad (4)$$

表4　　金融利润适度提升对不同所有制企业的影响

	(1)	(2)	(3)
	finfee	*bamkdebt*	*roe*
fpft × *soe*	-0.032 (-1.176)	-0.416*** (-4.874)	0.2407** (2.584)
fpft × *nsoe*	0.008** (2.492)	0.254*** (3.093)	0.4520** (2.369)

续表

	(1)	(2)	(3)
	finfee	*bamkdebt*	*roe*
fpft×*ot*	-0.094 (-0.929)	0.961 *** (5.727)	1.373 (1.519)
控制变量	是	是	是
年份固定	是	是	是
公司固定	是	是	是
N	1213	1172	1381
Adj R^2	0.420	0.956	0.131

注：***、**和*分别表示在1%、5%和10%的水平上显著相关；括号内为经过稳健标准误差调整的t统计量。

本文更关注金融利润超过合理值后，在信贷市场“二元分割”与“利率双轨制”的条件下，不同所有制企业的应对策略和经营结果。表5和表6汇报了上市公司所在地金融利润超过门槛值5.081%的回归结果。除了关注财务费用等变量外，被解释变量还包括非金融企业参与影子银行的相关变量：金融资产（*finast*），以理财产品购买和证券投资占营业收入的比例衡量，刻画金融市场参与度；委托贷款（*entrustloan*），以上市公司委托贷款占营业收入的比例衡量，刻画企业作为“信用中介”的程度；其他应收款（*otrcb*），用其他应收款占营业收入比例衡量，也用于刻画企业参与信用链条，作为“信用中介”的程度。其他应收款的组成十分复杂，包含应收租金、应收股利等。正常企业其他应收款数额与营业收入的比例相对稳定。但若实体企业作为“信用中介”，则其他应收款账户会包含发放贷款的数额，这也是大量文献将其他应收款作为关联贷款变量的原因。

表5第（1）列金融利润与国有企业和非国有企业交乘项前系数正向显著，说明随着金融利润过度膨胀，国有企业和非国有企业的财务负担都会加重，但是民营企业财务负担加重程度显著高于国有企业。第（2）列实证结果中金融利润与国有企业交乘项的系数显著为正，与非国有企业交乘项的系数为负且不显著。表明随着金融利润膨胀，有较多信贷资源流入国有企业，这是因为国有企业受政策保护且能够提供符合银行风险控制的抵押物；同时金融利润膨胀降低了民营企业银行信贷占比，但并不显著，这可能与上市公

司本身融资渠道广和融资方式多样化有关。第（3）列被解释变量为金融资产持有（*finast*），国有企业与金融利润的交乘项不显著，而民营企业与金融利润的交乘项显著为正，说明受金融业高利润吸引，民营企业购买了更多有价证券和理财产品，而国有企业并未购买更多金融产品，这可能与上市国有企业购买金融产品需国资委批准并需要严格向公众披露有关。

表 5　　金融利润过度膨胀对不同所有制企业融资和金融投资的影响

	(1)	(2)	(3)	(4)	(5)	(6)
	finfee	*bankdebt*	*finast*	*entrustloan*	*otrcb*	*otrcbhat*
fpft × *soe*	0.003 **	0.185 **	-0.007	0.005 ***	0.965 *	0.234 ***
	(2.410)	(2.478)	(-0.092)	(2.683)	(1.901)	(3.163)
fpft × *nsoe*	0.005 ***	-0.012	0.214 **	-0.000	-1.612 **	0.001
	(4.43)	(-0.138)	(2.359)	(-0.132)	(-2.226)	(0.010)
fpft × *ot*	0.004 ***	0.005	0.038	-0.004 **	-0.231	0.078
	(2.852)	(0.035)	(0.390)	(-2.136)	(-0.700)	(0.614)
控制变量	是	是	是	是	是	是
年份固定	是	是	是	是	是	是
公司固定	是	是	是	是	是	是
N	23360	25936	25943	25943	28544	28544
Adj R^2	0.278	0.165	0.094	0.034	0.258	0.009

注：***、** 和 * 分别表示在 1%、5% 和 10% 的水平上显著相关；括号内为经过稳健标准误差调整的 t 统计量。

表 5 第（4）~（6）列进一步研究金融利润膨胀是否吸引实体企业成为“信用中介”。第（4）列被解释变量为委托贷款（*entrustloan*），也即上市公司委托金融机构代其发放的贷款。由第（4）列结果可知，金融利润膨胀显著提高了国有企业的委托贷款水平，但对民营企业的影响不显著。这是因为民营企业自身融资难融资贵问题严重，在金融利润膨胀后作为资金供给方融出资金的机会成本上升。鉴于 2017 年证监会才明确了上市公司委托贷款的信息披露准则，第（5）列还利用其他应收款（*otrcb*），刻画企业充当“信用中介”的程度。结果表明，随着金融利润膨胀，国有企业其他应收款上升，而民营企业其他应收款显著降低。为进一步明确实体企业是否利用低价银行资金进行放贷，第（6）列提取出由银行负债变化而引起的其他应收

款变化（*otrcbhat*），该变量更能代表企业参与“倒卖”银行融入资金的行为。结果表明，在国有企业样本中，随着金融利润膨胀，由银行负债变化而引起的其他应收款显著上升。但民营企业样本中，由银行负债变化而引起的其他应收款并未显著变化。综上所述，金融利润膨胀，确实吸引了国有企业成为影子银行的资金提供者，且国有企业往往是从银行体系套取资金用于影子银行放贷。相反，民营企业在金融利润膨胀后，缩减了对外提供的商业信用和借款数额。

表 6　　金融利润过度膨胀对不同所有制企业绩效的影响

	（1）	（2）	（3）	（4）
	inv	*growth*	*roa*	*roe*
fpft × *soe*	−0.005 （−1.283）	0.028 （0.404）	0.006 （0.793）	0.014 （0.845）
fpft × *nsoe*	−0.012 ** （−1.978）	−0.142 * （−1.710）	−0.040 *** （−3.883）	−0.065 *** （−3.046）
fpft × *ot*	−0.012 ** （−1.983）	−0.078 （−0.715）	−0.016 （−1.214）	−0.039 （−1.383）
控制变量	是	是	是	是
年份固定	是	是	是	是
公司固定	是	是	是	是
N	23879	23959	25927	25926
Adj R^2	0.025	0.053	0.148	0.052

注：***、** 和 * 分别表示在 1%、5% 和 10% 的水平上显著相关；括号内为经过稳健标准误差调整的 t 统计量。

金融利润膨胀也会导致国有企业和民营企业经营行为和经营绩效的差异，为检验企业是否因实质性“信用中介”行为而影响实业发展，经营变量还包括投资增长水平（*inv*）、主营业务增长率（*growth*）。表 6 第（1）列以投资增长水平（*inv*）为被解释变量；第（2）列以主营业务增长率（*growth*）为被解释变量；第（3）列和第（4）列分别以总资产收益率（*roa*）和净资产收益率（*roe*）为被解释变量。第（1）列结果表明金融利润膨胀未降低国有企业投资，但对民营企业的正常投资产生了显著的挤出作用。第（2）列结果表明金融利润膨胀对国有企业主营业务增长率的影响不显著，即未挤出国有企业的正常经营；但显著降低了民营企业的主营业务增长率，抑制了民营企业发展。第（3）列和第（4）列中，金融利润膨胀对国有企业收益率的影响不显著，但显著降低了民营企业收益率。综上所述，尽管金融利润膨胀同等提高国有企业和民营企业的融资成本，但国有企业加大从正规体系融资，通过充当资金“二道贩子”的方式，参与金融利润的瓜分，无论是主营业务还是资产收益率都未受到显著负面影响。对民营企业而言，金融利润膨胀，融资难融资贵问题更为凸显，自身盈余受金融业侵蚀程度加深；另外，受金融高利润吸引，民营企业经营更加短视，追求短平快利润，购买了较多理财产品，无论是经营性投资还是主营业务增长率都受到负面冲击。

七、政策建议与启示

本文在分析金融分享实体利润“质”的合理性基础上，探讨金融分享实体利润“量”的合理值并实证检验金融利润对经济增长的非对称影响。结果表明，在金融分享实体利润的合理区间内，金融利润适度提高有助于经济增长，但金融分享实体利润超过合理值后，继续膨胀则阻碍了经济增长。不同区制内，金融利润非对称地调整民营和国有经济增长速度是金融利润非线性影响经济增长的重要影响机制。结合研究结论，提出如下建议。

第一，合理减费让利，优化金融竞争结构。金融业依靠垄断地位设立众多收费环节，拉长金融服务链条，脱离了服务实体经济的本质。特别关注国有大型银行依靠其行政地位和资产优势攫取不合理利润。为打破有限竞争带来的利润藩篱，需要优化金融竞争格局。一是以国有银行为主体的金融体系应主动承担起减费让利责任，降低凭借垄断地位而征收的不合理费用；二是注重引导银行差异化竞争和精细化服务，中小银行应发挥自身优势，为不同规模和不同生命周期企业提供相匹配的金融服务；三是创新和鼓励直接融资市场，扭转以银行为主的金融体系过度关注短期贷款风险和一味追求短期利益最大化的经营策略，形成金融与经济融合共生的良性循环。

第二，发展金融科技，增强金融机构风控能力。以往金融改革没有从本质上提升银行机构的风险识别和项目筛选能力，却强化了金融资本的逐利动机。“所有制歧视”和“规模迷信”是金融机构风险识别滞后但又追逐短期利润最大化的表现。现阶段需要提升金融机构风险管理能力，强化金融资源配置的功能。充分发展大数据、区块链等新型金融科技，优化融资流程，更加准确地判断企业第一还款能力和还款意愿，破解民营企业抵押不足的融资难和融资贵问题。

参考文献

[1] 杜勇，张欢，陈建英．金融化对实体企业未来主业发展的影响：促进还是抑制 [J]．中国工业经济，2017 (12)．

[2] 黄群慧．论新时期中国实体经济的发展 [J]．中国工业经济，2017 (9)．

[3] 黄宪，黄彤彤．论中国的"金融超发展" [J]．金融研究，2017 (2)．

[4] 李强，陈宇琳，刘精明．中国城镇化"推进模式"研究 [J]．中国社会科学，2012 (7)．

[5] 李强，李书舒．政府支出、金融发展与经济增长 [J]．国际金融研究，2017 (4)．

[6] 李艳，杨汝岱．地方国企依赖、资源配置效率改善与供给侧改革 [J]．经济研究，2018 (2)．

[7] 林键，范从来，蔡欣磊．金融同实体经济共生的收益率阈值研究——基于银行业面板门限模型的实证检验 [J]．经济学家，2021 (6)．

[8] 刘海明，曹廷求．宏观经济不确定性、政府干预与信贷资源配置 [J]．经济管理，2015 (6)．

[9] 刘行，叶康涛．金融发展、产权与企业税负 [J]．管理世界，2014 (3)．

[10] 孙红燕，管莉莉，张先锋．基于 FWTW 资金流量表的金融服务实体经济测算研究——兼论其对实体经济增长影响 [J]．数量经济技术经济研究，2021 (7)．

[11] 田国强，赵旭霞．金融体系效率与地方政府债务的联动影响——民企融资难融资贵的一个双重分析视角 [J]．经济研究，2019 (8)．

[12] 王爱萍，胡海峰，张昭．金融膨胀对经济增长的抑制效应及缓释机制检验 [J]．金融论坛，2021 (10)．

［13］王俏茹，刘金全，刘达禹．经济增长“俱乐部收敛”中的金融门限效应——基于动态面板门限模型的分析［J］．南开经济研究，2020（1）．

［14］王彩萍，李建平．国家金融视角下现代金融体系理论的衍化和创新——基于“六要素论”体系的新思考［J］．金融经济学研究，2022（2）．

［15］文书洋，牟爽，刘锡良．中国金融业利润过高了吗？——基于马克思生息资本理论的分析与实证证据［J］．经济学家，2020（6）．

［16］谢富胜，匡晓璐．金融部门的利润来源探究［J］．马克思主义研究，2019（6）．

［17］杨友才．金融发展与经济增长——基于中国金融发展门槛变量的分析［J］．金融研究，2014（2）．

［18］永谈，鲁静怡，林萍，等．全球金融发展与经济增长的结构性关联效应——基于金融周期和金融稳定机制的分析［J］，财经科学，2021（10）．

［19］张成思，贾翔夫，唐火青．金融化学说研究新进展［J］．经济学动态，2020（12）．

［20］赵峰，陈诚．金融化时代的金融利润来源：一个马克思主义的“三维剥削”视角［J］．财经科学，2022（1）．

［21］庄毓敏，储青青，马勇．金融发展、企业创新与经济增长［J］．金融研究，2020（4）．

［22］Arcand J. L.，E. Berkes and U. Panizza. Too Much Finance?［J］. Journal of Economic Growth，2015，20（2）：105－148.

［23］Bollaert H.，F. Lopez－de－Silanes and A. Schwienbacher. Fintech and Access to Finance［J］. Journal of corporate finance，2021，68（1）：101941.

［24］Di Maggio M.，and V. Yao. Fintech Borrowers：Lax Screening or Cream－skimming?［J］. The Review of Financial Studies，2021，34（10）：4565－4618.

［25］Foley D. K.，T. R. Michl，and D. Tavani. Growth and Distribution［M］. Cambridge：Harvard University Press，2019.

［26］Hansen B. E.. Threshold Effects in Non-dynamic Panels Estimation，Testing and Inference［J］. Journal of Econometrics，1999，93（2）：345－368.

［27］Kremer S.，A. Bick and D. Nautz. Inflation and Growth：New Evidence from a Dynamic Panel Threshold Analysis［J］. Empirical Economics，2013，44（2）：861－878.

［28］Lapavitsas C. Theorizing Financialization［J］. Work，Employment and Society，2011，25（4）：611－626.

[29] Levina I. G. The Sources of Financial Profit：A Theoretical and Empirical Investigation of the Transfortmation of Banking in The US [M]. University of Massachusetts Amherst, 2012.

[30] Sanfilippo - Azofra S., B. Torre - Olmo, M. Cantero - Saiz and C. Lopez - Gutierrez. Financial Development and the Bank Lending Channel in Developing Countries [J]. Journal of Macroeconomics, 2018, 55：215 - 234.

[31] Seo M. H., and Y. Shin. Dynamic Panels with Threshold Effect and Endogeneity [J]. Journal of Econometrics, 2016, 195 (2)：169 - 186.

[32] Song Z., K. Storesletten and F. Zilibotti. Growing Like China [J]. The American Economic Review, 2011, 101 (1)：196 - 233.

[33] Zhu X., S. Asimakopoulos and J. Kim. Financial Development and Innovation - led Growth：Is Too Much Finance Better? [J]. Journal of International Money and Finance, 2020, 100：102083.